财富与梦想系列丛书

寻找中国资本市场好股票

何诚颖　等著

中国财政经济出版社

图书在版编目（CIP）数据

寻找中国资本市场好股票／何诚颖等著．—北京：中国财政经济出版社，2013.8

（财富与梦想系列丛书）

ISBN 978－7－5095－4763－2

Ⅰ．①寻…　Ⅱ．①何…　Ⅲ．①股票投资－基本知识－中国　Ⅳ．①F832.51

中国版本图书馆CIP数据核字（2013）第199552号

责任编辑：杨　静　　　　责任校对：张　凡

封面设计：逸品文化　　　版式设计：兰　波

中国财政经济出版社 出版

URL：http：//www.cfeph.cn

E－mail：cfeph＠cfeph.cn

社址：北京市海淀区阜成路甲28号　邮政编码：100142

营销中心电话：88190406　北京财经书店电话：64033436　84041336

北京财经印刷厂印刷　各地新华书店经销

787×1092毫米　16开　19印张　332 000字

2014年1月第1版　2014年1月北京第1次印刷

定价：50.00元

ISBN 978－7－5095－4763－2/F·3852

（图书出现印装问题，本社负责调换）

质量投诉电话：88190744

反盗版举报热线：88190492、88190446

财富与梦想
——如何选择中国的高成长股票

（自序）

（一）

我们这一代人都都经历过改革开放之前的那个年代，那时候谈金论银会被扣上大逆不道的帽子。是改革开放唤醒了人们沉睡已久的财富想象力，也给我们提供了通过自身努力来创造价值、改变命运的机会。但人生来就是“不平等”的，高矮胖瘦各由基因所定，贫富贵贱自娘胎中已有几分定数。在人生的竞技场上，每个人一开始就站在了不同的起跑线上。改变命运的道路虽说千千万万，对于一个毫无背景的人，却是“道阻且长”。如卢梭所言：“人生而自由，却无往不在枷锁之中。”

这个社会，穷人为五斗米折腰，富人纠结于世俗的纷纷扰扰，但他们还是以各种不同的方式活了下去，因为梦想没有破灭。“地狱无门进不去，天堂被迫走一趟”，人生往往就是这样。如今，赚更多的钱已不再是一个让人羞于启齿的话题。虽然更多的财富并不一定能解决世人所有的烦恼，但没有财富一定会成为世人绕不过的烦恼。赚钱的门道也是“八仙过海，各显神通”。在众多发财致富的途径中，投机带给我们希望和灵感上的刺激是最独特的。比如赌场就是一个投机的场所，赌博引诱出的亢奋令人欲罢不能，但我们不能把一辈子的希望寄托于赌场。赌徒虽偶有斩获，但得胜的概率总偏向于赌场一方，靠手气为生定有翻船的时候。

股市也是一个投机的场所，但与赌场却有着根本的不同。股市是一个给人以希望的地方，这里不分学历高低，不论前世因果，只要你肯努力，通往财富的大门就是向你敞开的；股市是一个公平的竞技场所，它不会嫌贫爱富，这里众生平等，雨露均沾：虽不免内幕交易、操纵市场，但大势并不会因此而改变；股市是一个有章可循的投机场所，股价的起起伏伏看似变幻莫测，但其背后却隐含着合理的逻辑；股市还是一个可以让你终身追求的事业，如巴菲特、索罗斯，虽已是耄耋之年，依然活跃在投资第一线。

经常有人问我，股市能不能帮助我实现财务自由？如果可以，又该如何选出最具潜力的高成长股？股票买卖的艺术是什么？在此，我根据自己的感受讲讲股票选择的方法和原则。股市投资不是某些专家或某一阶层的专利和特权，在股票市场每个投资者都可以、也能够探索股市真谛，特别是对于初出茅庐的年轻人来讲，更要敢于质疑所谓的权威，领悟投资的奥秘，从而争取早日实现财务自由。

（二）

2011年，我到沃顿商学院访问学习。沃顿是世界一流的商学院，尤以财务金融学闻名于世，股神巴菲特和投资大师彼得·林奇都曾在此探求投资之道。如今巴菲特已成为家喻户晓的股神，其投资理念在美国也是深入人心：无论机构还是个人投资者，他们大多坚守着巴菲特倡导的价值投资、成长股投资的理念，通过挑选出那些具有潜力的公司分享成长带来的价值。而反观国内的投资者，多数人往往存在投机心理，追涨杀跌仍然是他们投资的不二法门[1]。巴菲特和林奇的成功已经告诉我们，股市投资的门径可谓大道至简，但奇怪的是，国内真正愿意追随者却寥寥无几。有些人在囫囵吞枣似地咽下巴菲特的只言片语后，便号称自己是巴菲特的门徒，事实上是盲从者多，得要领者少。

选择好股票，投资者应该遵循价值投资、成长股投资的理念。鉴于我国当前经济所处的持续性发展阶段，成长股投资尤其值得普通投资者用心把握。价值投资是指以影响证券投资的经济因素、行业发展前景、上市公司的经营业绩、财务状况等多方面要素的分析为基础，通过判定股票的内在投资价值来寻找投资机会的投资风格。“内在价值”和“安全边际”是价值投资的两个核心概念。股票内在价值的概念最早由约翰·伯尔·威廉姆斯在《投资价值理论》中提出，股票的内在价值就是股东预期能够得到所有未来现金流的现值。格雷厄姆则把安全边际的概念带到了证券分析中，安全边际是指证券的市场价格低于其内在价值的差异程度，差异越大则价值投资的安全性越有保障。价值投资者相信，在存在信息不对称的市场中，投资大众可能会在某一时段对一家企业过分悲观，导致股价大幅度低于其内在价值，随着时

---

① 我们从中美两国投资者的换手率就可看出一二。数据显示，国内公募基金的年度平均换手率在250%～350%之间，这意味着国内基金平均每3～5个月就会将全部持仓更换一次，而美国股票型基金经理近年来平均每年换手率仅60%～80%左右。

间的推移，信息逐步公开，这个错误将被大众认识到，股价将向内在价值回归。在此过程中，价值投资者可以通过低吸高抛赚取投资收益。

而与价值投资相对应的则是成长股投资。成长股投资是一种注重企业发展潜力，认为股票价格不断上涨的动力来自于企业快速发展，盈利高速增长的投资风格。对于成长股投资者而言，他们关注潜在增长速度高于市场平均水平的企业，同时这种增长速度应高于大多数投资者的预期，此外还必须具有可持续性。成长股投资的关键要点在于选择个别极有可能成功的优异企业，利用市场对这些公司保持持续高速增长的怀疑心理，在价格被低估时买入。相对于价值投资者而言，成长股投资者更关注企业的未来成长性，当前股价的高低并不是第一位考虑的要素，一旦判断出企业未来的增长前景较好，可能会在较高的价位介入。这也要求投资者在买入股票以后持续对企业进行跟踪，一旦公司增长出现放慢的苗头，必须尽快抛出股票，否则将遭受严重的损失。

从美国股市运行的历史来看，在过去 25 年间，价值投资和成长投资各有其风行周期，在价值投资周期中，价值型股票的表现要远远好于成长型股票，反之亦然。在 1980 ~ 2003 年间，价值投资和成长投资呈现出周期轮动的态势。从时间跨度上看，成长股投资和价值投资所占的时间基本旗鼓相当，平均每个风格周期持续的时间为 2 ~ 3 年。从投资回报的角度看，Russell 1000 价值指数的平均年度收益率为 14. 5%，而 Russell 1000 成长指数的平均年度收益率为 12. 5%，价值投资稍优于成长股投资①。

美国股市的价值周期和成长股周期轮动似乎非常具有规律性。然而，这是事后观察得出的结论，对于美国股市之中的投资者而言，两种投资风格的更替往往反复无常。例如，经历过 90 年代早期的经济衰退之后，成长投资逐步成为市场主流投资风格，在 1995 ~ 1997 年三年的时间里，成长股投资都优于价值投资，到了 1998 年初，就在大多数投资者都以为市场应该向价值投资阶段转移的时候，互联网技术的突破为新经济概念提供了巨大的想象空间，投资者开始疯狂追逐信息技术类股票，成长股投资旋即再次成为市场的主流投资风格。在 1998 ~ 2000 年，成长股投资的收益率超过价值投资的程度为 25. 1% （价值：10. 3%，成长股：35. 4%）②，创下历史纪录。从时间跨度上看，从 1995 年开始至 2000 年网络泡沫破裂，这一轮成长股投资周期足足持续了 6 年时间。在这一阶段，许多坚持纯粹的价值投资理念的基金经理不得不面临业绩低下，甚至失业的危险。

① 王策："美股二十年启示"，载于《21 世纪经济报道》，2005 年 9 月 25 日。

② 上投摩根：《从美国股市投资风格周期演变看投资风格策略的选择》，2005 年 9 月 12 日。

然而到了2000年4月，就在所有人还在幻想网络热潮能够再上台阶的时候，形势却开始急转直下，许多网络公司的股票突然在一夜之间变得一钱不值。缓过神来的投资者开始迅速将手中的股票换成价值类股票，驱动股市快速进入价值投资周期。事实上，在2000年4月到2002年底的“后泡沫时代”，价值投资风格也做出了过度反应，价值投资的收益率超过成长股投资的程度同样比历史上以往任何一次都多，达到了27.5%（价值：-1.9%，成长：-29.4%）。

对于投资者而言，如何选择一个合适的投资风格策略，长期获得持续稳定的收益，是一个需要认真考虑的问题。在股市投资风格周期轮动的大背景下，一般人很容易想到，投资者可以根据市场投资风格的变换，灵活地加以调整，使其与市场风格时刻保持一致，即所谓灵活风格策略。从理想的状态来看，如果投资者每次都能根据市场变化进行调整，使自身的投资风格与市场时刻保持一致的话，其业绩必定是非常惊人的。然而，在投资实践中，要想灵活的根据市场动向，迅速准确地判断出市场投资风格的转换并非易事。

影响风格周期转换的要素非常多，包括宏观经济的景气程度、通货膨胀水平、上市公司盈利增长水平、估值水平、股利支付水平、技术创新以及大众情绪等等。有时候可能是这几个因素驱动风格周期转换，而下次可能又是另外几个因素起作用，即使是经验丰富的资深投资者，也很难每次都做出正确的判断。

从我国目前证券市场的实际情况来看，由于投资者还不够成熟，投资心态普遍浮躁，价值周期和成长股周期更替的频率较美国市场更高。同时影响市场风格周期的不确定因素更多，更加难以把握。因此就目前而言，采取灵活投资策略的风险性很大，对于希望保持长期稳定业绩的投资者来说需要更加深入研究我国股市的大势特点和行情特征，掌握如何选择高成长股票和价值低估类型的选股方法，不断历练投资理念，选择好买卖时机。

（三）

中国股市20年来在曲折中一路走来，股票市值从1992年的1 000多亿元发展到2012年年底的26.78万亿元，其中最高时2007年底达到32万亿元，流通市值占GDP的比重也从最初的2%快速达到2007年接近38%的水平，在我国股市的快速发展中，创造了无数财富与梦想的精彩演绎。在我国股市中选择高成长股，还必须一方面对股市大势特点进行深入的分析，另一方面把握好我国股市板块轮动的内在节奏，从而真正实现“好风凭借力，送我上青云”。

回首中国股市，发现短暂的股市历史是牛熊交错更替的历史，也是暴涨暴跌的历史。第一次牛市（1990 年 12 月 19 日 ~1992 年 5 月 25 日）沪深股票市场的规模都较小，且沪市占有明显的优势，股民的投资热情随着股票投资观念的启蒙和股市财富效应的广泛传播而不断高涨，导致规模较小的股票市场出现了严重的供求失衡，个股股价和指数都快速上涨，申华控股和 ST 方源在不到一年半的时间里股票累计涨幅达到了 10 倍以上。第二次牛市持续了大约一年半的时间（1996 年 1 月 18 日 ~1997 年 5 月 12 日），不过这次却是绩优股带头的牛市，跑赢大盘的牛股比比皆是，涨幅达 5 倍以上的股票超过百种。第三次牛市（1999 年 5 月 19 日 ~2001 年 6 月 13 日），以中兴通讯、长城电脑等为首的绩优科技股带动的“5·19”行情为标志，炒作热点不断地由绩优科技股转向经重组而变的科技股、以网络股为主的科技股，及重组股和次新股等。第四次牛市（2005 年 6 月 6 日 ~2007 年 10 月 16 日）的股票指数达到了历史最高点（6092.06 点），经济的高速增长为股市的强势走牛形成了坚实的宏观基础，一系列的股市政策也形成了股市的一大利好，催生了股市的快速上涨，股权分置改革、人民币升值、公司治理的加强、新公司法及新会计准则等的实行，使上市公司的业绩发生了根本性的变化，这些有业绩支撑的股票引领了此波行情的急剧上涨。第五次牛市（2008 年 10 月 28 日 ~2009 年 8 月 4 日）持续时间最短，2008 年由美国次贷危机引发的全球金融危机给全球经济和各国的股市带来了灾难性的影响，这场突如其来的危机打乱了我国既定的经济结构调整的步骤，一些原本兴旺上升的行业形势大变，企业不断破产，失业人数（尤其是农民工）暴增，迫使我们不得不逆转政策导向，保就业、保增长，推迟经济结构调整的步伐。2008 年央行连续降息了五次采取了特别宽松的货币政策，2008 年 11 月 5 日国务院召开会议出台十项扩大国内需求措施（4 万亿元的投资计划项目建设）。诸如这些宏观经济政策大大地刺激了我国经济的回暖和复苏，为股市的强烈反弹提供了经济基础。经济复苏的预期和各种政策的相继出台，使得这波牛市行情更多的是政策牛市。

在资本市场快速发展的同时，我国股市大势上有着自己的特征。其中较为突出的主要有：较强的投机性、暴涨暴跌性和受政策性因素较大影响等特征。这些特征决定了中国股市选择高成长股票必须有自己的逻辑，不能照搬国外的相关经验。

第一，在投机性方面，以市场换手率为例，与境外成熟市场相比，目前中国股市投资者平均换手率偏高，其中个体投资者的资金周转率是机构投资者的两倍，100 万以下的个体投资者资金周转率更高，2007 年沪市交易所平均换手率为 927%，深市交易所平均换手率为 987%；虽然近两年来连续下降，但仍处于较高水平。

第二，暴涨暴跌性。较强的投机性，无疑是导致股市暴涨暴跌的重要因素之一，从单日涨跌幅角度来看，美国股市一般一日涨跌都在 1% 以内或者附近，很少有超过 2%。超过 1% 就可以称为大涨或大跌，超过 2% 就是暴涨或暴跌。而在我国股市，1%、2% 比较常见，涨跌 3% 以上也经常见到。以 2009 年 8 月为例，股市单日涨跌幅度月内超过 4% 的有 4 次；如果把 1% 作为大跌或大涨的衡量尺度，那我国股市几乎每周均有 1～3 次大涨或大跌。

第三，政策性因素对股市的影响依然较大。2005 年股权分置改革之后，随着宏观调控更多的依赖间接手段和市场手段，政策因素对股市发生作用的空间在客观上被不断挤压，政策市特征随着市场力量的逐渐强大而呈现减弱趋势。但相关的研究表明，在股市仍有待于进一步市场化的背景下，政策市特征在相当长时间内仍将存在。

此外，我国股市在行情特征上还具有明显的板块轮动特征。[①] 板块轮动是指投资热点从一个板块向另一个板块转换的格局，正所谓“你方唱罢我登场”。一方面行业板块波动不仅会受到来自行业本身新信息的影响，也会因其他行业发布新信息而相应波动。另一方面，不同行业之间还存在着波动溢出效应，即一个行业板块的波动会引起另一个行业板块随之波动。行业自身属性和行业之间相关关系，如替代、竞争、互补、产业链上下游、上市公司相互持股等因素是波动相关性出现的内在机制，是板块轮动的基础[②]。投资者预期的改变，不论是出于理性预期调整投资结构；还是出于非理性预期受到市场情绪的感染而产生羊群效应，都会导致行业板块之间的波动溢出和信息传递。板块轮动现象的出现，对于行情的发展极为重要，往往预示着行情延续，投资机会增多。投资者如果能够找准市场热点板块转移的节奏，就能在高成长股选择中达到事半功倍的效果。

（四）

A 股市场的特殊性一直让多数投资者摸不着头脑。一方面，少数优质公司上市以来，基本面和股价始终保持着显著高于经济和市场的增速，其成长

① 何诚颖：“中国股市‘板块现象’分析”，载于《经济研究》2001 年第 12 期。

② 孙旭东：“板块轮动的钱不好赚”，载于《证券市场周刊》2009 年 10 月 12 日。

性穿越了整个经济周期，创造的投资神话不断撩拨着投资者的心弦；另一方面，太多披着高成长股外衣的上市公司业绩屡屡低于分析师的预测，到头来却被证明是不折不扣的投资陷阱。在当前的环境下，坚持成长股投资是在A股市场致胜的秘密武器。

在美国有所谓的“Tenbagger”，彼得·林奇指出了“Tenbagger”的关键所在，即假定估值不变，当盈利年增长率超过25%时，10年期间公司的盈利和股票价格将上涨约10倍。回首已经过去的十年，中国上涨10倍的个股细细数来也有不少，包括资源股中的包钢稀土、厦门钨业；医药股中的恒瑞医药、云南白药、片仔癀；酒类股票中的贵州茅台、泸州老窖；商业连锁中的苏宁电器等等。A股成长股的行业分布较为分散，周期、消费和IT均有，相对而言，消费类公司更多。从销售收入和净利润数据考察，这些公司发展初期规模普遍较小，销售收入和净利润的年复合增长率平均值在25%左右。

回顾近十多年中国股市的历史，我们可以发现一些关于高成长股的规律。从2001~2007年，中国经济处于加速增长的复苏和繁荣期，且经济增长的驱动力主要为固定资产投资。在这一阶段，化工、机械设备、有色、交运设备、地产股等表现较强，此阶段产生了万科A、三一重工等成长股。2007年四季度开始，中国经济步入增速回落阶段，上证指数也从6124点的高位一路下行，跌幅榜靠前的中国远洋、中国铝业、中海发展等周期股跌幅高达85%以上。但同时有超过30%的A股股票创下历史新高，涨幅超过100%的股票超过100只。分析涨幅靠前的个股，可以发现除了重组类个股外，主要集中在医药生物、食品饮料、家电、信息技术等成长行业，2007~2011年这些公司的平均业绩增速超过300%，[①] 虽然市场估值水平下降，但这些公司的业绩高速增长最终体现为股价独立于大盘创出新高。这一阶段政策的主基调是扩内需的“调结构”，同时居民收入经过前期的高速增长，具备较大的消费潜力，在此阶段下，医药、食品等消费品中成长股涌现。

一切成长股的成长规律和前提是：长期需求持续稳定增长，长期供给集中在有限的少数公司手里，且长期生产经营简单，不易改变。很多人有一个误区，喜欢成长的行业，但并不是成长行业中所有股票都是好股票。最理想的投资标的是成长行业里的寡头。行业在成长，但分蛋糕的人没有增加，甚至在减少，这样的公司是最具潜力的公司。比如前一阶段的茅台或者现在的同仁堂。如果这个行业在成长，分蛋糕的人越来越多，比如前几年的家电行业，结果其实每个人分到的反而越来越少，这样的行业表面看似乎具备成长

① 陈逊：“基金经理笔记：对成长股投资的思考”，《上海证券报》2013年4月13日。

性，但实际蕴藏巨大危险。另外，如果这个行业成长得不快，但是分蛋糕的人越来越少，则这个行业里的龙头公司也值得投资，比如 2005 年之前的水泥行业。

首先，成长股是公司经营绩效的持续成长，尤其是经营规模的持续扩大，然后才是这种公司股价的优异表现。短期爆发性增长可能是受益于某种突发性的利好因素，但能够克服经济周期的影响，经营绩效持续成长的公司更受人尊敬。筛选成长股的核心指标是营业收入的增速。相对于利润而言，收入指标更不容易受到会计的操纵，而且只有收入的持续增长，也即公司经营规模的不断扩大，才是公司成长性的最主要的体现。

其次，成长股都是经过较长时间的考验的公司，一般上市时间应该在 5 年以上。上市时间较短的公司，尽管可能出现收入或利润的爆发式增长，但未来能否持续成长是个很大的未知数。除了收入增长和持续时间以外，根据对 A 股上市公司成长性的观察，我们认为成长股的挖掘还需配合以下几个标准：

（1）PEG 指标，是用公司的市盈率（PE）除以公司未来 3～5 年的每股收益复合增长率，合理的 PEG 应小于 1。将成长率和市盈率一起考虑，消除了只以市盈率高低作为判断标准的缺点，适用于具有高成长性的公司。比如高科技股因未来成长性高，PE 绝对值也高，会使投资者望之却步，若以 PEG 作为判断指针，则高市盈率、高成长率的个股也会成为投资标的。

（2）比较合适的净资产增长率，比如 8%，而持续超过 20% 以上的高增长将带来奇迹。比如云南白药，净资产最低的增长率为 8% 以上，最高接近 30%，2000 年后大部分达到 20% 以上。

（3）“流通股扩张速度”年平均介于 1～2 倍之间。[①] 只有高速增长的企业，才有股本高速扩张的资本。比如，华兰生物从 2005 年 6 月的 3 300 万流通股，发展到 2009 年 9 月的 3.6 亿流通股，4 年多时间增长 10 倍多，年平均增长接近 2 倍。

（4）较低的市盈率，滚动市盈率（TTMPE）≤40 倍。投资大师聂夫认为，如果一只股票的市盈率比行业平均水平低 40%～60%，那么就可以作为备选的投资对象。但是，基本面很差的公司市盈率也会非常低，如果低市盈率的公司一年成长 7% 以上，这就会向我们透露出其受到低估的信息，尤其是如果伴随着引人注目的股利。

（5）较低的市净率。对于低市净率的股票，我们还需关注两个指标：资

---

① 吴国平：“奇迹秘诀：成长性大牛股的三大奥秘”，《理财周报》2009 年 10 月 20 日。

产负债率和货币资金/净资产。对于一家低市净率（0 < PB ≤ 2）、低负债率（资产负债率 ≤ 30%），且手握大量现金（货币金额/净资产 ≥ 50%）的公司，如果其盈利增长良好、行业前景广阔，也是值得我们关注的成长股。

（6）要挖掘那些小市值的品种。股本较小，经过不断成长之后，具备股本扩张的能力，成为大公司才有可能使得股价翻几倍，当年的苏宁电器、美国的微软公司就是相类似的品种。

成长股的选择同样依赖大环境，国内经济高速发展和转型，会诞生很多高成长和伟大的企业。回顾过去每一轮的上涨，成长股的整体涨幅都要优于周期和稳定类个股。从长期来看，更是因为中国经济的转型迫在眉睫，所以成长股投资的收益可能大大超乎我们的预期。

（五）

过去几年中国不断用投资拉动 GDP 增长，在金融危机爆发的 2008 年，更是用 4 万亿元给经济强行注入兴奋剂。这导致了目前中国至少 90% 以上的行业都面对产能过剩问题，甚至连新兴产业，比如多晶硅、风电、新材料也是如此。2012 年中国共消耗全球 75 亿吨煤产量中的 49.4%，全球 40.6 亿吨石油产量中的 54%，而中国的 GDP 只占全球的 11%。如果继续用投资拉动 GDP 增长，资源和环境都难以支撑。以当前的增长方式继续维持较高的增长率，已经到了力不从心的地步。假设未来 5 年通过结构调整，GDP 继续保持每年 7% 的增长率，目前 A 股的市盈率就十分具有吸引力。

转型期的 A 股，重要的不是指数投资，而应该是超级成长股投资，特别是在城镇化、新产业以及制度变革中能够超越行业成长而不断做强、做大的公司，即超级成长股。就当前来讲，当前市场上存在三个重要的投资超级高成长股线索，第一是新型城镇化，第二是经济结构调整中战略性新兴产业发展，第三是制度变革红利。

第一，快速发展的新型城镇化，正在成为中国经济增长和社会发展的强大引擎。诺贝尔经济奖获得者斯蒂格利茨认为，中国的城市化与美国的高科技发展将是 21 世纪带动世界经济发展的“两大引擎”，“中国城市化将是区域经济增长的火车头，并产生最重要的经济利益”。目前我国面临潜在经济增速下降的风险，但是在城镇化加速的支撑下，城镇化所带来的投资、消费需求将为国内经济未来 10 ~ 20 年的发展提供驱动力。我们保守预计我国 GDP 增速 2015 年前还将维持 8% 以上，之后经济增速将维持在 6% ~ 8% 之间。

新型城镇化将展现一幅可以憧憬的画面，这将导致制度红利将再次释放。新一轮最大的制度红利或将是户籍制度的改革，从而推动户籍人口城市化率的提高。城镇化的推进必然导致大量低保障的属于新农合范畴的农民进入高保障的城镇医保系统，这是推动医药行业长期成长的驱动力之一。小城镇化的过程中还存在着环境污染的隐忧，因此在相关基建过程中，对环保产业有较大需求。这个行业符合环保民生的政策方向，较为清洁的环境成为居民基本的居住需求，也成为小城镇化可持续发展的必要条件。

从股市板块投资角度来看，中国的新型城镇化是一个长期的过程，涉及区域分布和产业结构的调整，也涉及基础设施和管理水平的提高，在小城镇化的第一阶段，与之相配套的基础设施建设会受到更大的关注，尤其是在政策趋于明朗的时点会对基建板块造成利好；而在小城镇化的第二阶段，区域性的产业集群逐渐产生效益，但是这个阶段需要更长的时间的观察，才能找到合理的投资标的。

第二，关于战略性新兴产业中孕育的超级成长股投资机会。经济转型期，一方面是城镇化、培育新产业推动经济增长，另一方面又会对传统产业构成负面冲击。当前进行产业结构调整，培育新的经济增长点，是我国实现可持续发展的重要方向。而战略新兴产业的科学依据主要有三条：一是产品要有稳定并有发展前景的市场需求；二是要有良好的经济技术效益；三是要能带动一批产业的发展。

第三，制度改革红利带来的机会。经济调整过程中一般伴随着制度改进的契机。在经济调整过程中，原有的经济体制将遭受一系列质疑和挑战，为了避免经济继续调整，管理层有必要采取对冲策略来阻碍经济的回落。如果说过去三十年中国经济的高速发展得益于实体经济制度改革的红利，那么未来十年，中国经济发展的主要潜力将释放于金融体系改革的红利。就中国资本市场的现状而言，制度改革的方向是彻底市场化。这里的“市场化”包含三个核心内容，即自由定价、自由交易以及对各种侵权行为的法律约束。遵循价值投资与成长投资的理念，从商业属性与股票属性两个维度对公司进行筛选，不失为一种有效的投资策略。寻找景气向上细分行业的优势公司和关注制度改革的红利机会成为当期市场投资的两种有效依据。在此背景下，最值得期待的就是受政策改革红利最明显的券商、保险和银行组成的大金融板块，尤其是大型创新类券商，而制度改革红利加上估值优势是金融板块崛起的根本理由。

在这三个大背景下，未来的高成长股选股有几个主要方向：一是看产业周期，当前处于萌芽状态的新产业，包括移动互联、新能源、智能制造。二是看产业政策、投资政策以及产业整合购并重组等，尤其要关注这些战略新兴产业中机制灵活、技术创新能力突出的优势民企。三是看相对估值，一方面要看总市值规模，以目前传统产业总市值万亿为目标，如果按照十年10倍的发展速度，我们应侧重于关注总市值千亿以下的产业。

（六）

中国的A股指数从2007年10月开始大幅回落，并在2008年11月见底反弹，到2009年8月完成第一期上升后再度回落，2012年12月4日又开始进入了新一轮上涨。我们的分析认为，由于制度变革和城镇化的推动，未来5年中国GDP保持年均7%～8%的增长率属意料之中，目前A股的市盈率显得十分具有吸引力。如果坚信此刻我们已经站在了牛市的起点，任何一个投资者，无论资金大小，又岂能白白错过这场多年一遇的财富盛宴？

但是在我国这样一个存在着较强的投机性、暴涨暴跌性和受政策性因素较大影响的股票市场里，特别是在行情特征上还具有明显的板块轮动特征，在这样的背景下，找到高成长性公司、买入并持有其股票是否就意味着能够获得较高收益呢？

受中国经济不同发展阶段的影响，相较于国外，中国成长股很少有持续十几年以上的高增长，一般的成长股，高成长阶段只有几年，只有在这个阶段抓住它，才有可能获得丰厚的收益。至于成长股的买点，一般事后诸葛亮式的思考是：在低点买入，高点再卖出，然后低位再回补。这种纸上谈兵的操作，至今还没有发现哪位神仙可以做到。如果有哪位高人做到，那他的财富一定会超越巴菲特。费雪告诉我们，没人能够知道高点低点，但是我们可以采取如下两个办法：（1）如果没有财务知识或没有时间研究，可考虑在特定的日子里购买股票，比如每月，或者每季度的某日去买，然后就一直持有；（2）按照安全边际原则购买成长股票。

其实，对于成长股，早一天参与比晚一天参与要好，而不是在外面等好的机会，否则可能你永远没有可以买入的机会。时间是成长的最主要的推动力，在你等买入时机的时候，随着时间的流失，企业的价值度在提升，企业在成长，这样一来，股价必然会随着企业成长而提高。于是就会越等价格越高，价格越高你就越不愿买的情况就会出现，从而可能使你历史性地、永远失去买入机会，这就是对成长股立即买入不要过分选时的原因。如果恰好你遇到了一个较低的价格买入成长股，这是你的幸运。否则，你就马上买入，不要等。

一般的投资者都对如何买、何时买比较重视，并总结出很多经验。但实践告诉我们，懂得何时卖出对能否获得最大收益或避免最大损失具有更加重要的意义。而卖出时机的把握，则需要对股市投资的内在逻辑进行有效的辨析。高速增长具有阶段性，需要把握企业成长期进行投资，如果成长股的高增长终结，净利润的下降速度要远快于销售收入的下降速度，往往意味着股价见顶，四川长虹、苏宁电器、张裕 A 等曾经的成长股代表，在高增长终结后都经历了股价大幅回落的过程。

在实际买卖点的把握中，成长股投资可以结合价值分析来进行。一个完整的交易过程，第一步自然是选择投资标的，这也是最为重要、关键的一步。投资标的的选择，重点在于内在价值发掘，确定其具有中长期上升潜力方可列为标的选择范围。以价值分析的手段，确定其价格变动中枢及估值上下限，从而初步判定买入价格区间及目标价位，为后续实际交易打下基础。而在交易过程中，则应根据股价趋势变动，灵活采取波段操作。趋势明显向好时，自然保持持股不动；而当趋势变坏，出现明显向下拐点时，也不必死守价值投资，出局观望，等待趋势向好出现向上拐点时再行买入，便可最大限度地避免 A 股市场最大特色——“坐电梯”情形的发生。

卖出时最难克服的是人的情绪影响，不要爱上你的股票是卖出时机选择中要首先克服的情绪。投资者必须随时保持客观，如果某只股票已经不具备当时买入它的理由，则不论你多么喜欢这家公司或者它曾带给你过多大的收益，都应该将它出售。买卖股票首要目标是能长期生存下来，其次是资产的稳定增长，第三个目标才是获取高额收益，三者是有优先顺序的。投资者需要把赚钱从决策中撇开，不要一开始就考虑你想赚多少或赔多少。许多 A 股投资者抱着在一周或一个月内将资金翻倍的念头入市，这是很危险的。因为市场在大多数时候是正常运动的，在大多数时候只能赚到正常的利润。即使抓住了一次天赐良机，也不应该因此想入非非，臆想连续获得如此大幅度的利润。这会使你陷入兴奋而做出不客观的决断。在当前 A 股处于高位、所积累风险可能需深度调整来释放时，收益预期更是应当调低。

（七）

赚大钱不一定要从很多钱开始。小投资也可以赚大钱，勿以善小而不为，你需要的是选股的眼光和平稳的心态。在美国，英特尔、微软、苹果这样的股票轮番上演着财富神话，只是你能不能独具慧眼发现它们？在香港，腾讯从 2004 年的 3 块 4 涨到 2012 年的 280 块，8 年涨了 820 倍，你是否有足够的耐力守住不放？在A股市场，神话同样异彩纷呈，万科、茅台、云南白药，可谓“你方唱罢我登场”。要找出所谓的超级大牛股对普通投资者或许有难度，但找出那些一年翻一番的股票并非难于上青天。就拿最近的民生银行来看，民生银行自去年9月5日见到5.39元的阶段低点后至今，走出了翻番的强势行情。仅仅6个月的时间，民生银行A股投资回报率高达100%，这一回报率足以让任何实业投资难望其项背。

对于投资者而言，能够找到高成长股票并不是股市投资的全部，投资过程中的最大敌人不是市场，而是自己。证券投资是投资者技术分析能力和心理承受能力的综合考验，是人性的真实再现。在股市上，人们的本性都会赤裸裸地展现出来，有人把炒股称之为心理的对抗和智慧的博弈，道理就在于此。所以，对于投资者来说，检视一下自己的投资理念，养成良好的心理习惯，是大有好处的。

然而，多数人天生并不适合进行投资。为什么多数投资者总是在错过机会后才追悔莫及呢？因为畏惧痛苦、急于求成是人类的本性。认为投资易如反掌的投资者不可能获得长期的投资回报，只有那些认识到投资难以掌控、但仍坚持不懈的投资者才能获得高收益。众多投资者在熊市见底前纷纷大举撤资，只有那些坚定不移的投资者才最终捕捉到了随之而来的反弹。在三分之一甚至一半的时段中，即便最佳投资者的表现也不及大盘。

对于一些投资者而言，造成损失的一个深层原因是他们不自己思考，而是让别人替他思考，或是完全听从别人的建议。要获得成功，就必须自己进行调查研究，从一位盲从者变成一名思考者。“自助者天助之”，只有在你自己主动帮助自己的时候，别人才能帮助你或是告诉你如何帮助自己。投资者需要遵守规则，而不是任凭自己的情绪在贪婪与恐惧之间徘徊，否则你就会犹豫迟疑、失去耐心、仓促行动、延误时机，用人性的弱点欺骗自己，最后将损失归咎于市场。投资者需要永远记住：是自己的过错，而不是市场的行为，或市场操纵者的行为导致了自己的损失。因此，交易者必须遵循规则，或努力避免注定失败的纯粹的投机行为。

其实投资者需要做的事情很简单，找出你看中的好股票，守住它！选出好股票固然需要花一番心思，好公司不一定是好股票，好股票不一定是好公司；坏公司不一定是坏股票，坏股票也不一定是坏公司。买入股票后，更难的是坚守。我所说的坚守，是基于逻辑和基本面上的判断，只要你买入这家公司的理由仍然存在，坚守是你唯一的选择！创造价值是需要时间的，因为成功是一个不断累积的过程。巴菲特在2008年雷曼破产后投资高盛50亿美元，几个礼拜后股票跌到53.31美元，令巴菲特账目损失10亿美元。不过，

2009 年底高盛股价涨到 165 美元，巴菲特大赚超过 10 亿美元。2011 年 8 月，美国银行从 14 块跌到 6 块 3，巴菲特投资 50 亿美元，2012 年 3 月美国银行涨到 10 美元，巴菲特 6 个月获利 95%。各位投资者要学的是巴菲特如何在熊市中摆脱熊市惯性思维，并且给价值以成长的时间。

在这个市场上，真正能够获得成功的都是一些孜孜不倦、勤奋好学的人，而朝三暮四、梦想一夜间发财的人是永远也不会成功的，也是不可能成功的。投资股票的真谛在于不断的认识市场，不断的探寻股票价格的运行规律。股票价格的涨涨跌跌是股市规律的外在表现，只要不断的分析、研究和总结历史走势，就能够从这些错综复杂的表象中找到股票市场运行规律的蛛丝马迹，就能够找到开启股市大门的钥匙。

何诚颖

2013 年 11 月

前 言

Preface

中国经济在经历了人口要素、土地要素等发展阶段后，迎来了史无前例的资本要素阶段。如何使资本保值增值，是投资者面临的一个普遍问题。有的人认为投资是一件辛苦的事，天天守着股票难以入睡；另外一些人则认为投资是一件快乐的事，抱着成长股高枕无忧。产生这种区别的关键在于你看待投资的心态以及你的投资方式。进入股市，图的不是某一天或几天之内获取暴利，而是追求有长期稳定的适度收益。不为蝇头小利疲于奔命，而是长期处于快乐的投资生活之中，这才是投资的真谛。获取长期稳定的回报就需要静下心来分析，利用数据和指标为我们打造一双选股的慧眼，找到具有高回报的股票。

在本书中，我们将以全新的、系统化的方式考察如何及时发现具有高回报的股票，看看这些高回报的股票究竟长着一副怎样的面孔。基本面的考察，我们是要看看高回报股票的"身体素质"如何。面对突如其来的市场变化以及自身经营变化，有的上市公司会被"雨打风吹去"，有的却能"好风凭借力"，一展宏图志。我们需要考察历史上高成长性的股票，是如何在历史大变迁的背景下未雨绸缪、运筹帷幄的。我们知道，历史不会重演，但历史也告诉我们，经验却是可以经常"再现"的！

为什么要投资高成长股？这是因为任何一项投资决策都建立在风险与收益权衡的基础之上，二者的匹配是西方金融学思想的精髓。投资不等于投机，投资高成长股就是要在风险承受能力一定的基础上获取更高的收益。因此，识别"伪成长"和"高成长"的区别是投资这类公司的关键所在，即要能辨别出谁是真正的"高成长"，谁又是可能存在高风险的"高成长"。

识别高成长的股票，不同的专业投资者具有不同的见地。我们在书中所讨论的方法，既有对理论的实践，也有从实践中总结出的理论。虽为一家之言，但旨在为投资者的众多选择中提供另一个独特的视角。

本书由何诚颖牵头策划，陶鹂春组织提纲和写作工作，俞开江统稿，参与写作的还有张帅、王占海、俞开江、刘英、徐向阳等。在写作过程中，我们得到了许多领导和专家的大力关怀和支持，在此谨向他们表达诚挚的感谢。

作者

2013 年 11 月

目 录

Contents

导 读
高成长股有着怎样的面孔

第一篇
财务分析法选股

第二篇 重点板块差异法选股

第三篇

资本运作思路选股

第四篇
政策导向思路选股

结语：
好公司与好股票

导读

高成长股有着怎样的面孔

一、众说纷纭

——辨析高成长股票

成长性股票概念的出现至少可以追溯到20世纪30年代，在美国发展到现在已有70年的历史，目前大家对成长性股票的界定方法不一。

成长股是指这样一些公司所发行的股票，它们的销售额和利润额持续增长，而且其速度快于整个国家和本行业的增长。这些公司通常有宏图伟略，注重科研，留有大量利润作为再投资以促进其扩张。由于公司再生产能力强劲，随着公司的成长和发展，所发行的股票价格也会上升，股东便能从中受益。

优秀的成长型企业一般具有如下特征：成长股公司的利润应在每个经济周期的高涨期间都达到新的高峰，而且一次比一次高；产品开发与市场开发的能力强；在行业内始终处于领先地位，具很强的综合、核心竞争力；拥有优秀的管理班子。成长型公司的资金，多用于建造厂房、添置设备、增加雇员、加强科研、将经营利润投资于公司的未来发展，但往往派发很少的股息。成长股的投资者应将目光放得长远一些，尽可能长时间地持有，以期从股价的上升获得丰厚的利润。

在一般情况下，认为成长性股票一般应具有以下特征：（1）在具有发展前途的行业，产品、劳务和技术优良，具有开发新产品与新市场的潜力、产品价格弹性好、高报酬、财务状况可靠、回收比率较高、会计处理较保守、不易受政治社会与环境的压力或干扰、对于进口竞争能泰然处之。（2）基于成长性股票一般的理论基础，结合中国股市特点，成长性股票的净资产收益率、主营业务收入和利润增长应达到15%左右。

二、横看成岭侧成峰

——从特征看高成长股票

高成长类股票在不同的市场和市场发展的不同阶段，并没有一成不变的特征，在这样的背景下，根据国外相关高成长股票选股经验结合我国证券市场，对高成长股的特征进行分析。

（一）企业运营识成长——欧文·费雪眼中的高成长股

在欧文·费雪看来，一只股票是否具有高成长性，重点要看以下几点：

这家公司的产品或服务有没有充分的市场潜力，至少几年内营业额能否大幅成长；

为进一步提高总体销售水平，发现新的产品增长点，管理层是否决心继续开发新产品或新工艺；

和公司的规模相比，这家公司的研发努力有多大效果；这家公司有没有高人一等的销售组织；

这家公司的利润率高不高；

这家公司做了什么事，以维持或改善利润率；

这家公司的劳资和人事关系是否很好；

公司管理阶层的深度是否足够；

这家公司的成本分析和会计记录做得如何；

是否在所处领域有独到之处；

它是否可以为投资者提供重要线索，以了解此公司相对于竞争者是不是很突出；

这家公司是否有短期或长期的盈余展望；

在可预见的未来，这家公司是否会大量发行股票，获取足够的资金，以利公司发展，现有持股人的利益是否会因预期中的成长而大幅受损；

管理阶层是否只向投资人报喜不报忧，诸事顺畅时口沫横飞，有问题时或令人失望的事情发生时，则三缄其口；

这家公司管理层的诚信正直态度是否毋庸置疑。

（二）市盈率尺度——本杰明·格雷厄姆的界定

证券宗师本杰明·格雷厄姆对成长性股票的界定就有一个变化的过程，最初，他认为一个没有增长前景的公司的市盈率应为10倍左右。后来，他认为对一个每年以20%速度发展的公司的市盈率应为41.5倍。最终，他认为利率也对市盈率有明显的影响，从而导出 $P/E = 37.5 + 8.8g/i$（其中P/E为市盈率，i为市场利率，g为增长率）的成长型股票的市盈率公式。按照这一公式，可计算出下面不同的市盈率：

不同增长率和利率下成长型股票市盈率对照表

i \ g	2%	3%	4%	5%
8%	53.9	36	27	21.6
10%	62.8	41.8	31.4	25.1
15%	84.7	56.5	42.4	33.9
20%	106.7	71.2	53.4	42.7

数据来源：作者整理。

（三）多维度识别——中国市场高成长股的经验

一个成长性的公司是否具有投资价值、能否长期保持较快地增长，取决于公司的产业周期、行业壁垒、产品周期、技术水平、企业管理水平等多方面因素。

产业周期指企业处于成长期时具有较快的发展；形成期由于市场开发、消费理念、筹融资困难等问题难有明显业绩；衰退期则行业利润等方面会衰退。而处于成长期的企业才会保持高速增长。

行业壁垒指行业壁垒高的公司可以在较长时间内保持领先地位，壁垒的形成源自资金壁垒、行业特性、技术壁垒、准入机制等。行业壁垒的存在容易使企业形成垄断，具有价格领导或控制地位从而使其他企业无法与之抗衡，如中集集团（000039）其主导产品集装箱产销量五年来一直保持世界第一，全球市场占有率高达38%。

除具有优势产品外，产品周期与产业周期对应也有自己的发展周期，在成长期并具有技术壁垒的产品会给企业带来较高的利润，企业发展迅速超过同行业或整体经济的发展速度。

技术水平的提高会带给企业在同行业相同产品中的技术优势，这种优势包括产品质量优势、产品成本优势、产品差别化优势等，最终导致企业在行业内的领先地位。如青岛海尔（600690）的海尔冰箱、空调、冷柜在2001年报告期内各月市场占有率均位居同行业第一，2001年的市场占有率分别为：27%、19.3%和33.9%。2001年4月，海尔冰箱——全频太空王进驻中国科学技术馆，成为中国第一台入驻中国科技馆的高科技家电展品。2001年7月，中国保护消费者基金公布空调市场抽查结果：海尔空调在制冷量、能效比、噪音等综合指标名列全国第一。

企业管理水平是保证企业健康发展的自身约束机制，包括企业管理控制制度的制定和完善、组织机构的设立、绩效评价与激励约束机制、内部财务控制制度等方面。良好的内部管理是企业健康发展并真正实现以人为本、团结发展的必备条件。一个真正的高速发展的成长性公司无一不是具有良好的管理水平，这也是一些传统行业和不具备垄断地位的企业可以脱颖而出的原因。

对未来主流投资热点的预测，我们认为高成长的行业必定紧扣时代主题，而时代的主题一般与国家产业发展政策是一致的。未来一到两年内可能出现的一些热点将是：来自传统行业的重组（为应对加入WTO的挑战、增强竞争力而对国内行业内部的整合，如百货零售业和医药行业等，以及外资为进入国内市场而发起的并购热）、宽带网、媒体热（入世后国内外厂商之间的产品竞争将更趋激烈，企业广告支出会大幅增加，媒体收益会增长更快）。

传统行业的热点可能集中在以下领域：房地产、汽车、媒体、医疗保健和金融服务、全球独一无二的中药行业。高科技产业的热点可能集中在软件、通讯、环保等行业（如果某个科技领域出现重大、革命性的产品问世，将不可避免地直接刺激该领域的概念炒作）。

最后，由重视高科技的成长股到重视公司内在价值的投资理念转换，同样需要漫长的过程，而在其中的过渡期，稳定的适度增长股将被重视，但其必须有较长时期持续稳定高增长的历史记录。传统行业的高增长股应该会更多地受到关注，而真正的受国际市场影响小的科技股（尤其是有持续稳定增长历史记录的科技股）也同样会受到追捧。

三、如何识别高成长股的面孔？

——大师们的经验

（一）股票要点分析法——菲利普·费舍

费舍认为投资人更应该集中精力选择能够使自己以最小的代价和风险来获得最大收益的公司，这些也就是所谓的“成长股”。他提出了选择成长股的15个要点。他认为，一家公司如果能够符合其中相当多的要点，则具有比较高的投资价值，也就可以称为“成长股”。这15个要点大致围绕着以下的几个方面：

1. 公司面临的市场状态和它的竞争能力。这家公司的营业额在几年之内能否大幅成长？有没有优越的销售渠道？这两个问题的答案是判断一个公司是否值得研究的基本条件。

营业额的增长前景首先取决于需求增长的状况，公司的管理水平也必须保持在较高的水平上。另外，对于企业销售能力的分析往往被忽视，绝大多数分析人员只满足于依赖一些粗略的指标来分析企业的销售能力。费舍认为这些比率太过粗疏，根本不足以成为判断投资价值的依据，要了解一家企业真正的行销能力，必须要到其竞争对手和客户那里去做艰苦而细致的调查。

2. 公司的研发水平。该公司研发活动的效率如何？为了进一步提高总体销售水平，发现新的产品增长点，管理层推进研发活动的决心有多大？

费舍认为，一家公司财务稳健性的最根本的保证就在于能够不断开发新的、能够保证相当利润量的产品线，而这直接取决于研发活动的水平，观察研发活动有两个最重要的角度：一是研发活动的经济效益如何；二是公司高层对于研发活动的态度如何，是否能够认识到目前市场的增长极限并且未雨绸缪。

3. 公司的成本与收益状况。公司的成本控制水平如何？利润处在什么水平上，有没有采取什么得力的措施来维持或者改善利润水平？有没有长期的盈利展望？

虽然不像一般的分析师那样对成本和利润锱铢必较，但是费舍对于公司盈利能力也很关心，因为市场对公司的评价——也就是股票价格——更多的是集中在对盈利水平的评价上的。

费舍极为看中企业长远的盈利能力，他也一直在追寻那些净利润率持续高于行业均值的公司；他明确指出："投资于利润率过低的公司，绝对无法获得最高的长期利润。"他的理由是：利润率低的公司财务"体质"过于虚弱，抗打击能力弱，在经济不景气中最可能首先倒下。

4. 公司的管理水平——最重要的要点。公司的人事关系、管理团队内部的关系如何？公司管理阶层的深度够吗？在可预见的将来，这家公司是否还会继续发股筹资，现有持股人的利益是否因预期中的成长而大幅受损？管理层的诚信态度是否不容置疑？

费舍认为良好的人事关系（特别是管理团队内部的良好氛围）和管理层足够的深度是保证企业能够高效发展的基本保证之一；而对于公司的融资能力，他旗帜鲜明地指出：如果几年内公司将增发新股融资，而现有的每股盈余只会小幅增加，则我们只能有一个结论，也就是管理阶层的财务判断能力相当差，因此该公司不值得投资。这一点相信对中国股民应该是启发良多。

在所有判断公司是否值得投资的标准中，费舍把公司管理层的诚信状况作为最后一个，也是作为最重要的要点提了出来。早在 1959 年他就斩钉截铁地写到："不管在其他所有事务上得到多高的评价，如果管理阶层对股东有无强烈的责任感一事，令人深感怀疑的话，投资人绝对不要认真考虑投资这样一家公司。"反观今日美国股市之一派乱象，真是使人无法不佩服他的洞见，大师的目光是可以穿透历史的啊！

对这些要点了然于胸之后，如何从上千家公司中选出若干家符合上述标准的呢？对此，费舍的经验就是首先求助于富有经验的投资专家，但是专家提供的线索总的来说仍然只是原始资料，而要从其中迅速筛选出若干家值得进一步研究的公司，则主要靠经验了。

——怎样找到它？

心中有了被选对象的大致范围之后，费舍就开始了他称之为"闲聊"的过程，寻找尽可能多的信息来源，不断丰富自己对所研究的公司的认识，"闲聊"对象主要应该是：该公司的竞争对手、供应商和客户、大学和政府的科学家、行业协会的成员以及公司以前的员工等。

费舍坚持认为，只有从侧面了解到关于一家公司至少 50% 以上的信息之后，才可以去拜访目标公司的管理阶层，否则就是一种极其危险的状态：因为投资人对目标公司没有足够多的了解，极容易被公司的管理人员所误导；

此外，也根本无从判断最基本的要点之一——高管人员本身的能力。

费舍非常反对那种只凭几张财务报表和研究报告就匆忙下结论的做法，他讥讽道："一个人如果一个星期只花一个晚上，躺在舒适的扶手椅里浏览一些经纪商的免费报告，便获得很高的利润，你觉得说得过去么?!"

——何时买卖？

费舍投资哲学的核心就在于找到现在被市场忽视，但是未来几年内每股盈余将有大幅度成长的少数股票；进一步地，想要获得可能获得的最高收益，就应该仔细考虑出手时机问题。

对于传统的依据景气研究以及对未来的预测来决定是否买卖股票的做法，他持否定的态度。他明确提出：过分信任经济预测的可靠性，无异于拿自己的全部积蓄去冒险。

费舍认为，最佳买入点应该是在"盈余即将大幅度改善，但盈余增加的展望还没有推升该公司的股票价格时，而抓住最佳买入点的基础就在于能够正确判断目标公司相对于整体经济会有什么样的表现。另外，由于市场的原因导致的股价大幅下跌也是买进优质股的好时机。

对于卖出持股，费舍认为只能基于三个理由：首先是原始买进时就犯下了错误。其次是公司出现了重大问题，管理出现退步，或者是增长潜力消耗殆尽，难于继续拥有突出的表现。第三个理由是投资者又发现了比手中持有的股票更优秀的品种。费舍认为最后一种情况非常罕见，而且随时准备更换持股组合的风险其实很大。

——投资人不应该做什么？

在费舍眼里，投资过程中充满了各种各样的陷阱，而且他本人正是在不断犯错的过程中逐渐成长起来的，为此，他专门总结了一些投资人应该尽量避免的东西：

1. 不要过度强调"分散投资"。费舍认为：人的精力总是有限的，过于分散化迫使投资人买入很多并没有充分了解的公司股票，而这可能比投资过于集中还要危险。他根据自己的经验给出了一个最低限度分散投资的优先顺序：(1) 审慎选出根基稳固的大型成长股，并且至少应该拥有 5 只以上，但其产品线最多只能略微重叠；(2) 较少投资于那些介于上述股票和高风险的年轻成长型公司之间的股票； (3) 最后才可以考虑风险较高的年轻的成长股。

2. 不可过分依赖数字。这里说的数字主要指一只股票前几年的价格列表、每股盈余的状况等等一般投资人所津津乐道的数据。费舍的一个重要原则就是："主宰股价走势的是未来，不是过去。"在做出是否购买某只股票的决策时，它过去几年的价格变动或者是每股盈余等等根本就无关紧要。

3. 买进真正优秀的成长股时，除了价格之外，也不要忽视时机因素。有的时候，你会成功地找到一只真正有潜力的成长股，但是很有可能你面临的情况是：它的价格现在正处在一个不合理的高价位上。费舍推荐了一种方法，即：研究这家公司过去成功的经营计划，可以发现这些经营计划在发展阶段的某一点，必然会反映在股价上面，而在这个时间附近买进，就很有可能在接近最低价位的地方获得极有潜力的股票。

4. 不要锱铢必较。许多投资人都会为自己将要买卖的股票设定一个心理价位，费舍对此的批评可谓一针见血：作为一名希望凭借股票成长性在几年之内获得高额收益的投资人来说，为了一点小小的价格差异就放弃交易，绝对是得不偿失。

5. 不要忽视市盈率的分析。市盈率是一个非常重要的概念，但是许多人没有认识到市盈率只有跟公司经营的特性联系起来，才能够真实反映其价格的“含金量”。费舍认为如果一个公司能够不断开发出新的获利来源，而且所在的行业亦可望有相近的成长动力，则其 5 ~ 10 年之后的市盈率肯定要远高于一般的股票，即使其现在的价格已经相当可观，其实还是非常值得投资的。

（二）公司分类法识别高成长股——彼得·林奇

不同的公司提供了多样的投资机会。在投资大师彼得·林奇看来，值得投资的公司可分为六类：稳定缓慢增长型公司、大笨象型公司、快速增长型公司、周期型公司、资产富余型公司和起死回生型公司。一般来说，这六类公司都能为投资者带来收益，也为对风险与收益有不同偏好的投资者提供了可供选择的余地。

在上述六类公司的前三类中，从缓慢增长、适度增长到快速增长，这些公司均有一个稳定的、可预料的增长水平，林奇将其年增长率大约分别界定为 2% ~4% 、10% ~12% 和 20% ~25% ，相对应于目前的中国，其年增长速度大致分别是 10% ~20% 、50% ~60% 和 100% ~130% ，投资者可以通过上市公司的财务报表特别是年报去进行分析。不言而喻，能上涨 10 倍甚至 10 倍以上的大牛股，往往将在快速增长型公司中产生。所以，我们找寻的大牛股也将把重点放在快速增长型公司，以及超快速增长型公司上。而对于周期型公司、资产富余型公司和起死回生型公司来说，虽然同样会产生大牛股，但由于这些公司更多地具有突发性与不可预测性，难以通过上市公司的年报进行理性分析，因此，本书不将这些公司作为寻找大牛股的依据。

在证券投资中，能寻找到真正属于快速增长型的公司进行投资，恐怕是大多数投资者的最大愿望。那么，快速增长型公司又有哪些特点呢？在中国市场上，又有哪些公司属于快速增长型公司呢？

林奇毫不掩饰地说，快速增长型公司是他最喜欢投资的类型之一。他认为，如果投资者仔细选择，就会发现这类公司中蕴藏着大量能涨 10 ~ 40 倍，甚至 200 倍的股票。这类公司的特点是：

1. 规模特点。这种公司通常规模较小，但却有很高的增长率，在中国，这一类公司的增长率应该是年净利润增长 100% ~ 130% 的公司。显然，对公司规模大小的确定，应该结合各国的具体实际来判断。在美国属于规模小的公司，在中国很可能是属于大公司，而在中国属于规模大的公司，很可能在美国只能算是中等公司甚至小公司。

另外，判断公司的规模大小，还得结合行业来看。一般来说，成熟行业的公司规模相对较大，而新兴行业、高科技行业相对来说小公司更多。如钢铁行业中的小公司，在其他新兴行业中很可能就是属于上规模的大公司了。

2. 行业特点。一般来说，快速增长型公司大多处在快速增长型行业中。但是，快速增长的公司与快速增长的行业并不完全等同，也就是说，在快速增长型行业中也会有增长较慢的公司；同样，在增长并不快速甚至停滞的行业中，也会有快速增长的公司。对于林奇来说，他甚至更喜欢在他并不看好的行业中去寻找快速增长型公司。林奇认为，如果某些行业都被投资者认为有大机会，那么，这个行业中的公司很可能就是被大幅炒高的，也就不可能以比较合理的价格买到，而且风险极大。如 2000 年前后，全球网络股大幅炒作时，这些公司的市盈率往往高达几百倍、上千倍，甚至到最后只讲市盈率，但事实证明，类似这样的炒作是一个巨大的网络泡沫，投资者损失惨重。

相反，由于大多数投资者认为不景气的行业中不可能有大牛股，倒反而更有可能存在大机会。而且，对于买入者而言，其能够以合适的价格从容地买到合适的股票。事实也证明，在美国非快速增长型行业中，出现了为数不少的“快速增长型公司”。比如酒店行业的年增长率仅仅只有 2%，但通过占有行业内大部分的市场份额，马里奥特酒店的年增长率却连续 10 年年均达到 20%。另外，百货业的沃尔玛公司以及服装零售业的 The Gap 公司，也均成为在一个并不快速发展的行业中得到快速增长的公司。而这些公司当初都不被一般投资者所看好，却给了理性的投资者以从容买入的机会。

3. 风险特点。高增长和高收益必然伴随着高风险，这也是投资的一个最明显特点。同样，快速增长型公司也相应地较其他类似公司有更大的风险。

林奇特别提到了那些刚成立不久、被过分吹嘘而又存在资金短缺的公司，他认为类似这样的公司风险会更大。这种类型中还有一类公司最终没有破产，并摆脱了困境，但活过来后变成了缓慢增长型公司。在这种情况下，同样存在着股价大幅下跌的投资风险。

第三种情况则是快速增长型公司在经过了快速增长后，增长速度放慢，规模小的会面临倒闭的风险，而规模大的公司则也会面临迅速贬值的风险。

（三）CANSLIM 投资法——威廉·奥尼尔

我们在学习美国成功的职业股票投资专家们的成功经验后，一定要结合我国的国情，先搞清中美两国国情的几点不同。

第一点，按照著名股票大师彼得·林奇的定义，一家公司的成长速度是根据经济全面增长速度衡量的。美国国民经济的平均增长率为3%左右。美国缓慢成长型公司的利润增长率每年也只能达到2%～4%之间，大致相当于国民生产总值的增长率。美国一般成长型（稳健型）公司的平均利润增长率在10%～12%之间。高成长型公司的年平均利润增长率在20%～25%以上。我国国民生产总值的平均增长率将在7%（扣除物价上涨的因素）左右，据此推算，我国稳定成长型公司的年平均利润增长率应在23%～28%之间，高成长型公司的平均增长率则应在47%～58%以上。

第二点，按照历史唯物主义观点，一国股市的平均市盈率是否合理也应该根据其国家的国民生产总值的增长率来衡量。美国股市的平均市盈率在5～25倍之间。如果我国国民生产总值增长7%或8%（扣除物价上涨的因素），平均市盈率就应在10～45倍之间。银行利率高时它就会低一些，利率低时它则会相应的高一些。

第三点，我国的上市公司经常搞大比例送配（类似于美国股票的分股），不断的摊薄其每股收益，而美国股票则很少分股。只有当股价过高时才不得不分股。所以美国股票历年的每股收益常常能够准确地反映其公司历年的净利润增减情况。而我国股票历年的每股收益则完全不能反映其公司历年的利润增减情况。另外，对于一个真正的长线投资者来说，最忌讳的就是他所投资的那家上市公司计划增发新股和可转换债券。因为增发新股和可转换债券将摊薄其原股东手中股票的每股收益，而股东手中股票的股数却不会相应增加。增发新股和可转换债券将使其原股东蒙受损失。

威廉·奥尼尔大师的股票投资平均年收益率为40%。这在美国这样成熟的股市上是很不容易的。在介绍这个方法时，在不改变其精神实质的情况下，我们作了些修改，使之能够在我国股市上更有效地应用。威廉·奥尼尔是按照自己发明的一套简单公式进行投资的。这套公式为 C－A－NS－L－I－M，每个字母都代表着巨幅飙升股在启动之初的一个特征。

先说字母 C，字母 C 代表着巨幅飙升股在启动之前，其公司当季的净利润（准确的说法应为当季累计复权每股收益）通常要比前一年同期增长 42%～47% 以上，或其公司计划在未来半年内比前一年同期增长 100%～200% 以上（原文是当季每股收益成长率成长幅度至少应达 18%～20%）。

字母 A 表示巨幅飙升股在启动之前的 5 年里，其公司的净利润（准确的说法应是连续五年的累计复权每股收益）年度复合增长率须达 56% 以上（在美国股市，这个指标是 24% 以上），并且每年的利润都应较上一年度有显著的增长。当然你也可以不计较其中某一年的净利润稍稍滑落，只要它能在未来一年内回升，并创历史新高即可。一家公司可能在第一年获纯利润 1 000 万元，第二年 1 700 万元，第三年 3 500 万元，第四年则突然急转直下为 1 500 万元，那么到了第五年它只有获纯利润 3 600 万元以上（创历史新高）才够标准。另外，尽量不要去碰利润增长率忽高忽低大幅度波动公司的股票，而应选择那些利润稳定高速成长公司的股票。

字母 N 代表创新。所谓创新是指新产品、新服务、产业新趋势，以及新管理阶层、新经营策略等等。此外，股票价格创新高也是一种新发展。有 98% 的投资人在估价创新高时，都不愿意进场购买。其实股市有一种特征，即看上涨过高的股票还会上涨，而跌得很低的股票可能还会继续下跌。另外，据我观察，巨幅狂飙股票还有如下特点：其一是公司的现金（货币资金和国债投资市值之和）要赶上和超过长期负债，并且现金呈逐年增加的趋势，长期负债呈逐年减少的趋势。其二是公司总资产收益率要在同行业中名列前茅。其三是每股现金流的增长要赶上和超过利润的增长，以上几点对于我国投资者选择巨幅上扬的飙升股至关重要。从 1996 年初至 1997 年 5 月间，我国股市涌现出一大批股价上扬了 5 倍、6 倍甚至 8 倍、10 倍的股价，纵观这些飙升股几乎都有上述那些特点，比如说"四川长虹"，该股从 1996 年初 7.40 元启动以来累计升幅已达 13 倍。该公司 1990 至 1995 年期间年度复合利润增长率远超过 56%，其中 1993 年比 1992 年增长 124.9%，1994 年同比增长 64.9%，1995 年同比增长 62.7%，1996 年上半年比 1995 年同期增长 58%。该公司还在 1996 年上半年推出降价销售抢夺市场的新举措。该股自 1995 年 8 月 10 送 7 配 3 除权后在 7.35 元至 9.8 元之间做了近半年窄幅箱形整理，终于向上突破箱顶创出了 10 元的复权历史新高。从此开始了巨幅的上扬。"长虹"是如此，其他巨幅飙升股也是如此。投资者如能在"长虹"创出 10 元的历史新高时买入一路持有，收益将是惊人的。威廉·奥尼尔在买股票时，也总是要等股价从横向整理的底部形态里刚刚放量向上突破，突破的幅度还不到5%时买进，那么为什么不在某只股票处于筑底阶段时购买该股，而要等其创新高才进场呢？威廉·奥尼尔大师指出："如果你在筑底阶段时购买进股票，按正常状况，只要股价震荡幅度在10%～15%之间，你就很容易被洗出场。但是，只要我选择了正确的进场时间，股价就不会下挫到我所设定的"7%"的最大停损点。

字母S表示在同等条件下要选择流通盘子不大、股本适中的公司，而不是规模庞大、成长乏力的公司，而且股价开始上涨时，成交量放大可以跟进。

字母L表示领涨股或落后股。据调查，在绝大多数巨幅飙升股中，其发动涨势的股价相对强势指标（RELATVE PRICE STRENGTH，RPS）平均为87，因此一定要选择RPS高的股票。威廉·奥尼尔大师总是在熊末牛初之时选择那些底部形态里RPS在80以上的股票。RPS最小值及最大值介于1～99，以RPS在80为例，代表着这一档股票在过去12个月，个股走势强于其他80%股票。

字母I表示投资机构的认同。买进几家最近操作绩效优异的专业机构（基金）所共同认同的股票。

字母M表示要准确的判断市场走向。大盘趋势将决定赔赚。要在大行情刚启动时买入，而在行情见顶时抛出。那么如何判断头部呢？威廉·奥尼尔大师认为，见顶一般都要经过以下这个过程：首先是在涨势中，必定有一两日成交股数会高于前几天，但大盘收盘指数的涨幅却非常有限，甚至不涨或微跌。这时大盘指数每日最高点与最低点之间的震荡幅度可能比前几天明显加大，表明市场主力正在出货。接近股市最高的出货盘只消有一两天的时间即可出清，这时候涨升走势可能仍在继续，但成交量已明显萎缩。表明随着主力的离场，市场需求已不振，下跌随时可能发生，另外在另一轮行情中表现最优异的一批个股大都见顶回落进入调整，而同时其他一些一直没怎么表现的个股却开始补涨，这也是行情有可能结束的重要信号。

一只股票的价格为什么能持续上涨，我国的投资者认为一家股票只要资本公积金高，有股本扩张能力，其股价就会持续飙升，这显然是没有根据的。一只股票是否有股本扩张能力，是否将实施控股、配股并不重要，重要的是它的净利润能否大幅度增加，如能大幅度增长，其股价就会巨幅上扬，并不一定马上就涨，但迟早会大涨。例如"四川长虹"1994年初刚上市时摊薄每股收益为1.686元，到1998年初累计复权每股收益竟达12.09元，增加了5倍之多，其股价也随之巨幅飙升了14倍。"东大阿派"1996年刚上市时每股收益摊薄为0.189元，到1998年初累计复权每股收益达1.097元，增加了5倍多，其股价也巨幅飙升了5倍多。“伊利股份”1996年初上市时摊薄每股收益为0.32元，至1998年初累计复权每股收益达1.31元，增加了3倍，股价也涨了4.8倍。这样的例子很多，一般来说一家公司1997年度净利润只要比1992年度增长541%，比1993年度增长342%，即年度复合利润增长率在45%左右，其股价就会在1996年初到1997年5月间飙升4倍、5倍甚至8倍、10倍。另外，据我观察，巨幅飙升股在持续飙升的几年里，其公司营业利润、净利润和利润总额每年、每季度都要比上一年同期增长40%以上，至少也不能低于35%。“深发展”和“湖北兴化”的营业利润和净利润1997年下半年比1996年下半年的增长幅度均没达到35%，其股价也预先大幅度下挫（因主力机构已预先估计到了这种情况）。“深发展”下挫40%、“湖北兴化”下挫50%，至今也没有复位。彼得·林奇说：“只有当高成长型公司的盈利在增长，公司的规模在扩大，而且发展道路上没有出现什么障碍的时候，我才会保留它们的股票。”一旦发现相反的情况，他就会果断抛出（净利润的增长率只是一种方便的说法，准确的说法应为“累计复权每股收益的增长率”，由于有些上市公司不是利用配股筹集资金，而是通过增发新股如B股、H股等筹资，这些公司净利润的增长并不会使其股东手中的股票的累计复权每股收益同步增长，其股价也不会上涨，反而有可能下跌。所以还是要以累计复权每股收益的增长率为准）。

那么一只股票长期的走势是否只与成长性有关而与市盈率无关呢？我个人认为还是有关系的。如果你在牛市之初买入低市盈率高成长的股票，其涨幅将高于高市盈率高成长的股票。如“四川长虹”的涨幅就超过了“东大阿派”等。但是高成长高市盈率股票的涨幅必定远远超过低市盈率低成长的股票，如“东大阿派”的涨幅就远超过了“中国嘉陵”、“津劝业”、“上海石化”甚至“春兰股份”等。世界著名股票专家彼得·林奇指出：“高市盈率高成长的股票最终会战胜低市盈率低成长的股票、（高成长）高收益支撑的高股价犯错误的空间不会太大。”那么如何为高成长股确定一个合格的价格呢？彼得·林奇指出：“作为一项确定的规则，股票价格（市盈率）不应高于其增长率，即每年收益增长率的比率。”如果研究机构的分析人员普遍预测某公司的未来三、四年每年的增长率为40%。其股票的市盈率就应该是40倍。如果分析人员预测未来四、五年其每年的利润增长率为30%，其股票的市盈率就应该为30倍。说的再具体一点，如果分析人员预测某股票在未来四年内（在现有总股本不变的情况下）每股收益能达到5元钱，该股现在就值50元。如果预测每股收益在未来四年内能达到8元钱，该股现在就值 80 元。过分高于此就被市场高估了，就无投资价值。过分低于此就被市场低估了。

那么是不是严格按照以上的方法投资就一定每炒必赚呢？即使你严格地按照以上的方法投资，偶尔也会因选错入场时机或选错股票而亏损。你若在 1994 ~ 1995 两年间持有“长虹”可能赚不了多少钱，“长虹”在 1998 年前是高成长股，1998 年后却成了垃圾股等等。威廉·奥尼尔认为，股市致胜的秘诀并不在于你每次都能选准时机，选中好股，而是在于你如果选错时机或选错股票，能够将可能遭受的亏损降到最低。威廉·奥尼尔强调说：“我决不允许我所购买的股票市值亏损超过 7%，绝不能有任何犹豫。”针对有人说“我不能现在卖出股票，因为我会亏损”，威廉·奥尼尔指出：“如果股价跌到你的买价以下，无论是否卖出，事实上你已经亏损了，但任亏损持续下去，可以说是大部分投资人所犯的最大的错误。”所以“假如股价下跌，你必须当机立断，尽快停损”。

第一篇

财务分析法选股

作为投资者的你，了解自己买的股票吗？了解上市公司的经营状况和财务状况吗？投资大师彼得·林奇曾说过："不进行研究的投资，就像打扑克从不看牌一样，必然失败。"对于投资者而言，依据财务分析的侧重点不同，根据关注焦点的不同，可以采用不同的方法选出不同的上市公司，并形成关于财务方面的一系列选股法。

财务分析选股法分为财务报表选股法和财务特征选股法。从广义上来看，财务报表一般是指一整套报表，包括资产负债表、利润表和现金流量表，因此有资产负债表选股法、利润表选股法和现金流量表选股法，具体体现在报表中的重要会计指标选股法和比率指标选股法。财务特征主要包括盈利能力、营运能力、偿债能力和发展能力四个方面，相应的则有盈利能力选股法、营运能力选股法、偿债能力选股法和发展能力选股法，不过在采用财务特征选股法中，我们一般不会根据某一单方面财务特征选出股票，而是把各财务特征结合起来，综合考虑。

第一章
资产负债表选股法

投资者在决定购买哪家上市公司的股票之前，首先应该做的功课是摸清上市公司的家底，探探虚实再做决定。资产负债表为投资者展示了上市公司的家底及虚实情况。投资者通过对资产负债表的分析，尤其是重要科目和指标的分析，有助于判断一家上市公司的资产质量、资产安全性及投资者价值。

第一节 解读资产负债表：过去的财务记录

资产负债表是企业基本财务报表之一，它是一张平衡表，是以“资产 = 负债 + 所有者权益”这一会计恒等式为基础，反映企业某一时点（某一特定日期）资产状态、负债情况和所有者权益的报表。资产负债表分为“资产”和“负债 + 所有者权益”两部分。“资产”部分，反映企业的各类财产、物资、债权和权利，按照变现先后顺序表示，依强到弱的顺序排列为流动资产和非流动资产。“负债 + 所有者权益”部分，包括负债和所有者权益两项，其中：负债表示公司所应支付的所有债务，按照负债偿还的先后顺序排列为流动负债和非流动负债；所有者权益表示公司的净值，即在偿清各种债务之后，公司股东所拥有的资产价值，按照其永久性程度递减的顺序列示，先实收资本，后资本公积、盈余公积、未分配利润。

资产负债表包括的主体部分见表 1－1 所示，资产负债表的主要项目解释如下：

表 1-1　　资产负债表主体部分

资产	负债及所有者权益
流动资产 非流动资产	流动负债 非流动负债 所有者权益

一、资产方：控制的资源

资产，分为流动资产和非流动资产。

1. 流动资产是指企业可以或准备在一年内或者超过一年的一个营业周期内转化为货币、或被销售或被耗用的资产，按照各流动资产变现能力的强弱，依次按货币资金、交易性金融资产、应收票据、应收账款等项目列示。货币资金是指企业生产经营过程中停留于货币形态的那部分资金，具有可立即作为支付手段并被普遍接受的特性；按照货币资金的存放地点及其用途的不同，货币资金可分为库存现金、银行存款及其他货币资金。交易性金融资产是指企业为了近期内出售而持有的金融资产。通常情况下，其是指以赚取差价为目的从二级市场购入的股票、债券和基金等。应收票据是指企业因赊销产品、提供劳务等在采用商业汇票结算方式下收到的商业汇票而形成的债权。应收账款是指企业因赊销商品、材料、提供劳务等业务而形成的商业债权。

2. 非流动资产主要包括存货、可供出售的金融资产、投资性房产、长期应收款、无形资产。存货是指企业在日常活动中持有以备出售的产成品或商品、处在生产过程中的在产品、在生产过程或提供劳务过程中耗用的材料、物料等。可供出售的金融资产是指企业初始确认时即被指定为可供出售的非衍生金融资产，以及没有划分为以公允价值计量且其变动计入当期损益的金融资产、持有至到期投资、贷款和应收款项的金融资产。投资性房地产是指为赚取租金或资本增值，或两者兼有而持有的房地产。长期应收款是指企业融资租赁产生的应收款项和采用递延方式分期收款、实质上具有融资性质的销售商品和提供劳务功能的经营活动的应收款项。固定资产是指使用期限较长、单位价值较高，并在使用过程中保持其实物形态基本不变的资产项目。无形资产是指企业拥有或者控制的没有实物形态的资产，包括专利权、商标权、著作权、土地使用权、非专利技术、商誉等。

二、负债方：现时的义务

负债，分为流动负债和非流动负债。

1. 流动负债是指将在一年内或超过一年的一个营业周期内偿还的债务。流动负债主要包括短期借款、交易性金融负债、应付票据、应付账款、预收账款、应付职工薪酬。短期借款是指企业从银行或其他金融机构借入的期限在一年以内的各种借款。交易性金融负债是指企业采用短期获利模式进行融资所形成的负债。应付票据是指由出票人出票、委托付款人在指定日期无条件支付特定的金额给收款人或者持票人的票据。应付账款是指企业因赊购原材料等物资或接受劳务供应而应付给供应单位的款项。预收账款是指企业商品销售尚未发生或劳务尚未提供，而向购货方收取的货款或定金。应付职工薪酬是指企业为获得职工提供的服务而应付给职工的各种形式的报酬以及其他相关支出。

2. 非流动负债是指偿还期在一年或超过一年的一个营业周期以上的债务。非流动负债主要包括长期借款、应付债券、长期应付款、专项应付款、预计负债。长期借款是指企业向银行或其他金融机构借入的期限在一年以上的款项。应付债券是指企业为筹集长期资金而发行的偿还期在一年以上的债券。长期应付款是指企业除长期借款和应付债券以外的其他各种长期应付款。专项应付款是指企业取得的政府作为企业所有者投入的具有专项或特定用途的款项。预计负债是因或有事项而确认的负债。

三、所有者权益方：享有的经济利益

所有者权益是指企业资产扣除负债后由所有者享有的剩余权益，包括实收资本、资本公积、盈余公积、未分配利润。实收资本是指企业实际收到的投资者投入的资本额，包括国家资本、法人资本、个人资本和外商资本。资本公积是指企业收到投资者超出其在企业注册资本中所占份额的投资，以及直接计入所有者权益的利得和损失等。盈余公积是指从净利润中提取的、具有特定用途的资金，包括法定盈余公积、任意盈余公积和公益金。未分配利润是指企业净利润分配后的剩余部分，即净利润中尚未指定用途的、归所有者所有的部分。

资产、负债和所有者权益下设的所有会计科目构成了企业的资产负债表。由于不同的企业包含的资产、负债和所有者权益的下设的会计科目有所不同，因而企业乃至同行业的企业的资产负债表都大有不同。并不是所有的会计科目在企业中都有相应的数额，如在大华股份（002236）2012 年的资产负债表中，交易性金融资产、投资性房地产、长期借款等会计科目并未有对应的数额，见表 1 – 2 所示。

表 1-2　　**大华股份资产负债表（2012 年）**　　单位：元

项目	本期余额	期初余额
流动资产：		
货币资金	909 483 080.77	502 558 435.16
交易性金融资产	—	—
应收票据	64 722 831.07	27 301 737.60
应收账款	973 378 529.33	677 025 914.74
预付款项	10 952 838.63	12 629 440.85
应收利息	8 556 700.62	1 289 069.07
其他应收款	42 156 465.36	40 758 095.17
应收股利	—	—
存货	711 215 689.99	605 103 003.19
一年内到期的非流动资产	—	—
其他流动资产	—	0.00
流动资产合计	2 720 466 135.77	1 866 665 695.78
非流动资产：		
发放贷款及垫款	—	—
可供出售金融资产	—	—
持有至到期投资	—	—
长期应收款	170 474 283.76	65 743 201.66
长期股权投资	28 520 761.90	23 631 233.57
投资性房地产	—	—
固定资产	155 750 686.28	144 440 325.26
在建工程	266 499 131.60	123 722 201.91
工程物资	—	—
固定资产清理	—	—
生产性生物资产	—	—
油气资产	—	—
无形资产	38 116 020.82	35 171 642.67
开发支出	—	—
商誉	—	—
长期待摊费用	—	—
递延所得税资产	17 604 108.54	9 718 634.87

续表

项目	本期余额	期初余额
其他非流动资产	—	0.00
非流动资产合计	676 964 992.90	402 427 239.94
资产总计	3 397 431 128.67	2 269 092 935.72
流动负债：	0.00	0.00
短期借款	216 009 100.24	37 805 400.00
交易性金融负债	2 490 696.13	655 560.01
应付票据	208 277 491.91	—
应付账款	378 015 589.77	425 557 995.16
预收款项	184 045 035.85	171 943 604.82
应付职工薪酬	159 305 491.73	80 376 723.95
应交税费	61 403 976.59	15 052 551.74
应付利息	5 469 617.85	862 179.78
应付股利	—	—
其他应付款	21 768 036.62	15 669 966.00
一年内到期的非流动负债	—	—
其他流动负债	—	0.00
流动负债合计	1 236 785 036.69	747 923 981.46
非流动负债：		
长期借款	—	—
应付债券	—	—
长期应付款	—	—
专项应付款	—	—
预计负债	5 922 463.51	2 448 863.51
递延所得税负债	7 070 567.97	3 843 845.42
其他非流动负债	—	0.00
非流动负债合计	12 993 031.48	6 292 708.93
负债合计	1 249 778 068.17	754 216 690.39
所有者权益（或股东权益）：		
实收资本（或股本）	558 123 280.00	279 080 400.00
资本公积金	139 646 899.85	412 806 571.02
减：库存股	—	—

续表

项目	本期余额	期初余额
盈余公积金	166 858 744. 26	104 900 230. 87
一般风险准备	—	—
未分配利润	1 277 513 486. 66	709 074 292. 00
外币报表折算差额	-190. 82	—
少数股东权益	5 510 840. 55	9 014 751. 44
归属于母公司所有者权益合计	2 142 142 219. 95	1 505 861 493. 89
所有者权益合计	2 147 653 060. 50	1 514 876 245. 33
负债和所有者权益总计	3 397 431 128. 67	2 269 092 935. 72

资料来源：大华股份 2012 年年报。

第二节 资产负债表的选股策略

资产负债表是上市公司最主要的综合财务报表之一，作为投资者，想进一步评价上市公司的素质，但可能没有时间对资产负债表的每一栏投入大量的精力去研究。因而，最好的办法就是对表中的重要会计科目和比率指标进行关注。

一、变现能力法：洞悉公司的流动性

在“一切为了销售”的上市公司经营模式中，保持资产的变现能力是公司流动资产管理的最核心目标。流动资产包括货币资金、短期投资、应收款项、存货、待摊费用等。一个公司的流动资产高，说明该公司的支付能力与变现能力相当不错。在流动资产中，要特别重点关注货币资金、应收账款和存货。

（一）观察货币资金、应收账款、存货占流动资产的比重

一般来说，应收账款和存货所占比重较大。不同的上市公司由于所处行业和销售策略不同，这一余额或比重也有所不同，如以现金方式销售的商业零售企业，应收账款和存货占流动资产比重就不大，而产品市场已经成熟的工业企业，这一比重就会更大些。

（二）计算应收账款周转率和存货周转率

应收账款周转率反映的是企业应收账款这一债权资金周转的速度，可用一年周转的次数，或周转一次需要的天数表现。从这一指标可以知道上市公司有多少销售收入是通过赊销实现的。一般而言，周转次数这一指标是越大越好，周转一次所需天数是越少越好。销售收入中应收账款所占的比重越小越好，这说明上市公司现金销售比重大，货款回笼迅速，资金周转快。

存货周转率反映上市公司存货变现的快慢程度，表示方法与应收账款周转率相同，即可用年度周转次数，或周转一次需要的天数表现。其指标意义也与应收账款周转率指标基本相同，但与应收账款有所不同的是，在一定条件下，尤其是市场需求旺盛、产品热销供不应求时，保留一定的存货以防止脱销是必要的。

（三）进行纵向对比和同业对比

通过历史阶段或与同业中的其他公司进行对比，可以判断公司经营情况的变化及其趋势。因为行业及销售方式的不同，货币资金、应收账款、存货余额差异可能会很大，比如零售行业应收账款一般很小，房地产行业存货余额很大等等。所以，与公司自身历史相比会显得更有意义。

在总资产中，现金、应收账款、存货、固定资产等常用的资产会计科目其占比会因行业的差别而有所差异，如制造业、批发业、零售业、资本密集型服务业和劳动密集型服务业的存货在总资产的比重则分别为25% ~35%、35% ~50%、50% ~60%、0% ~10%及0% ~10%，见表1 -3所示。

表1 -3　　资产结构行业参考指标

	生产、销售行业			服务行业	
	制造业	批发业	零售业	资本密集	劳动密集
现金	5% ~8%	5% ~8%	5% ~8%	5% ~8%	5% ~20%
应收账款	20% ~25%	25% ~35%	0% ~10%	0% ~20%	20% ~60%
存货	25% ~35%	35% ~50%	50% ~60%	0% ~10%	0% ~10%
固定资产	30% ~40%	10% ~20%	10% ~20%	50% ~70%	10% ~30%
其他	5% ~10%	5% ~10%	5% ~10%	5% ~10%	5% ~10%
总资产	100%	100%	100%	100%	100%

同样地，在负债和所有者权益中，流动负债、长期负债等的占比也会因行业的差别而有所差异，如制造业、批发业、零售业、资本密集型服务业和劳动密集型服务业的流动负债占比分别为30% ~40%、40% ~55%、50% ~60%、20% ~30%及40% ~50%，见表1 -4所示。

表 1-4　　负债和所有权权益行业参考指标

	生产、销售行业			服务行业	
	制造业	批发业	零售业	资本密集	劳动密集
流动负债	30% ~40%	40% ~55%	50% ~60%	20% ~30%	40% ~50%
长期负债	15% ~25%	15% ~20%	10% ~20%	20% ~30%	0% ~10%
所有者权益	30% ~50%	30% ~40%	35% ~50%	35% ~50%	10% ~30%
合计	100%	100%	100%	100%	100%

二、资产安全性法：洞悉公司的资产质量

资产安全性的考察其实在很大程度上是对上市公司资产质量的考察，最终也是公司的变现能力问题。在会计核算中，资产按性质可划分为财产、债权性资产和其他资产。

对于上市公司自己拥有的财产而言，会存在一个质量问题，如存货项目包括的“原材料”、“在产品”、“产成品”、“低值易耗品”等项目会随着社会进步或者时间的变化可能会出现贬值或者升值。同样地，“长期投资”、“固定资产”、“无形资产”也都存在这一问题。

债权性资产存在一个安全问题。因为这些项目虽然在财务上体现为自己的“资产”，但实际上为别人所控制，在对方的支付能力出现问题，或者缺乏诚信时，就很可能产生“赖账”不还现象，使公司蒙受损失。

值得注意的是，财产的贬值或升值不发生特殊情况（如企业因购并而进行资产评估，或者企业进行清产核资时等），通常是难以得知的。评价财产的贬值或升值并没有具体的指标可以明确计算，但我们可以通过以下途径观察：

1. 阅读注册会计师的审计报告或资产评估师的资产评估报告。注册会计师在对公司报表进行审计时有对企业资产进行考察这一程序，如认为企业财产与账面价值产生重大的背离，会要求上市公司进行调整，如上市公司不调整，注册会计师则会在其审计报告中申明。

2. 从各种途径观察推测，如外部各类媒体关于公司的报道、上市公司自身公告等等。

3. 判断各类资产减值准备的计提情况，是否计提，有否多提或少提以及政策改变的情况。

三、比率指标法：洞悉公司的财务实力

(一) 资产负债率

资产负债率是衡量公司财务实力最重要的一个指标。资产负债率又称负债比率，是企业的负债总额与资产总额的比率。它表示在企业资产总额中，债权人提供资金所占的比重以及企业资产对债权人权益的保障程度。计算公式为：

资产负债率 = （负债总额 ÷ 资产总额） ×100%

(二) 负债权益比率

负债权益比率主要分析股东权益与长期负债之比，投资大师彼得·林奇选股很看重这条，这个指标是确定公司财务实力的一个快捷方法。计算公式为：

负债权益比率 = 负债总额/所有者权益总额 ×100%

在选择股票的过程中，资产负债表是一个比较重要的因素。但有一点请投资者注意：资产负债表只是反映公司在一定日期的全部资产、负债和股东权益，对于这一日期之前和之后的财产状况无法提示。

总之，仅从资产负债表来看，如果资产和所有者权益在逐年增长，负债在逐年减少，那么就可以认为公司的财务地位是稳固的，只要价格合适，就值得投资。一般来说，处在不同行业的公司，其资产负债表的关键信息点不同程度地表现出某些行业特征。资产结构行业参考指标、负债和所有者权益行业参考指标见表 1 －3 和表 1 －4 所示。

第三节 资产负债表选股案例分析：下得厨房，上得厅堂——新华医疗

新华医疗（600587）是中国最大的消毒灭菌设备研制生产基地，也是国内生产放射治疗设备品种最多的企业，主营医疗器械、环保设备及药品，包括感染控制系列产品、制药装备系列产品、放射治疗系列产品、洁净手术室、口腔、清洗消毒器、制水设备、冻干机及代理强生、飞利浦等知名品牌产品。公司在感控、放疗及制药装备市场占主导地位，尤其是放疗市场。

所谓下得厨房，公司收入占比最大的消毒灭菌设备和制药装备业务行业壁垒相对较低，公司产品凭借较高的性价比，抢占了国内市场的主导地位，受限于行业市场空间，未来这一部分增长主要将来自于升级换代。所谓上得厅堂，

公司高端医疗装备达到国内领先水平，包括液液、固液多腔软袋大输液生产线、肿瘤模拟定位系统、口腔科 CAD/CAM 义齿加工技术和整体解决方案等等。

公司从 2007 年以来营业收入及净利润增长均呈上升趋势，除 2010 年以外，其他年度净利润增速均快于营业收入的增加，尤其在 2011 年，营业收入同比 2010 年增长 56.91%，净利润同比 2010 年增长 82.03%，增长幅度较大，见图 1－1 所示。近年来的毛利率均稳定在 20% 以上，尽管从 2009 年起毛利率和净利润率呈下降趋势，但毛利率与净利润率差值在逐年缩小。其中主要原因为公司销售费用率从 2008 年的 13.08% 下降至 2011 年的 9.56%，管理费用率 2011 年同比 2009 年减少 1.11 个百分点，公司费用控制较好。

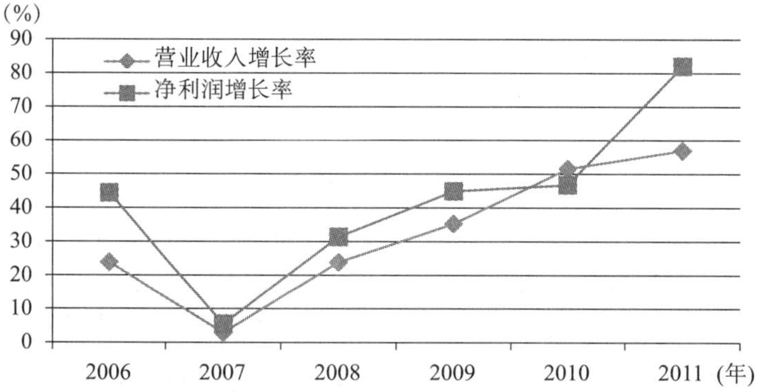

图 1－1　新华医疗历年营业收入、净利润增长情况

资料来源：Wind 资讯。

至 2012 年第 3 季度，公司营业收入连续三个季度持续上升，且创 3 年新高。截至 2013 年 2 月 20 日，新华医疗盘中以 37.8 元创 52 周新高，走势表现强劲，并于 2013 年 3 月 6 日，以 39.50 元创上市以来新高（按照前复权价格计算），见图 1－2 所示。

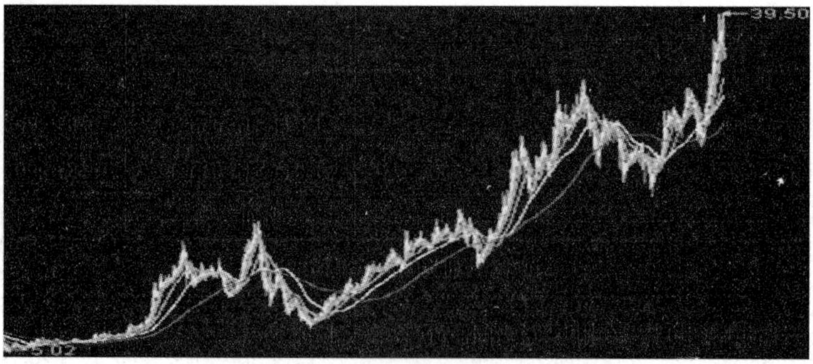

图 1－2　新华医疗走势表现

公司属于医疗器械制造业，根据证监会细分行业标准，目前医疗器械制造业的上市公司共有7家（戴维医疗、冠昊生物、阳普医疗、新华医疗、九安医疗、尚荣医疗、乐普医疗）。根据资产负债表，以下从变现能力的角度比较分析新华医疗与其他医疗器械上市公司。

2011年，公司流动资产合计14.60亿元，其中货币资金占流动资产24%，应收账款占流动资产比重29%，存货占流动资产比重35%；存货周转率为3.56次，应收账款周转率为6.05次，见表1-5所示。在医疗器械上市公司中，公司流动资产排名第一，货币资金、应收账款和存货这三项流动资产占比分布较为均匀，并且应收账款和存货占比排名最高。值得注意的是，其他6家医疗器械上市公司货币资金占流动资产比重高达60%以上。

表1-5　　医疗器械上市公司变现能力比较

证券简称	存货周转率（次）	应收账款周转率（次）	货币资金占流动资产比重（%）	应收账款占流动资产比重（%）	存货占流动资产比重（%）	流动资产合计（亿元）
戴维医疗	1.97	43.42	63	3	32	1.56
冠昊生物	2.01	4.57	83	10	2	3.30
阳普医疗	5.23	4.05	71	15	6	4.69
新华医疗	3.56	6.06	24	29	35	14.60
九安医疗	2.22	5.02	65	11	20	6.76
尚荣医疗	4.64	3.13	78	12	4	11.26
乐普医疗	1.46	4.07	67	17	7	16.72

资料来源：Wind资讯。

与其他医疗器械上市公司相比，公司存货占比的高企，让我们不得不思考为什么？是产品积压销不出去呢？还是市场需求实在太旺、产品供不应求，保留存货以防止脱销呢？究竟是什么样的情况呢？让我们来分解存货构成和预收账款变动！

公司存货自2010年突破4亿元，达到4.04亿元。对公司的存货结构进行相关的分析发现，公司的存货从2010年开始主要是在产品和产成品大量增加，尤其是产成品（扣除跌价准备），2011年中期（2.52亿元）、2011年（2.83亿元）和2012年中期（3.39亿元）都达到2亿元以上的水平，见图1-3所示。要验证产成品的增加是由于公司订单充足导致，那我们应该观察预收账款的变动趋势。

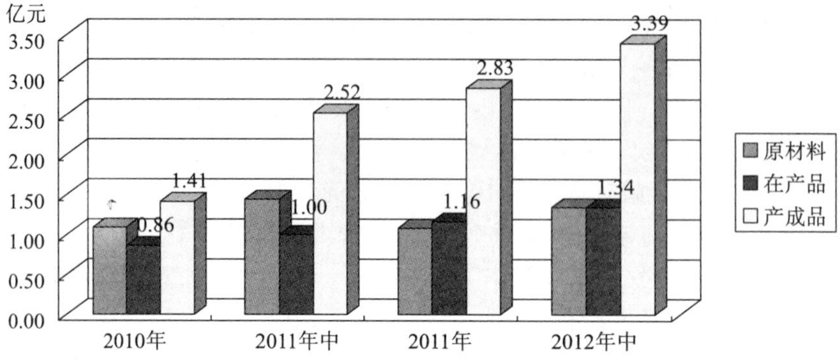

图 1－3　新华医疗存货结构分析图

资料来源：Wind 资讯。

与存货相匹配的是，自 2010 年以来，公司预收账款大幅增加，2010 年预收账款为 2.99 亿元，2011 年为 3.45 亿元，见图 1－4 所示。存货与预收账款的大幅增加，从侧面论证了公司的订单大量增加，验证了公司订单充足的判断！

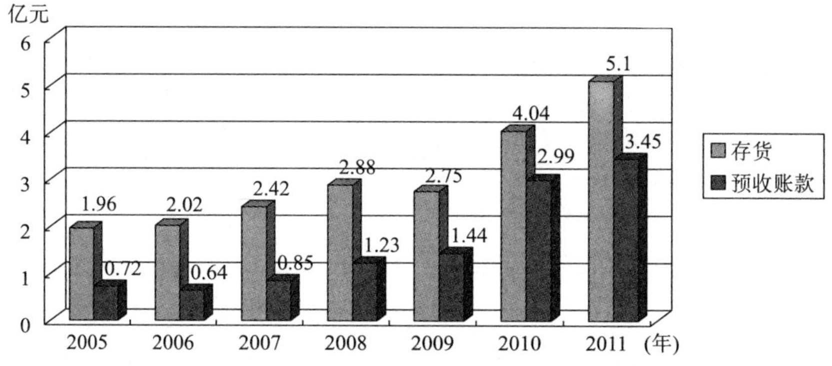

图 1－4　新华医疗存货及预收账款趋势图

资料来源：Wind 资讯。

订单的充足是来源于公司的销售模式——医院直接销售模式。通过参加展销会的方式直接销售给医院，由医院下订单，到公司考察确定，然后付 30% 的定金——公司接到订单后开始组织生产，一般需要三个月左右的时间，公司在对院方使用人员进行培训指导并安装调试合格后，院方再支付 60% 的货款——使用一年时间后，再支付剩余的 10% 保证金，见图 1－5 所示。

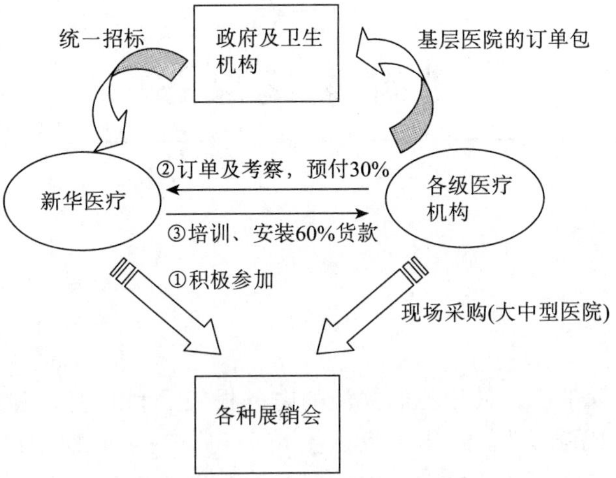

图 1－5　新华医疗销售模式

通过对变现能力的分析，我们有理由相信公司——新华医疗经营状况很好，业绩惊人。因此，这样的公司是值得投资者投资的。

第二章
利润表选股法

对于投资者来说，最让他们关注的财务报表是利润表。因为利润表犹如上市公司的“成绩单”，能集中反映上市公司在一定时期中的收入、费用、利润或亏损，直接明了地揭示上市公司获取利润能力的大小、潜力以及经营趋势。利润表不仅体现了公司最终赚了多少钱——净利润，还体现了公司如何赚钱——净利润的加减运算过程。因而，投资者在关注过去公司赚钱的结果时，还要关注赚钱的过程如营业收入、营业成本等科目，这样才有利于看清上市公司的真正优势及存在问题。

利润表也叫收益表，是一定时期内（通常是一年、半年或一季内）上市公司经营成果的全面反映。利润表是一个动态报告，展示出的利润项目反映出公司在一定时间内的业务经营状况。投资者根据动态利润表报告评价出上市公司品质的优劣，并做出相应的投资决策。

第一节 解读利润表：显示经营成果的“快照”

一、利润表的“恒等式”

在利润表中，从头到尾的加减运算中，体现出“利润 = 收入 - 费用”恒等式，称为第二恒等式（资产 = 负债 + 所有者权益称为第一恒等式）。

收入：企业在销售商品、提供劳务及让渡资产使用权等日常活动中形成的经济利益的总流入，包括销售商品收入、劳务收入、利息收入、使用费收入、租金收入、股利收入等，但不包括为第三方或者客户代收的款项。

费用：企业在销售商品、提供劳务等日常活动所发生的经济利益的流出，包括企业为生产产品、提供劳务而发生的各种耗费。

利润：企业在一定会计期间的经营成果，是企业在一定会计期间内实现的收入减去费用后的净额。

收入包括营业收入和营业外收入两大项，费用（成本）则包括营业成本和营业外支出两大项；通过加减运算，最后依次得出利润总额、净利润和每股收益。利润表的格式和运算过程见表 2－1 所示。

表 2－1　　机器人利润表（2012 年）　　单位：元

	本期金额	上期金额
一、营业总收入	1 044 419 979. 13	783 560 295. 36
其中：营业收入	1 044 419 979. 13	783 560 295. 36
利息收入	—	—
已赚保费	—	—
手续费及佣金收入	—	—
二、营业总成本	894 352 629. 27	660 155 154. 87
其中：营业成本	752 589 769. 50	546 098 394. 87
利息支出	—	—
手续费及佣金支出	—	—
退保金	—	—
赔付支出净额	—	—
提取保险合同准备金净额	—	—
保单红利支出	—	—
分保费用	—	—
营业税金及附加	6 787 936. 02	4 744 696. 89
销售费用	13 553 489. 00	11 807 525. 34
管理费用	111 307 483. 32	93 017 571. 54
财务费用	－1 496 543. 02	－3 207 752. 88
资产减值损失	11 610 494. 45	7 694 719. 11
其他经营收益	－1 884 366. 11	2 044 098. 46
加：公允价值变动收益（损失以“－”填列）	—	—
投资收益（损失以“－”填列）	－1 884 366. 11	2 044 098. 46
其中：对联营企业和合营企业的投资收益	－1 884 366. 11	2 044 098. 46
汇兑净收益	—	—

续表

	本期金额	上期金额
三、营业利润	148 182 983.75	125 449 238.95
加：营业外收入	97 746 539.88	71 394 585.69
减：营业外支出	38 722.64	2 342 281.39
其中：非流动资产处置净损失	33 057.64	65 637.30
四、利润总额（亏损总额以“－”填列）	245 890 800.99	194 501 543.25
减：所得税费用	32 584 095.69	26 809 848.61
五、净利润（亏损总额以“－”填列）	213 306 705.30	167 691 694.64
其中：被合并方在合并前实现的净利润	5 290 643.51	8 025 498.79
归属于母公司所有者的净利润	208 016 061.79	159 666 195.85
少数股东权益	5 290 643.51	8 025 498.79
六、每股收益	—	—
（一）基本每股收益	0.7000	0.5400
（二）稀释每股收益	0.7000	0.5400
七、其他综合收益	—	—
八、综合收益总额	—	—
归属于母公司所有者的综合收益总额	208 016 061.79	159 666 195.85
归属于少数股东的综合收益总额	5 290 643.51	8 025 498.79

资料来源：机器人2012年年报。

二、利润表的“三大关键要素”

阅读与分析利润表，首先要看清构成利润表的三个主要部分：

（一）营业收入：“主业”收入情况

营业收入是企业通过销售产品或对外提供劳务而获得的新的资产，其形式通常为现金或应收账款等项目。对一般公司来说，销售收入是公司最重要的营业收入来源。一般而言，公司的营业收入通常与它的营业活动有关，但也有一些公司营业收入的某些部分与其自身的业务并无关系，比如，机器人（300024）2012年营业收入为1 044 419 979.13元，主营业务收入为1 029 936 803.75元，见表2－2所示。因此区分营业收入（主营业务收入）和其他来源的收入有重要的意义。

表 2 - 2　　　　机器人主营业务情况（2012 年）

产品名称	营业收入金额（元）	营业收入占比（%）	营业成本金额（元）	营业成本占比（%）
自动化装配与检测生产线及系统集成	354 244 594. 98	33. 92	248 359 566. 28	33
物流与仓储自动化成套装备	317 466 239. 35	30. 4	238 471 094. 70	31. 69
工业机器人	300 334 025. 88	28. 76	219 232 923. 87	29. 13
交通自动化系统	57 891 943. 54	5. 54	42 730 924. 33	5. 68
合计	1 029 936 803. 75	98. 62	748 794 509. 18	99. 50

资料来源：Wind 资讯。

（二）营业总成本："主业"花钱情况

营业总成本是企业为获得营业收入而使用各种财物或服务所发生的耗费，其构成见表 2 - 3 所示。营业成本是一般公司最大的一笔费用，它包括原材料耗费、生产人员工资、生产设备设施折旧和一般费用。一般费用包括水电杂费、物料费和其他非直接加工费。营业成本以外的销售费用和管理费用包括广告费、运输费、行政管理费、行政管理人员薪水、一般办公费用。财务费用是指用以偿付债务的费用。比如，机器人 2012 年营业成本、销售费用、管理费用及财务费用分别为 752 589 769. 50 元、13 553 489. 00 元、111 307 483. 32 元及 1 496 543. 02 元。

表 2 - 3　　　　营业总成本构成

	项目	构成
营业总成本	营业成本	生产人员薪酬、原材料费、生产设备设施折旧、水电费
	营业税金	营业税、消费税、资源税
	管理费用	行政管理人员薪酬、办公费、无形资产摊销、房产税、土地使用税、印花税
	销售费用	广告费、运输费、销售人员薪酬、销售机构经费
	财务费用	利息支出

（三）营业利润："主业"赚钱情况

按照营业收入减去营业成本可以计算出上市公司的营业利润。虽然该利润并非最终的净利润，但其重要性比净利润大。从营业利润中投资者可以大致了解上市公司所从事的经营业务是不是赚钱以及赚钱的效率如何，比如，机器人 2012 年营业利润为 148 182 983.75 元，比 2011 年的 125 449 238.95 元增长了 12%。

三、利润表的"四看"

利润表是反映企业经营成果的报表，利润表中上下项目之间存在计算程序上的承接关系。阅读利润表应该按照从上至下的顺序进行。从利润表中，我们可直接获取如下信息：营业利润、投资收益、利润总额、所得税、净利润，并从中看出：

（一）看经营能力

经营实力、经营能力是企业综合竞争力的重要内容。一个企业的经营能力的强弱，通常是受多种因素影响的。比如企业经营机制的灵活性、产品开发和生产能力与效率、经营管理者的能力和责任心、市场营销和开拓能力等等。所有这些因素对企业经营的影响，最终都体现在经营业绩即销售能力和获利能力上。

1. 主营业务收入。主营业务收入是衡量企业规模和经营能力的重要标志。一般来说，主营业务收入规模越大，其产品的市场占有份额越高，则经营和竞争能力就越强。产品的市场占有状况又直接影响甚至决定该企业的生存和发展能力。从这个意义上来说，企业必须把稳定和持续扩展市场作为维持其生存的重要保障。比如，大族激光（002008）2012 年上半年共实现主营业务收入 1 524 099 323 元，其中主营的激光信息标记设备、激光切割设备、LED 设备及产品、激光焊接设备、PCB 设备、激光制版及印刷设备营业收入分别为 501 074 272 元、361 799 414 元、201 174 758 元、198 602 483 元、137 942 651 元及 123 505 745 元，见表 2－4 所示。

表 2－4　　大族激光主营业务收入情况（2012 年上半年）

主营产品	营业收入	收入比例	主营成本	成本比例
激光信息标记设备	501 074 272	28.76	246 827 309	25.47
激光切割设备	361 799 414	20.77	238 222 872	24.58
LED 设备及产品	201 174 758	11.55	169 480 711	17.49
激光焊接设备	198 602 483	11.40	90 934 997	9.38
PCB 设备	137 942 651	7.92	85 989 024	8.87
激光制版及印刷设备	123 505 745	7.09	83 585 625	8.63

资料来源：Wind 资讯。

2. 主营业务利润。主营业务利润是衡量企业经营目标实现程序的一个重要指标，还是企业保持持续经营和持续发展的基础。企业的销售能力只有与获利能力相结合，才能更准确地反映企业的经营能力或经营实力。稳定市场和开拓市场的目的是为了获利。如果一个企业的市场扩展了，销售也增长了，但相关的营业利润却下降了，就不能认为企业的经营能力增强了。只有利润随同市场的扩展增加，才可以说企业的经营实力增强了。比如，大族激光主营产品构成中的激光信息标记设备，2012 年上半年的营业收入为 501 074 272 元，营业利润为 254 246 962 元，同 2011 年上半年相比分别增加了 30.59% 和 23.09%，见表 2－5 所示。

表 2－5　　大族激光主营业务利润情况　　单位：元

主营产品构成	2012 上半年		2011 年上半年	
	营业收入	营业利润	营业收入	营业利润
激光信息标记设备	501 074 272	254 246 962	383 697 582	206 548 636
激光切割设备	361 799 414	123 576 543	417 273 026	144 165 238
LED 设备及产品	201 174 758	31 694 048	184 108 432	34 447 332
PCB 设备	137 942 651	51 953 627	283 411 775	113 104 466
激光制版及印刷设备	123 505 745	39 920 119	151 838 499	56 005 329

资料来源：Wind 资讯。

（二）看盈利能力

1. 销售利润率。销售利润率是一定时期的销售利润总额与销售收入总额的比率。它表明单位销售收入获得的利润，反映销售收入和利润的关系。一般来说，经常的信息，其预测价值较大，并可以作为对企业经营业绩评价的基础；偶发性的信息，一般不具有预测价值，评价的作用也较差。根据这个道理，使用营业利润或经常性营业利润计算销售利润率，才能使这个指标直接反映销售产生盈利的能力，即采用销售毛利率。从表 2－6 中可以看出，贵州茅台（600519）的销售毛利率均在 90% 以上，呈稳中上升之势；乐视网（300104）的销售毛利率呈直线下降之势。

表 2－6　　贵州茅台、乐视网销售毛利率

年份	乐视网销售毛利率（%）	贵州茅台销售毛利率（%）
2010	66.33	90.94
2011	54.04	91.57
2012	41.38	92.27

资料来源：Wind 资讯。

2. 成本费用利润率。成本费用利润率是企业一定期间的利润总额与成本、费用总额的比率，该指标越高，反映企业的经济效益越好。成本费用利润率表明公司每投入一元钱的成本费用，能够创造多少净利润，体现了经营耗费所带来的经营成果。利润中还包括其他业务利润，而其他业务利润与成本费用也没有内在联系，因而可以把其他业务利润扣除。经常信息如营业利润才是企业经营业绩评价的基础，可以使用营业利润计算成本费用营业利润率。如，九洲电气（300040）2012 年成本费用利润率为 102.22%，而成本费用营业利润率则只有 21.81%，比成本费用利润率“瘦身”了 80.41%。

3. 每股净收益。每股净收益又称为每股盈余或每股税后利润，是一家上市公司管理效率、盈利能力和股利分配来源的显示器，通常在各上市公司之间的业绩比较中广泛运用，它是投资者进行投资决策的重要依据。其计算公式是：

每股净收益 =（净利润 - 优先股股息）/发行在外的普通股股数

（三）看偿债能力

利息保障倍数是企业息税前利润与利息费用的比率，用以衡量企业偿付借款利息的能力。一般来说，只要企业利息保障倍数足够大，企业无力偿还债务的可能性就很小。从长远看，一个企业的利息保障倍数至少要大于 1，否则就不能举债经营了。如福耀玻璃（600660）从 2008 年以来，利息保障倍数都大于 1，并于 2010 年达到 15.46 倍，见图 2 - 1 所示。但在短期内，利息保障倍数可能在低于 1 的情况下仍有能力支付利息，这是因为有些费用项目不需要当期支付资金，如固定资产折旧等。

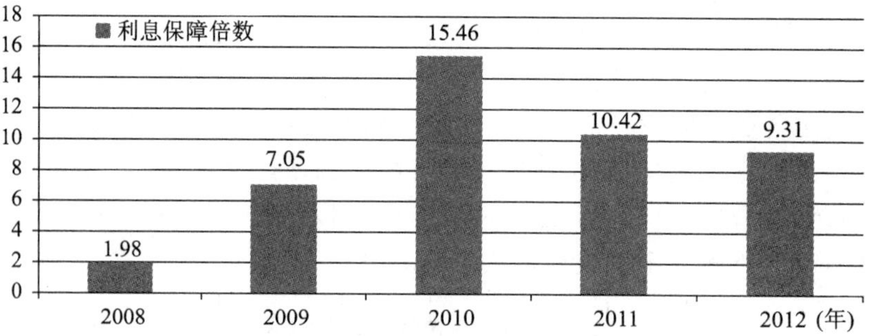

图 2 - 1　福耀玻璃利息保障倍数

资料来源：Wind 资讯。

（四）看经营结构

通过对利润表的分析来审视企业经营结构的优化，那么如何通过利润表来看企业的经营结构呢？一般从三个方面入手。

1. 收入结构。要了解企业的收入结构，应从企业的经常性收入比重和有效收入比重两个因素入手。经常性收入具有持续再生的特性，而基于偶发事项或间断性的业务引起的非经常性收入不具有持续性。因此，对于企业来说，使再生的经常性收入始终保持一个较高的比例，无疑是必要的。借助经常性收入比重这个指标，可以观察企业经营持续化的能力大小。有效收入比重主要是看收入是否能最终给企业带来经济利益，带来现金净流入。因此，一个经营业绩良好的企业，应当能够通过有效的措施，将有效收入的比重提到最高。

2. 产品销售结构。根据销售明细表计算各种产品或业务在总的生产或销售收入或业务收入中的比重，通过产品销售结构可以观察企业多元化经营战略的实施情况及与之相关的经营风险情况。一般来说，对工业企业而言，如果企业某一种或某一类产品、业务的收入所占比重较大，说明该企业的经营效率集中，经营风险也较大；反之，说明企业经营多元化的水平较高。

3. 利润分配结构。企业的利润表附有一张利润分配表，这是我们分析和考察利润分配结构合理与否的基本依据。利润分配率这个指标用于判断企业对投资者的利润分配水平。这个指标可能会大于100%。发生利润分配率大于100%有两种情况：一是在亏损时，用以前年度的利润结余来分配利润；二是在盈利较少时，分配更多的利润，不过这个更多利润的来源也是企业用以前年度的利润结余来分配利润，因为按规定可以并入以后年度的可供分配利润。我们通常是用股利支付率来衡量当期净收益中用于分配的比例，即股利支付率＝每股股利/每股收益×100%。多大的利润分配比率或股利支付率以及它们如何变化较为合理，要视企业的具体情况以及采用的利润分配政策来定。

若要判断企业利润中有多大的比例用于扩大再生产，还可以使用留存收益比率这个指标。企业留存收益的比例对企业未来的扩大再生产的影响是较大的，是企业未来持续发展的重要基础。但从实际情况看，企业留存收益的比例通常太低，说明企业利润分配结构的不合理性，反映出企业内部积累能力较弱，这也是导致企业负债过重的一个十分重要的原因。

第二节 利润表的选股策略

一般而言，投资者在分析完资产负债表后，紧接着要进行的就是利润及利润分配表的分析，通过对盈利结构分析公司的盈利状况、盈利水平、盈利的持续性和稳定性，然后结合资产负债表，最终对公司盈利能力做出全面评价。

一、收支结构分析：分清“正业”与“不务正业”

仔细观察利润表，就会发现收入分为很多种类，如营业务收入、营业外收入等等，支出也分为若干类，如营业成本、财务费用、管理费用等等。

营业收入及支出是与上市公司正常经营业务、投资业务相关的收益及支出。营业收入的变化，对于投资者判断上市公司投资价值极其重要。营业收入是上市公司实现利润的根本。没有营业收入的增长，利润的增长则是几乎不可能的。业绩优良、持续高速增长的上市公司，其营业收入都会大幅增长。通过营业收入与营业成本之间的比例关系，可以推算出上市公司的产品毛利率。

营业外收入及支出是与上市公司正常经营业务、投资业务无关的收益及支出。涉及的项目有非流动资产处置利得合计、无形资产处置利得、债务重组利得、政府补助等项目。

在评估上市公司真实经营盈利水平时，要把营业外收入及支出排除在外。

二、盈利结构分析：找到“真正”的利润来源

从利润表的构成来看，得出净利润的一系列运算步骤夹杂了营业外收入、营业外支出以及投资收益、公允价值变动收益的影响因素。

营业利润是公司利润的主要来源。营业利润所占比例的稳定表现了公司盈利的稳定性与连续性。由于公司营业业务的波动性比其他业务小，营业利润的稳定性较其他业务利润等的稳定性也强。营业利润占的比重大，公司的盈利结构的安全性就大，如果公司的利润大部分来源于营业外收入或其他业务利润、投资收益，尽管该公司的利润水平很高，但其盈利的稳定性较差，投资者容易预测其利润会发生较大波动。

判断一家上市公司的是否具有投资价值，主要取决于其自身经营业务的盈利能力。虽然一些上市公司的非经营业务收入与收益相当可观，但千万不要被这种“利润假象”所迷惑。

三、盈利的内在品质分析：透视盈利结构的“法宝”

公司盈利的内在品质就是指盈利的趋高性、可靠性、稳定性和持久性，只有通过盈利结构分析，才能得出这方面的信息。

盈利水平可用利润总额来反映，有时也可用利润率来反映，它与盈利结

构存在着内在联系。公司不同的业务有不同的盈利水平，一般情况下主营业务是形成公司利润的主要因素，它对公司盈利水平的高低起决定作用。公司一定时期越是扩展其主营业务，主营业务利润占总利润比重越高，公司盈利水平也会越高。此外，公司收入水平高而相应的成本费用水平较低的业务，在总收入中所占比重越大，公司的盈利水平也会越高。

在考虑公司盈利水平时，也要将盈利的稳定性充分考虑进去，盈利的稳定性表明公司的盈利风险。如果公司盈利水平高，但缺乏稳定，这并非好事，也许预示着公司股票价格在不远的将来将会下跌。

除了考虑盈利的稳定性外，我们还应考虑盈利的持续性。盈利的持续性是指从长期来看，盈利水平能保持目前变动的趋势，它强调盈利的总发展趋势而非盈利的波动性。一般而言，公司的长久性业务比重越大，公司盈利水平持续下去的可能性越强。

相比较而言，利润表较资产负债表简单，一般只需关注相关项目的提取是否按规定比率进行，以及期间的利润分配政策。值得注意的是，有的上市公司为了微调净资产收益率，可能在分配方案中派送现金。在收入既定的条件下，派送现金可以使得净资产值减少，从而使得净资产收益率有所提高，从而达到配股或增发的条件。但一般而言，这一调节对净资产收益率的提高幅度不会太大。

对于高比例送股和转增股本的分配方案，由于送、转股份增大股本，将会摊薄每股收益与每股净资产，所以需要关注上市公司的业绩增长能否跟得上股本的扩张，如果业绩增长不能跟上股本扩张，那么每股净资产与每股收益的摊薄，则会对公司以后期间的财务造成压力，从而可能影响以后期间的股票价格表现及再融资能力。

第三节 利润表选股案例分析：业绩注水，零计提——时代新材

时代新材（600458）主要从事高分子材料减振降噪弹性元件、高分子复合改性材料和特种涂料及新型绝缘材料的研制、生产与销售。公司产品主要应用于铁路机车车辆、铁路桥梁、城市轨道交通、汽车、风力发电、工程机械、工业装备、军事、化工等行业，并且实现对世界主要机车车辆制造公司

的大批量出口。公司是国内生产新型轨道减震器的唯一一家上市公司，是与高铁建设密切相关的CA砂浆（一种用于配制高速铁路轨道路基和道床的板式无砟轨道用的建筑材料，主要由水泥、细砂、粉煤灰、膨胀剂和外加剂组成）和高铁道岔硫化铁垫板的国内唯一供应商。

公司作为国内铁路减震细分行业龙头，其主营产品减震降噪弹性元件有利于提高车辆行车安全和舒适性，能充分享受高铁建设带来的市场机遇。公司2011年实现营业收入34.28亿元，净利润2.33亿元，同比增长为47.7%和16.9%，见图2-2所示。公司2011年毛利率水平回落，下降至19.96%，见图2-3所示，因为弹性元件的市场结构变化，毛利较高的铁路系统产品比例下降，导致弹性元件毛利率从2010年的34%降至27%。

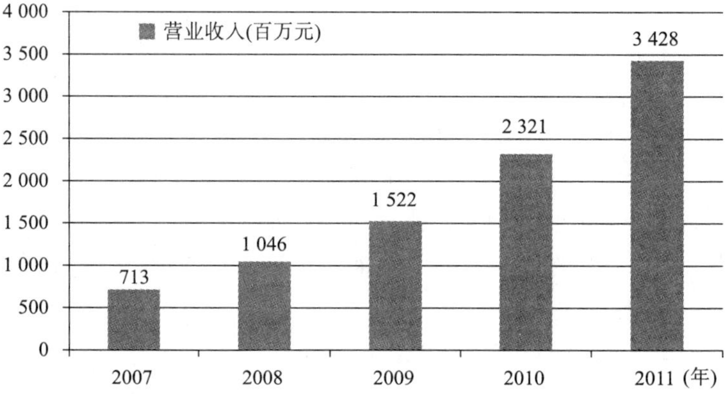

图2-2　时代新材历年营业收入情况

资料来源：Wind资讯。

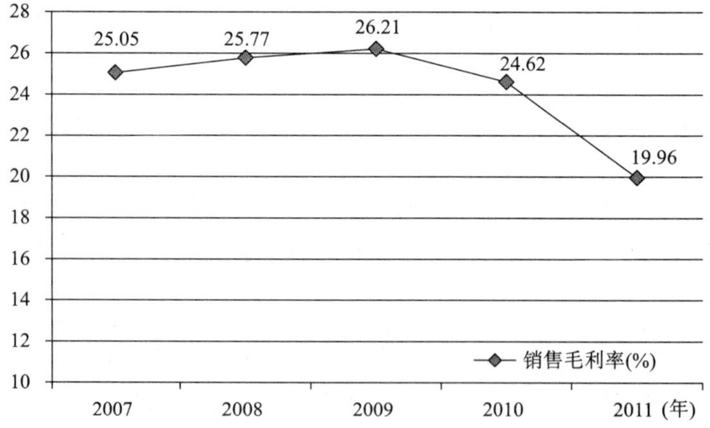

图2-3　时代新材历年毛利率情况

资料来源：Wind资讯。

继续看公司2012年上半年的表现：上半年营业收入17.39亿元，营业利润8 975万元，净利润8 152万元，同比分别下降9.06%，48.7%和46.21%，处于“不增收不增利，盈利下降四成以上”，见图2－4所示。主要是受铁道行业和风电行业政策影响，部分产品销售能力下降，而且产品毛利也下降。值得注意的是，显示净利润已经是快降五成了，却还是采用了“应收账款零计提，虚增利润”。

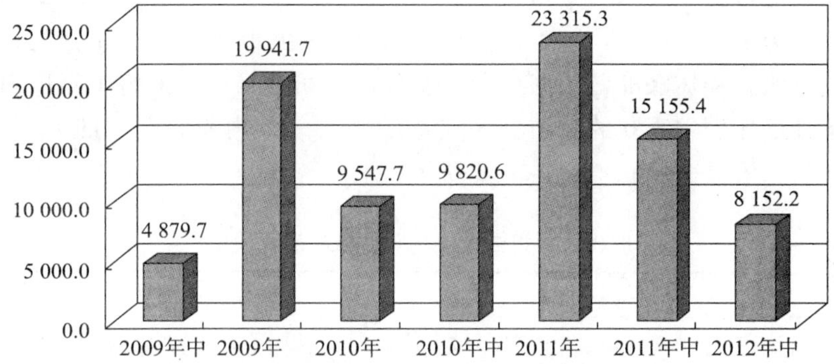

图2－4　时代新材历年净利润情况

资料来源：Wind资讯。

公司1年以内的应收账款占当期应收账款总额的比例一直都维持在高位。公司2010年、2011年上半年、2011年、2012上半年，1年以内应收账款分别为2.08亿元、5.04亿元、5.24亿元、14.45亿元，占应收账款总额的比例分别为79.83%、84.51%、84.64%、92.58%，见图2－5所示。

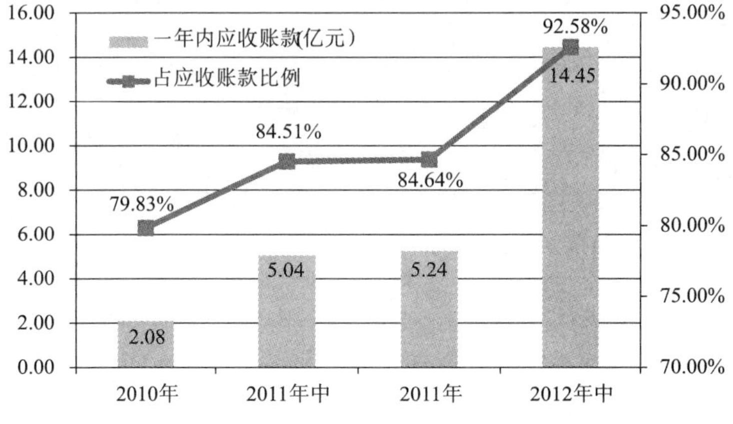

图2－5　时代新材1年内应收账款及占比情况

资料来源：Wind资讯。

翻看公司中报、年报发现：公司从 2011 年年报开始，采用应收账款会计政策变更，理由是“根据近 3 年来应收账款和其他应收款实际管理情况及坏账损失率，对以账龄作为信用风险特征确定应收款项组合，并采用账龄分析法对应收账款和其他应收款计提坏账准备比例进行变更，使财务会计信息能更准确、真实地反映公司财务状况”。

采用变更后的应收账款计提政策，1 年内应收账款采用零计提的方式，不做坏账准备，见表 2－7 所示。因此，公司 2012 年半年报显示：1 年以内应收账款为 14.45 亿元，坏账计提比例为 0。依据申万三级行业分类，对一年内应收账款和坏账准备数据分析，发现：公司是唯一一家将 1 年以内的坏账准备计提比例定为 0 的上市公司（剔除没有一年内应收账款的大庆华科、恒大高新、宏昌电子），见表 2－8 所示。

表 2－7　时代新材组合计提坏账准备的应收款项

	变更前		变更后	
	应收账款计提比例（%）	其他应收款计提比例（%）	应收账款计提比例（%）	其他应收款计提比例（%）
1 年以内	5	5	—	—
1～2 年	10	10	15	15
2～3 年	20	20	50	50
3 年以上	30	30	80	80

资料来源：时代新材 2011 年报。

表 2－8　时代新材与同行业上市公司一年内应收账款与坏账准备比较

上市公司	一年内应收账款		坏账准备	
	2011 年	2012 年中	2011 年	2012 年中
大庆华科	0.02	0.00	0.00%	0.00%
恒大高新	0.98	0.00	2.94%	0.00%
时代新材	5.24	14.45	0.00%	0.00%
宏昌电子	2.81	0.00	0.00%	0.00%
鼎龙股份	0.24	0.55	0.12%	0.26%
亚星化学	0.65	0.77	1.95%	2.31%
当升科技	1.30	1.33	2.09%	2.54%
先锋新材	0.36	0.59	1.80%	2.97%
道明光学	0.57	0.61	2.84%	3.04%

续表

上市公司	一年内应收账款		坏账准备	
	2011 年	2012 年中	2011 年	2012 年中
硅宝科技	0.51	0.76	2.55%	4.04%
回天胶业	0.52	0.88	2.60%	4.41%
康达新材	0.89	0.92	4.45%	4.58%
蓝星新材	1.23	2.28	5.19%	6.29%
烟台万润	0.73	1.37	3.65%	6.87%
天晟新材	1.48	2.00	7.40%	7.41%
宏达新材	1.80	1.60	8.97%	8.04%
新宙邦	1.69	1.77	8.46%	8.84%
奥克股份	3.44	3.83	17.20%	19.18%
广东榕泰	2.69	4.30	13.47%	21.52%

资料来源：Wind 资讯。

公司采取如此激进的应收坏账计提方法，直接的结果是坏账准备少计提，最终目的是增加当期利润。

根据采用账龄分析法计提坏账准备的计算公式：（1）首次计提坏账准备的计算公式：当期应计提的坏账准备 = Σ（期末各账龄组应收账款余额 × 各账龄组坏账准备计提百分比）；（2）以后计提坏账准备的计算公式：当期应计提的坏账准备 = 当期按应收账款计算应计提的坏账准备金额 +（或 -）坏账准备账户借方余额（或贷方余额）。若公司采用 3% 的坏账计提比例来计算，公司 2012 年上半年应计提的坏账准备为 4 335 万元。根据公司“所得税按应纳税所得额的 25% ~30% 计缴”原则，那么少计提 4 335 万元的坏账准备则虚增了 3 034.5 万元的利润（按 30% 所得税计算），占当期净利润的 37.22%。如果我们按照 3% 以上的比例计提应收账款坏账的话，那么虚增利润更为夸张，如果再对存货等其他资产减值准备进行分析的话，那么也许结果更为糟糕。

因此，在分析上市公司是否值得投资时，我们要注重公司的资产安全性、资产质量，判断各类资产减值准备的计提情况，是否计提，有无多提或少提以及政策改变的情况，以此为依据做出是否值得投资的决定。

第三章 现金流量表选股法

投资者进行炒股，在谈到赚钱与否时，不是看账面上浮盈多少，因为在还没有落袋为安之前，并不能说已经胜券在握。同样地，对于评价上市公司是否赚钱与否时，光看账面利润好看还不行，现金拿到手那才算是真正的盈利。观看上市公司的现金情况，需要借助现金流量表。若上市公司的现金流量相关指标造好的话，那么就可以更为肯定地说，它是真正的“绩优股”。

第一节 解读现金流量表：检验“造血”的试金石

现金流量表，是反映企业会计期间内经营活动、投资活动和筹资活动等对现金及现金等价物产生影响的会计报表。现金流量表为投资者提供了上市公司在一定会计期间内现金流入与流出的有关信息。现金流量表把现金分为三类，即经营活动产生的现金流量、投资活动产生的现金流量、筹资活动产生的现金流量三个部分。

一、经营活动产生的现金流量：“造血”的关键所在

经营活动是指企业投资活动和筹资活动以外的所有交易和事项。经营活动产生的现金流量，指的是所有能影响利润变化的营业活动，如产品销售、支付薪酬、购买原材料等。如，大华股份（002236）2012 年销售商品、提供劳务收到的现金为 3 090 468 155.05 元，支付给职工以及为职工支付的现金为 484 845 612.45 元，见表 3 – 1 所示。

表 3－1　　大华股份经营活动现金流（2012 年）　　单位：元

	本期金额	上期金额
一、经营活动产生的现金流量：		
销售商品、提供劳务收到的现金	3 090 468 155.05	2 233 252 151.38
收到的税费返还	199 845 145.72	91 257 011.75
收到其他与经营活动有关的现金	50 207 599.02	28 525 789.01
经营活动现金流入小计	3 340 520 899.79	2 353 034 952.14
购买商品、接受劳务支付的现金	1 829 277 324.17	1 593 855 796.30
支付给职工以及为职工支付的现金	484 845 612.45	291 339 692.27
支付的各项税费	258 086 874.55	165 550 887.28
支付其他与经营活动有关的现金	286 397 992.40	228 069 342.24
经营活动现金流出小计	2 858 607 803.57	2 278 815 718.09
经营活动产生的现金流量净额	481 913 096.22	74 219 234.05

资料来源：大华股份 2012 年年报。

在现金流量表的这三个类别中，经营活动产生的现金流量最为重要，而在经营活动现金流量中，“经营活动产生的现金流量净额”尤其重要，这个数据可以视为现金版的净利润。把经营活动产生的现金流量净额与净利润做比较：当经营活动产生的现金流量净额小于净利润时，发出“报忧”信号；当经营活动产生的现金流量净额大于净利润时，发出“报喜”信号，不过还需结合应收账款、存货、预收账款，具体情况具体分析。

二、投资活动产生的现金流量：具体情况具体分析

投资活动是指企业长期资产的购建和不包括在现金等价物范围内的投资及其处置活动。这里的长期资产是指固定资产、在建工程、无形资产、其他资产等持有期限在一年或一个营业周期以上的资产。投资活动主要包括取得和收回投资、购建和处置固定资产、无形资产等等。如大华股份 2012 年取得投资收益收到的现金 90 072.38 元，购建固定资产、无形资产和其他长期资产支付的现金 181 125 202.30 元，见表 3－2 所示。

表 3－2　　大华股份投资活动现金流（2012 年）　　单位：元

	本期金额	上期金额
二、投资活动产生的现金流量：	0.00	0.00
收回投资收到的现金	0.00	—
取得投资收益收到的现金	90 072.38	0.00

续表

	本期金额	上期金额
处置固定资产、无形资产和其他长期资产收回的现金净额	748 604.01	1 197 916.14
处置子公司及其他营业单位收到的现金净额	0.00	—
收到其他与投资活动有关的现金	0.00	0.00
投资活动现金流入小计	838 676.39	1 197 916.14
购建固定资产、无形资产和其他长期资产支付的现金	181 125 202.30	107 846 940.93
投资支付的现金	5 900 000.00	13 600 000.00
取得子公司及其他营业单位支付的现金净额	0.00	—
支付其他与投资活动有关的现金	2 788 760.01	0.00
投资活动现金流出小计	189 813 962.31	121 446 940.93
投资活动产生的现金流量净额	-188 975 285.92	-120 249 024.79

资料来源：大华股份2012年年报。

三、筹资活动产生的现金流量："输血"之路如何

筹资活动是指导致企业资本及债务规模和构成发生变化的活动。这里所说的资本，包括实收资本（股本）、资本溢价（股本溢价）、与资本有关的现金流入和流出项目，包括吸收投资、发行股票、分配利润等。这里"债务"是指企业对外举债所借入的款项，如发行债券、向金融企业借入款项以及偿还债务等。如大华股份2012年取得借款收到的现金240 454 051.40元，分配股利、利润或偿付利息支付的现金71 166 520.33元，见表3-3所示。

表3-3　　大华股份筹资活动现金流（2012年）　　单位：元

	本期金额	上期金额
三、筹资活动产生的现金流量：	0.00	0.00
吸收投资收到的现金	0.00	5 300 000.00
取得借款收到的现金	240 454 051.40	176 972 826.37
收到其他与筹资活动有关的现金	41 099 610.00	160 152 092.03
发行债券收到的现金	—	—
筹资活动现金流入小计	281 553 661.40	342 424 918.40

续表

	本期金额	上期金额
偿还债务支付的现金	61 374 675.65	281 033 008.44
分配股利、利润或偿付利息支付的现金	71 166 520.33	72 045 236.54
支付其他与筹资活动有关的现金	227 265 426.09	49 498 314.94
筹资活动现金流出小计	359 806 622.07	402 576 559.92
筹资活动产生的现金流量净额	-78 252 960.67	-60 151 641.52

资料来源：大华股份2012年年报。

值得注意的是，有时一笔现金流动会造成现金流量中多种类别数额的改变，如上市公司偿还银行贷款的本金及利息，本金部分是属于筹资活动的现金流出，而利息部分是属于经营活动的现金流出。

第二节 现金流量表的选股策略

现金流量表最终的项目体现为“现金及现金等价物的净增加额”，这主要是经营活动产生的现金流量净额、投资活动产生的现金流量净额、筹资活动产生的现金流量净额相加后的最终结果。如果现金及现金等价物的净增加额为正值，则说明上市公司在本期最终的现金有结余，数额越大则本期创造的现金净流入就越多。反之，则说明本期现金使用出现“赤字”。但根据这一最终的余额，难以评判上市公司的经营情况和净现金流质量，也难以做出具体投资决策。因此，我们需要采用溯源方式，从构成“现金及现金等价物的净增加额”来源入手，得到关于上市公司经营状况有价值的信息。除此之外，具体的现金流量指标也是我们关注的对象。

一、分析现金流质量：找准“模式”，对号入座

所谓现金流量的质量，是指企业的现金流量能够按照企业的预期目标进行运转的质量。具有较好质量的现金流量应当具有如下特征：第一，企业现金流量的状态体现了企业的发展战略的要求；第二，在稳定发展阶段，企业经营活动的现金流量应当与企业经营活动所对应的利润有一定的对应关系，并能为企业的扩张提供现金流量的支持。

（一）经营活动产生的现金流量质量分析

情景1：经营活动产生的净现金流量小于零

经营活动产生的现金流量小于零，意味着企业通过正常的商品购、产、销所带来的现金流入量不足以支付因购、产、销经营活动而引起的货币流出。企业正常经营活动所需现金，可以通过以下四种方式解决：（1）消耗企业现存的货币积累；（2）挤占本来可以用于投资活动的现金，推迟投资活动的进行；（3）在不能挤占本来可以用于投资活动的现金的条件下，进行额外贷款融资以支持经营活动的现金需要；（4）在没有贷款融资渠道的条件下，只能采用拖延债务支付或扩大经营活动引起的负债规模来解决。

企业在成长过程中，尤其是在从事经营活动的初期，生产阶段的各个环节都处于“磨合”状态，设备、人力资源的利用率相对较低，材料的消耗量相对较高，导致了企业的成本消耗较高。同时，为了开拓市场，企业有可能投入较大资金，采用各种手段将自己的产品推向市场（包括采用渗透法定价、加大广告支出、放宽收账期等），从而有可能使企业在这一时期的经营活动现金流量表现为“入不敷出”的状态。因此，如果是由于以上原因导致经营活动现金流量小于零，则认为是企业发展过程中不可避免的正常状态。但是，如果企业在正常生产经营期间仍然出现现金流量小于零的状态，表明企业经营活动现金流量的质量不高。

情景2：经营活动产生的净现金流量等于零

经营活动产生的现金流量等于零，意味着企业通过正常的商品购、产、销所带来的现金流入量，恰恰能够支付因购、产、销所经营活动而引起的货币流出。在企业经营活动产生的现金流量等于零时，企业的经营活动现金流量处于“收支平衡”的状态，即企业正常经营活动不需要额外补充流动资金，企业的经营活动也不能为企业的投资活动以及融资活动贡献现金。

但是，在企业的成本消耗中，有相当一部分属于按照权责发生制原则的要求而确认的摊销成本（如无形资产的摊销、长期待摊费用的摊销、固定资产折旧等）和应计成本（如对预提费用的处理等）（合称为非现金消耗性成本），在经营活动产生的现金流量等于零时，企业经营活动产生的现金流量是不可能为这部分非现金消耗性成本的资源消耗提供货币补偿。从长期来看，经营活动产生的现金流量等于零的状态，根本不可能维持企业经营活动的货币“简单再生产”，因此，如果企业的正常生产经营期间持续出现净现金流量为零的状态，表明企业经营活动现金流量的质量仍然不高。

情景3：经营活动产生的净现金流量大于零

经营活动产生的现金流量大于零，分为以下三种情况：

（1）经营活动产生的现金流量大于零但不足以补偿当期的非现金消耗成本。这意味着企业通过正常的商品购、产、销所带来的现金流入量不但能够支付因经营活动而引起的货币流出，而且还有余力补偿一部分当期的非现金消耗性成本。此时，企业面临的现金流量压力比“情景1”和“情景2”要好，但是，这种状态持续的话，长期来看也不可能维持企业经营活动的货币“简单再生产”。因此，如果企业的正常生产经营期间净现金流量持续出现这种情况，表明企业经营活动现金流量的质量仍然不高。

（2）经营活动产生的现金流量大于零并恰能补偿当期的非现金消耗性成本。这意味着企业通过正常的商品购、产、销所带来的现金流入量不但能够支付因经营活动而引起的货币流出，而且还有余力补偿全部当期的非现金消耗性成本。此时，企业在经营活动方面的现金流量压力已经摆脱，刚好能够维持企业经营活动的货币“简单再生产”。但是，这种维持企业经营活动的货币“简单再生产”的状态，仍然不能为企业扩大投资等发展提供货币支持。

（3）经营活动产生的现金流量大于零并在补偿当期的非现金消耗性成本后仍有剩余。这意味着企业通过正常的商品购、产、销所带来的现金流入量不但能够支付因经营活动而引起的货币流出、补偿全部当期的非现金消耗性成本，而且还有余力为企业的投资等活动提供现金流量的支持。在这种状态下，企业经营活动产生的现金流量已经处于良好运转状态，如果这种状态持续，则企业经营活动产生的现金流量将对企业经营活动的稳定与发展、企业投资规模的扩大起到重要的促进作用。

从上面的分析可以看出，企业经营活动产生的净现金流量，仅仅大于零是不够的。企业经营活动产生的净现金流量要想对企业发展做出较大贡献，必须在情景3的第（3）种状态下运行。

（二）投资活动产生的现金流量质量分析

情景1：投资活动产生的净现金流量小于零

投资活动产生的净现金流量小于零，意味着企业在购建固定资产、无形资产和其他长期资产、权益性投资以及债权性投资等方面所支付的现金之和大于企业在收回投资、分得股利或利润、取得债券利息收入、处置固定资产、无形资产和其他长期资产而收到的现金额之和，企业处于“入不敷出”的状态。企业投资活动所需资金的“缺口”，可以通过以下五种方式解决：（1）消耗企业现存的货币积累；（2）挤占本来可以用于经营活动的现金，削减经营活动的现金消耗；（3）利用经营活动积累的现金进行补充；（4）在不能挤占本来可以用于经营活动的现金的条件下，进行小额贷款融资，以支持经营活动的现金需要；（5）在没有贷款融资渠道的条件下，只能采用拖延债务支付或加大投资活动引起的负债规模来解决。

企业进行投资活动的目的有三种：（1）为企业正常生产经营活动奠定基础，如购建固定资产、无形资产和其他长期资产等；（2）为企业对外扩张和其他发展性目的进行权益性投资及债权性投资；（3）利用企业暂时不用的闲置货币资金对交易性金融资产、可供出售金融资产等进行短期投资，以求获得较高的投资收益。在这三个目的中，前两种一般与企业的长期规划和短期计划相一致，第三种则是企业的一种短期理财安排。因此，对于投资活动的净现金流量小于零，首先应当考虑的是：在企业的投资活动符合长期规划和短期计划的条件下而导致的投资活动的净现金流量小于零，则表明这是企业经营活动发展和企业扩张的内在需要，反映出企业在扩张方面的努力和尝试。

情景2：投资活动产生的净现金流量大于等于零

投资活动产生的现金流量大于等于零，意味着企业在投资活动方面的现金流入量大于、等于流出量。这种情况的发生，或者是由于企业在本会计期间的投资回收活动的规模大于投资支出的规模引起，或者是由于企业在经营活动与筹资活动方面急需资金而不得不处理手中的长期资产以求变现等原因引起。因此，必须对企业投资活动的净现金流量的原因进行具体分析。

（三）筹资活动产生的现金流量质量分析

情景1：筹资活动产生的净现金流量大于零

筹资活动产生的现金流量大于零，意味着企业在吸收权益性投资、发行债券以及借款等方面所收到的现金之和大于企业的偿还债务、支付筹资费用、分配股利和利润、偿付利息、融资租赁所支付的现金以及减少注册资本等方面所支付的现金之和。处于发展起步阶段的企业，面对投资需要大量资金和经营活动的净现金流量小于零的情况下，所需的现金流量主要通过筹资活动解决。因此，在分析企业筹资活动产生的现金流量大于零是否正常时，关键要看：企业的筹资活动是否已经纳入企业的发展规划；筹资活动是主动筹资行为（企业管理层以扩大投资和经营活动为目标）还是不得已的筹资行为（企业因投资活动和经营活动的现金流出失控）。

情景2：筹资活动产生的净现金流量小于零

筹资活动产生的净现金流量小于零，意味着企业在吸收权益性投资、发行债券以及借款等方面所收到的现金之和小于企业在偿还债务、支付筹资费用、分配股利或利润、偿付利息、融资租赁所支付的现金以及减少注册资本等方面所支付的现金之和。这种情况的发生，或者是由于企业在本会计期间集中发生偿还债务、支付筹资费用、分配股利或利润、偿付利息、融资租赁等业务引起，或者是因为企业经营活动与投资活动在现金流量方面运转较好、有能力完成上述各项支付引起，或者可能是企业在投资和企业扩张方面没有更多的作为的一种表现。

对经营活动、投资活动和筹资活动产生的净现金流量的正负情况和组合情况进行排列共有 8 种模式，每种模式代表企业的净现金流的一种状态。上市公司的净现金流量状态无非是处于其中的一种模式，如经营净现金流、投资净现金流和筹资净现金流都处于大于零的上市公司，则表明：公司主营业务在现金流方面能自给自足，投资方面收益状况良好，这时仍然进行融资，如果没有新的投资机会，会造成资金浪费。根据净现金流的选股策略见表 3－4 所示。

表 3－4　　　　　　　　净现金流选股策略

	经营净现金流	投资净现金流	筹资净现金流	提示
模式 1	+	+	+	公司主营业务在现金流方面能自给自足，投资方面收益状况良好，这时仍然进行融资，如果没有新的投资机会，会造成资金浪费
模式 2	+	+	－	公司经营和投资良性循环，融资活动的负数是由于偿还借款引起，不足以威胁企业的财务状况
模式 3	+	－	+	公司经营状况良好，通过筹集资金进行投资，企业往往是处于扩张时期，这时我们应着重分析投资项目的盈利能力
模式 4	+	－	－	公司经营状况虽然良好，但企业一方面在偿还以前的债务，另一方面要继续投资，所以应随时关注经营状况的变化，防止财务状况恶化
模式 5	－	+	+	公司靠借钱维持生产经营的需要，财务状况可能恶化，应着重分析投资活动现金净流入是来自投资收益还是收回投资，如果是后者，企业的形势将非常严峻
模式 6	－	+	－	经营活动已经发出危险信号，如果投资活动现金流入主要来自收回投资，则企业将处于破产的边缘，需要高度警惕

续表

	经营净现金流	投资净现金流	筹资净现金流	提示
模式 7	-	-	+	企业靠借债维持日常经营和生产规模的扩大，财务状况很不稳定，如果是处于投入期的企业，一旦度过难关，还可能有发展，如果是成长期或稳定期的企业，则非常危险
模式 8	-	-	-	企业财务状况危急，必须及时扭转，这样的情况往往发生在扩张时期，由于市场变化导致经营状况恶化，加上扩张时投入了大量资金，会使企业陷入进退两难的境地

二、关注现金流量指标：计算指标，判断高低

从现金流量的角度选择上市公司进行投资时，需要关注每股现金净流量、每股经营活动现金净流量、现金再投资比例、现金报酬率及债务保障率五个现金流量指标。

（一）每股现金净流量（最终现金净流量）

每股现金净流量 = 现金与现金等价物净增加额/总股本

这一指标是上市公司最终的现金净流量按总股本平均后的数额，它表明上市公司当期按每股平均获得多少最终的现金流入。这一指标的正值越大，说明企业最终的现金流入越多。

（二）每股经营活动现金净流量

每股经营活动现金净流量 = 经营活动产生的现金流量净额/总股本

这一指标体现了上市公司经营活动产生的净现金流量按总股本平均后的数额，指标的正值越大，说明企业的现金获取能力越强。这一指标并弥补了仅以“每股现金净流量”衡量上市公司获取能力的局限性和片面性。

（三）现金再投资比率

现金再投资比率 = 经营活动现金流量净额（正值）/投资活动现金流量净额（负值）

这一指标是在经营活动现金流量净额为正值和投资活动现金流量净额为负值的前提下进行计算的。这一指标的绝对值若大于 1，说明上市公司当期经营活动现金收入满足了当期投资活动对现金的需求；若小于 1，说明上市公司的经营活动现金净流入未满足当期投资需要，公司投资所需资金使用了

其他渠道筹集的资金。值得注意的是，这一指标不能简单进行定性，即认为绝对值大于1就好，小于1就不正常，而是要具体考察上市公司本期实际的投资规模是否适度，以及投资项目的未来前景。

（四）现金报酬率

现金报酬率＝企业最终的净现金流量/资产总额

这一指标反映上市公司的现金报酬情况，即公司单位资产能带来多少最终现金净额。这一指标的正值越大，说明企业资产的现金报酬越高。同样地，若把企业最终的净现金流量替换为经营活动现金流量净额，把资产总额替换为净资产，即采用“经营活动现金流量净额/净资产”计算现金报酬率，更为直接体现出经营活动对股东产生的回报。

（五）债务保障率

债务保障率＝经营活动现金流量净额/负债总额

这一指标表明现金流量对上市公司全部债务的满足程度，通常是债权人较为关注的指标。这一指标的正值越大，说明上市公司的债务保障程度越高。

通过这五类现金流量指标，对上市公司进行比较，筛选出值得投资的上市公司。

第三节 现金流量表选股实例分析

采用上节的现金流净额选股法和现金流量指标选股法两种策略进行选股实例分析。

一、现金流净额选股实例分析

（一）饮料行业上市公司筛选过程

现金流净额选股法以WIND行业分类为标准，选取饮料行业进行考察，其中啤酒类8家上市公司，酒类22家上市公司，饮料共2家上市公司。

从表3－5可以看出，从经营活动产生的现金流量净额来看，排名前三位的为贵州茅台、五粮液和洋河股份。从投资活动产生的现金流量净额（负值）来看，排名前三位为洋河股份、青岛啤酒、贵州茅台。从筹资活动产生的现金流量净额（负值）来看，排名前三位为贵州茅台、泸州老窖和五粮液。

表 3-5　饮料行业 2011 年净现金流量情况

证券代码	证券简称	经营活动产生的现金流量净额（亿元）	投资活动产生的现金流量净额（亿元）	筹资活动产生的现金流量净额（亿元）	所属模式
000019	深深宝 A	-0.1879	0.1064	4.0446	模式 5
000557	*ST 广夏	0.0397	—	—	—
000568	泸州老窖	39.7257	-0.88	-18.1433	模式 4
000596	古井贡酒	6.259	-3.3557	11.4847	模式 3
000729	燕京啤酒	8.2406	-13.0793	4.2972	模式 3
000752	西藏发展	2.6701	-1.6359	-1.5673	模式 4
000799	酒鬼酒	6.0722	-1.0414	2.3095	模式 3
000848	承德露露	3.3242	-0.6012	-1.8248	模式 4
000858	五粮液	95.3302	-6.1347	-15.0314	模式 4
000869	张裕 A	15.0572	-5.1014	-7.38	模式 4
000929	兰州黄河	1.5701	-1.1253	-1.2911	模式 4
000995	ST 皇台	-0.1961	-0.0485	0.2685	模式 7
002304	洋河股份	55.5708	-48.5888	-4.8438	模式 4
002461	珠江啤酒	1.9564	-2.3795	-0.4269	模式 4
002646	青青稞酒	0.9872	-0.8297	8.5859	模式 3
600059	古越龙山	1.7057	-1.4548	-0.8257	模式 4
600084	ST 中葡	-2.6378	-2.1774	-0.8923	模式 8
600090	啤酒花	1.104	-1.1106	0.3498	模式 3
600132	重庆啤酒	3.5647	-0.6149	-2.189	模式 4
600197	伊力特	1.1004	-2.7349	-0.0286	模式 4
600199	金种子酒	1.4732	-1.1002	—	模式 3
600238	海南椰岛	-2.2662	-0.0058	1.8472	模式 8
600365	*ST 通葡	-0.0612	0.1312	-0.0154	模式 6
600519	贵州茅台	101.4856	-21.2042	-26.6185	模式 4
600543	莫高股份	0.457	-0.1919	0.03	模式 3
600559	老白干酒	1.072	-0.3252	-0.7554	模式 4
600573	惠泉啤酒	0.2028	-0.4819	-0.2012	模式 4
600600	青岛啤酒	18.7231	-39.3658	0.5458	模式 3
600616	金枫酒业	1.1827	-0.6171	-0.658	模式 4
600702	沱牌舍得	-3.4252	-0.3867	0.6254	模式 7
600779	水井坊	4.7242	-1.2831	-1.39	模式 4
600809	山西汾酒	15.9675	-2.5569	-4.018	模式 4

资料来源：Wind 资讯。

根据净现金流选股策略，首先排除处于模式6（＊ST通葡）、模式7（ST皇台、沱牌舍得）、模式8（海南椰岛）的上市公司。而处于模式5的上市公司（深深宝A）则需要具体分析其投资活动现金净流入是来自投资收益还是收回投资，如果是后者，则企业的形势将非常严峻。在这里，我们将其排除在外。处于模式3（古井贡酒、燕京啤酒、酒鬼酒、青青稞酒、啤酒花、金种子酒、莫高股份及青岛啤酒）的上市公司表明其经营状况良好，处于扩张时期，通过筹集资金进行投资。以下以处于“模式3”的青岛啤酒为案例进行简要分析。

（二）案例分析：“双轮驱动”推进，销量增速领先——青岛啤酒

青岛啤酒（600600）是一家主营啤酒生产和销售的公司，前身青岛啤酒厂成立于1903年8月，已具有百年历史。公司以“名牌带动”式的资产重组，率先在全国掀起了购并浪潮，成为中国啤酒业行业整合潮流的引导者。目前，公司在国内20个省、市、自治区拥有59家啤酒生产厂和麦芽生产厂，构筑了遍布全国的营销网络，基本完成了全国性的战略布局，啤酒生产规模、品牌价值、产销量、市场占有率、出口及创汇等多项指标均居国内同行业首位。

青岛啤酒作为啤酒行业龙头，其“青岛啤酒”品牌是首批认定的“中华老字号”，其品牌价值已达631亿元（世界品牌实验室发布），连续多年遥遥领先国内啤酒行业。2012年2月16日《证券日报》讯，全球著名商业杂志《哈佛商业评论》发表研究报告评出全球十大稳定增长企业，青岛啤酒成为唯一来自中国的上榜企业，同时也是榜单中历史最悠久的企业。2012年年报显示：公司全年实现啤酒销量790万千升，同比增长10.48%，远高于行业平均增长水平，公司国内市场份额也由以前的13%提升到2012年的16%，并将2014年的目标定为实现啤酒销量1 000万千升。2013年4月1日，青岛啤酒创近4个月来的新高，盘中价格达到38.40元，市场表现强于上证指数和酿酒行业，见图3－1所示。

1. “双轮驱动”推进。公司2010年积极实施“双轮驱动”战略，推进全国市场的战略布局。2010年8月，青岛啤酒厦门公司为开拓福建、江西市场，扩建新增啤酒产能12万千升/年，投产后可利用产能将达到26万千升/年，该项目投资1.67亿元。2010年12月，公司以18.73亿元收购新银麦啤酒100%股权。2011年3月收购杭州紫金滩酒业公司80%股权，已启动年产20万千升啤酒的技改扩建项目。2011年6月，公司投资4亿元在广东揭阳新建年产30万千升啤酒项目。2011年11月，公司投资3.3亿元在海南新建年产啤酒20万千升啤酒厂项目。2012年2月，公司投资3亿元在江西九江

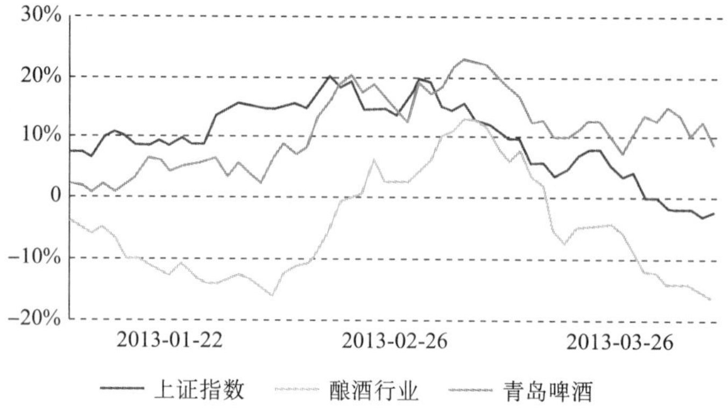

图 3-1 青岛啤酒近 3 月市场表现

资料来源：Wind 资讯。

新建年产 20 万千升啤酒生产基地项目。2012 年年报披露：广东揭阳公司一期 25 万千升啤酒生产项目已建成投产，公司又在原先产能空白的江西九江和河南洛阳分别启动了新建啤酒厂项目，规模均为年产啤酒 20 万千升。

2. 销量相对领先。2012 年受宏观经济增速放缓影响，啤酒行业销售状况惨淡，全年产销量增幅仅为 3.06%，创近年低点。不过，作为国内啤酒行业龙头，公司仍保持了相对领先增长。从总量销售来看：2012 年全年共销售啤酒 790 万千升，同比增长 10.48%，远高于行业平均水平，其国内市场份额进一步提升，增至约 16%，龙头地位进一步巩固。从两端产品销售来看：一方面，主品牌“青岛啤酒”的高端产品纯生、易拉罐系列等保持良好增长态势，实现销量 155 万千升，同比增长 16.97%；另一方面，第二品牌亦取得较好发展，销量同比增长 15.77%，实现近年来的最快增长。

在“双轮驱动”持续推进下，青岛啤酒全国性布局更趋完善，销量增速相对领先，竞争优势依然。销量的增加，带来经营活动现金流的增加，2012 年实现经营活动现金流净额 3 104 百万元，期末货币资金余额为 6 229 百万元，见表 3-6 所示。从 2010 年以来，公司采用“双轮驱动”战略实施扩张，通过筹集资金进行投资，从而带动销量的增加。处于模式 3 和模式 4 的现金流量是符合企业的经营状况，并且投资项目的盈利将会陆续显现出来。

二、现金流量指标选股实例分析

（一）百货行业上市公司筛选过程

以 WIND 行业分类为标准，以百货商业行业进行考察，共有 47 家百货商业上市公司。

表 3-6　　　　青岛啤酒现金流量表　　　　单位：百万元

	2009 年	2010 年	2011 年	2012 年
经营活动现金流净额	3 361	3 284	1 872	3 104
投资活动现金流净额	910	765	3 937	1 995
融资活动现金流净额	472	261	55	392
货币资金增加额	2 927	2 255	2 013	679
货币资金期初余额	2 381	5 308	7 563	5 550
货币资金期末余额	5 308	7 563	5 550	6 229

资料来源：Wind 资讯。

从现金再投资比率来看，现金再投资比率 = 经营活动现金流量净额（正值）/投资活动现金流量净额（负值），因而现金再投资比率为负值。首先剔除现金再投资比率为正值的上市公司，共有 8 家（南京中商、渤海物流、百大集团、益民集团、工大首创、昆百大 A、商业城、海岛建设），见表 3-7 所示。再次，剔除经营活动现金流量净额为负值的上市公司，共 2 家（东百集团、上海九百）。剔除后，还剩下 37 家上市公司。最后，根据现金再投资比率大于 1 和小于 1，分为两组，其中大于 1 的上市公司共有 24 家，小于 1 的上市公司共有 13 家。

表 3-7　　　　现金流量指标

证券代码	证券简称	每股经营活动现金净流量（2011 年）	现金再投资比率（2011 年）	每股现金净流量（2011 年）	债务保障率（2011 年）	现金报酬率（2011 年）
000416	民生投资	0.11	-1.38	-0.07	0.53	0.07
000417	合肥百货	1.59	-26.76	2.83	0.24	0.31
000501	鄂武商 A	3.63	-1.33	0.58	0.25	0.82
000516	开元投资	0.66	-0.83	-0.35	0.23	0.42
000560	昆百大 A	-0.02	0.15	-1.04	0	0
000564	西安民生	0.83	-0.71	1.53	0.09	0.3
000593	大通燃气	0.41	-2.17	-0.1	0.29	0.28
000672	*ST 铜城	0.02	-6.96	0	0.07	0.19
000715	中兴商业	1.38	-7.2	0.79	0.43	0.35
000785	武汉中商	1.1	-3.37	0.19	0.14	0.35
000861	海印股份	1.33	-2.02	0.79	0.32	0.5
000882	华联股份	0.23	-0.22	-0.64	0.07	0.07
000889	渤海物流	0.12	12.63	0.1	0.05	0.05

续表

证券代码	证券简称	每股经营活动现金净流量（2011 年）	现金再投资比率（2011 年）	每股现金净流量（2011 年）	债务保障率（2011 年）	现金报酬率（2011 年）
000987	广州友谊	2.03	-2.2	0.71	0.44	0.41
002187	广百股份	1.83	-1.43	2.18	0.22	0.26
002277	友阿股份	1.7	-0.91	1.54	0.2	0.3
002419	天虹商场	2.14	-2.9	1.14	0.33	0.47
002561	徐家汇	0.73	-0.6	1.3	0.63	0.19
600280	南京中商	-2.53	19.62	-3.26	-0.06	-0.55
600306	商业城	-0.12	0.08	0.57	-0.01	-0.04
600327	大东方	0.28	-0.32	-0.21	0.06	0.1
600515	海岛建设	-0.07	0.07	0.63	-0.01	-0.16
600628	新世界	0.72	-2.01	0.66	0.11	0.18
600682	南京新百	0.39	-2.57	0.25	0.07	0.12
600693	东百集团	-0.2	-0.28	-0.14	-0.11	-0.06
600694	大商股份	9.27	-3.61	5.46	0.29	0.71
600697	欧亚集团	8.15	-0.87	3.46	0.27	0.98
600712	南宁百货	0.34	-0.18	0.27	0.14	0.11
600723	首商股份	1.44	-10.77	1.16	0.33	0.34
600729	重庆百货	3.42	-5.01	2.57	0.17	0.46
600738	兰州民百	0.78	-14.2	0.53	0.31	0.5
600774	汉商集团	0.41	-0.51	-0.35	0.07	0.11
600778	友好集团	4.89	-1.02	1.42	0.31	1.08
600785	新华百货	1.82	-4.04	1.11	0.26	0.29
600814	杭州解百	0.44	-2.8	0.28	0.21	0.19
600821	津劝业	0.17	-0.82	-0.1	0.07	0.13
600824	益民集团	-0.04	0.71	0.05	-0.03	-0.02
600828	成商集团	0.55	-0.63	-0.01	0.19	0.29
600838	上海九百	-0.07	-0.22	-0.02	-0.09	-0.04
600856	长百集团	0.2	-4.46	0.06	0.14	0.46
600857	工大首创	0.07	0.23	0.32	0.08	0.03
600858	银座股份	4.27	-1.04	0.07	0.15	0.47
600859	王府井	3.61	-3.28	4.88	0.3	0.31
600865	百大集团	-0.49	4.04	0.62	-0.07	-0.11
600891	秋林集团	1.18	-102.09	1.42	1.02	0.53
601010	文峰股份	1.11	-0.36	1.25	0.28	0.17

资料来源：Wind 资讯。

从每股经营活动现金净流量来看，每股经营活动现金净流量 = 经营活动产生的现金流量净额/总股本，这一指标的正值越大，说明企业的现金获取能力越强。以每股经营活动现金净流量大于 1 为标准，共有 19 家上市公司，见表 3－8 所示。

表 3－8　　19 家上市公司现金流量指标

证券代码	证券简称	每股经营活动现金净流量（2011 年）	现金再投资比率（2011 年）	每股现金净流量（2011 年）	债务保障率（2011 年）	现金报酬率（2011 年）
600694	大商股份	9.27	－3.61	5.46	0.29	0.71
600697	欧亚集团	8.15	－0.87	3.46	0.27	0.98
600778	友好集团	4.89	－1.02	1.42	0.31	1.08
600858	银座股份	4.27	－1.04	0.07	0.15	0.47
000501	鄂武商 A	3.63	－1.33	0.58	0.25	0.82
600859	王府井	3.61	－3.28	4.88	0.3	0.31
600729	重庆百货	3.42	－5.01	2.57	0.17	0.46
002419	天虹商场	2.14	－2.9	1.14	0.33	0.47
000987	广州友谊	2.03	－2.2	0.71	0.44	0.41
002187	广百股份	1.83	－1.43	2.18	0.22	0.26
600785	新华百货	1.82	－4.04	1.11	0.26	0.29
002277	友阿股份	1.7	－0.91	1.54	0.2	0.3
000417	合肥百货	1.59	－26.76	2.83	0.24	0.31
600723	首商股份	1.44	－10.77	1.16	0.33	0.34
000715	中兴商业	1.38	－7.2	0.79	0.43	0.35
000861	海印股份	1.33	－2.02	0.79	0.32	0.5
600891	秋林集团	1.18	－102.09	1.42	1.02	0.53
601010	文峰股份	1.11	－0.36	1.25	0.28	0.17
000785	武汉中商	1.1	－3.37	0.19	0.14	0.35

资料来源：Wind 资讯。

从每股现金净流量、债务保障率、现金报酬率指标综合考虑，大商股份、欧亚集团、友好集团、鄂武商 A、天虹商场 5 家上市公司的这三项目现金流量指标优于其他 14 家上市公司。以下以大商股份进行简要分析。

（二）案例分析：跨区域龙头　渠道价值凸显——大商股份

大商股份（600694）是一家拥有百货、超市、家电连锁等业态的大型综合性百货公司。公司作为零售连锁百强企业，主营业务主要集中在百货、超市和家电连锁。2011 年，公司位列零售连锁百强第 11 名，实现销售收入 304 亿元，门店总数达 170 个，总建筑面积超过 100 万平方米。其中，百货业务为公司核心业务，截至 2012 年底，拥有百货门店 87 家，贡献收入和毛利都在 50% 以上。进入 2013 年，大商股份市场表现强于上证指数和商业百货行业，见图 3-2 所示。

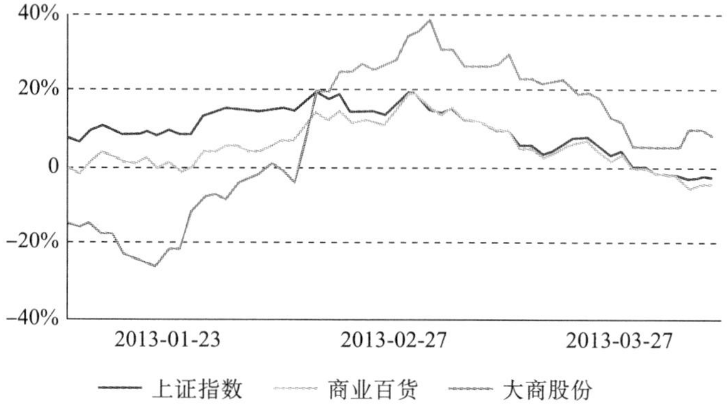

图 3-2　大商股份市场表现

资料来源：Wind 资讯。

1. 跨区域龙头。公司在大商集团旗下，从 1998 年开始快速发展连锁零售业务，通过收购、租赁等形式发展为跨区域经营的东北商业龙头。公司零售业务拥有百货、超市和电器三大业态，而作为主力业态的百货又有新玛特、麦凯乐、千盛、现代综合百货四种细分业态。麦凯乐集合了国际知名品牌，是高档连锁百货店，千盛是新推出的时尚，年轻商品业态。截至 2012 年底，公司已进入 8 个省和直辖市，共进入 36 个城市，其中东三省商业龙头的地位已十分稳固，河南地区的商业市场份额也在逐步提高。公司积极推进新项目进入新区域，不断扩展公司在全国的版图。大商股份各百货业态每年新开门店数见图 3-3 所示。

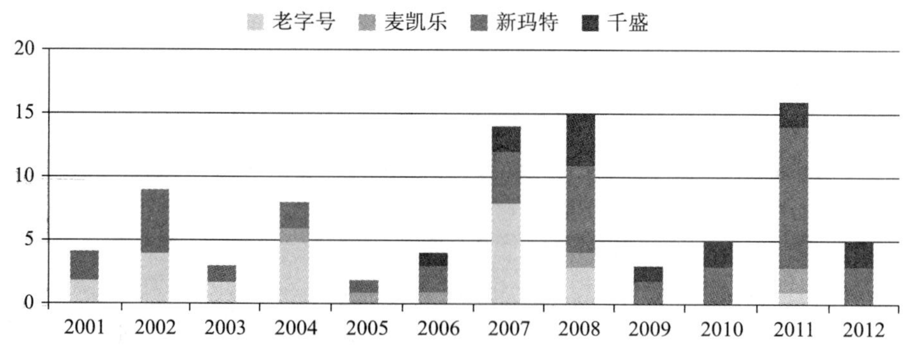

图 3-3　大商股份各百货业态每年新开门店数

2. 渠道价值凸显。公司已发展成为在国内百货门店最多，进入城市最多的全国性百货，渠道价值凸显。截至2012年底共有门店87家，是全国百货门店最多的零售公司。公司具有较强的外延扩张能力，门店的扩张主要通过收购、租赁或自有物业的形式。公司自1998年以来，平均每年新开门店6家，其中2007年、2008年和2011年新开门店数都在10家以上。

在跨区域布局下，大商股份拥有近百家的百货门店，公司在百货门店密集区或在全国范围内，集中招商资源，提高了公司对品牌供应商的议价能力，每股经营活动产生的现金流量净额自2009年以来逐年增加，见表3－9所示。

表3－9　　大商股份现金流量指标

年份	每股经营活动产生的现金流量净额（元）	现金再投资比率	每股现金净流量	现金报酬率	债务保障率
2009	4.17	－3.19	3.83	0.39	0.15
2010	5.89	－2.14	1.61	0.54	0.20
2011	9.27	－3.61	5.46	0.71	0.29
2012	7.94	－5.56	4.19	0.51	0.24

资料来源：Wind资讯。

第四章
财务特征选股法

什么样的企业是值得投资的好企业？资产负债指标、利润指标、现金流量指标选股法从某个角度可以选出值得短、中期投资的上市公司，但对于长期投资来说，这些指标只是反映某一时点的资产负债情况、某一段时间的企业资产经营绩效和现金流量情况，对企业整个存续期间的行为及未来发展情况则无法描述。而且，我们在选择上市公司进行投资时，容易看重利润指标，忽视其他因素如成长性。成长性是衡量上市公司经营状况和发展前景的一项非常重要的指标，又是投资者判别投资风险、进行长期投资决策的重要依据。成长性代表了公司未来获得超额报酬的能力，也反映了企业对投资机会的把握能力，表现为企业获取超常回报的能力及其资本化（持续经营价值），实现经营收入和经营利润的增长。上市公司是否具有成长性可以通过一系列财务指标进行综合判断。财务指标不仅总结和评价企业财务状况与经营成果，而且还体现出企业未来发展潜力，主要通过偿债能力指标、运营能力指标、盈利能力指标和发展能力指标来选择具有成长性的上市公司。

第一节 解读财务特征指标

一、盈利能力指标：资金增值的能力

盈利能力就是企业资金增值的能力，它通常体现为企业收益数额的大小与水平的高低。可以按照会计基本要素设置销售利润率、成本利润率、资产利润率、自有资金利润率和资本保值增值率等指标，借以评价企业各要素的盈利能力及资本保值增值情况。

（一）销售毛利率

销售毛利率是毛利占销售收入的百分比，反映每 1 元销售收入扣减生产成本后还有多少盈余可以用来支付企业运营费用并最终形成收益。

销售毛利率 = 销售毛利 ÷ 营业收入 ×100%

其中：销售毛利是营业收入减去营业成本。销售毛利率指标反映了产品或商品销售的获利能力。该指标越高，表示取得同样销售收入的销售成本越低，销售利润越高。

（二）资产净利率

资产净利率是企业净利润与平均资产总额的比率。它是反映企业资产综合利用效果的指标。其计算公式为：

资产净利率 = 净利润 ÷ [（期初资产总额 + 期末资产总额）/2] ×100%

资产净利率越高，表明企业资产利用的效率越好，整个企业盈利能力越强，经营管理水平越高。

（三）净资产收益率

净资产收益率，亦称净值报酬率或权益报酬率，它是指企业一定时期内的净利润与平均净资产的比率。它可以反映投资者投入企业的自有资本获取净收益的能力，即反映投资与报酬的关系，因而是评价企业资本经营效率的核心指标。

净资产收益率 = 净利润 ÷ [（期初所有者权益总额 + 期末所有者权益总额）/2] ×100%

净资产收益率是评价企业自有资本及其积累获取报酬水平的最具综合性与代表性的指标，反映企业资本营运的综合效益。该指标通用性强，适用范围广，不受行业局限。一般认为，企业净资产收益率越高，企业自有资本获取收益的能力越强，运营效益越好，对企业投资人、债权人的保障程度越高。

（四）资本保值增值率

资本保值增值率表示企业当年资本在企业自身努力下的实际增减变动情况，是评价企业财务效益状况的辅助指标。

资本保值增值率 = 期末所有者权益总额 ÷ 期初所有者权益总额

该指标反映了投资者投入企业资本的保全性和增长性，该指标越高，表明企业的资本保全状况越好，所有者的权益增长越好，债权人的债务越有保障，企业发展后劲越强。一般情况下，资本保值增值率大于 1，表明所有者权益增加，企业增值能力较强。但是，在实际分析时应考虑企业利润分配情况及通货膨胀因素对其的影响。

二、营运能力指标：资产利用的效率

营运能力分析是指通过计算企业资金周转的有关指标分析其资产利用的效率，是对企业管理层管理水平和资产运用能力的分析，包括：

（一）应收款项周转率

应收款项周转率也称应收款项周转次数，是一定时期内应收账款转为现金的平均次数，是一定时期内商品或产品营业收入与平均应收款项余额的比值。

应收账款周转率＝营业收入/[（期初应收账款净额＋期末应收账款净额）/2]

应收账款周转率反映了企业应收账款变现速度的快慢及管理效率的高低，应收账款周转率越高，表明了公司：（1）收账迅速，账龄较短；（2）资产流动性强，短期偿债能力强；（3）减少收账费用和坏账损失，从而相对增加企业流动资产的投资收益。但是，在评价一个企业应收款项周转率是否合理时，应与同行业的平均水平相比较而定。

（二）存货周转率

存货周转率也称存货周转次数，是企业一定时期内的营业成本与存货平均余额的比率，是衡量和评价企业购入存货、投入生产、销售收回等各环节管理状况的综合性指标，也是衡量企业生产经营中存货营运效率的一项综合性指标。

存货周转率＝营业成本/[（期初存货净额＋期末存货净额）/2]

存货周转速度快慢，不仅反映出企业采购、储存、生产、销售各环节管理工作状况的好坏，而且对企业的偿债能力及获利能力产生决定性的影响。存货周转率越高，表明其变现的速度越快，周转额越大，资金占用水平越低。存货占用水平低，存货积压的风险就越小，企业的变现能力以及资金使用效率就越好。

（三）总资产周转率

总资产周转率是企业营业收入与资产总额的比率，用来反映企业全部资产的利用效率。

总资产周转率＝营业总收入/[（期初资产总额＋期末资产总额）/2]

总资产周转率高，说明全部资产的经营效率高，取得的收入多；该周转率低，说明全部资产的经营效率低，取得的收入少，最终会影响企业的盈利能力。因此，企业应采取各项措施来提高企业的资产利用程度，如提高销售收入或处理多余的资产。

(四) 固定资产周转率

固定资产周转率是营业总收入与平均固定资产合计的比值，反映企业固定资产周转情况，企业运用固定资产赚取收入的能力，是衡量固定资产利用效率的一项指标。

固定资产周转率 = 营业总收入/[(期初固定资产 + 期末固定资产)/2]

固定资产周转率高，不仅表明了企业充分利用了固定资产，同时也表明企业固定资产投资得当，固定资产结构合理，能够充分发挥其效率。反之，固定资产周转率低，表明固定资产使用效率不高，提供的生产成果不多，企业的营运能力欠佳。

在实际分析该指标时，应剔除某些因素的影响。一方面，固定资产的净值随着折旧计提而逐渐减少，因固定资产更新，净值会突然增加。另一方面，由于折旧方法不同，固定资产净值缺乏可比性。

三、偿债能力指标：偿还债务的能力

偿债能力是指企业偿还到期债务（包括本息）的能力。偿债能力分析包括短期偿债能力分析和长期偿债能力分析。

(一) 短期偿债能力指标

短期偿债能力是指企业流动资产对流动负债及时足额偿还的保证程度，是衡量企业当前财务能力，特别是流动资产变现能力的重要标志。企业短期偿债能力分析主要采用比率分析法，衡量指标主要有流动比率、速动比率和现金流动负债率。

1. 流动比率。流动比率是流动资产与流动负债的比率，表示企业每 1 元流动负债有多少流动资产作为偿还的保证，反映了企业的流动资产偿还流动负债的能力。其计算公式为：

流动比率 = 流动资产 ÷ 流动负债

一般情况下，流动比率越高，反映企业短期偿债能力越强，因为该比率越高，不仅反映企业拥有较多的营运资金抵偿短期债务，而且表明企业可以变现的资产数额较大，债权人的风险越小。但是，过高的流动比率并不均是好现象。

从理论上讲，流动比率维持在 2:1 是比较合理的。但是，由于行业性质不同，流动比率的实际标准也不同。所以，在分析流动比率时，应将其与同行业平均流动比率，本企业历史的流动比率进行比较，才能得出合理的结论。

2. 速动比率。速动比率，是从流动资产中扣除存货部分，再除以流动负债的比值，进一步反映变现能力。计算速动比率时，流动资产中扣除存货，是因为存货在流动资产中变现速度较慢，有些存货可能滞销，无法变现。由于预付账款和待摊费用根本不具有变现能力，只是减少企业未来的现金流出量，理论上应加以剔除，但由于它们在流动资产中所占的比重较小，计算速动资产时一般不扣除。

速动比率 =（流动资产 - 存货）÷ 流动负债

速动比率过高，企业在速动资产上占用资金过多，会增加企业投资的机会成本；速动比率过低，企业的短期偿债风险较大。传统经验认为，速动比率维持在 1:1 较为正常，它表明企业的每 1 元流动负债就有 1 元易于变现的流动资产来抵偿，短期偿债能力有可靠的保证。

3. 现金流动负债比率。现金流动负债比率是企业一定时期的经营现金净流量与流动负债的比率，它可以从现金流量角度来反映企业当期偿付短期负债的能力。其计算公式为：

现金流动负债比率 = 年经营现金净流量 ÷ 年末流动负债

式中，年经营现金净流量指一定时期内，由企业经营活动所产生的现金及现金等价物的流入量与流出量的差额。

该指标是从现金流入和流出的动态角度对企业实际偿债能力进行考察。用该指标评价企业偿债能力更为谨慎。该指标较大，表明企业经营活动产生的现金净流量较多，能够保障企业按时偿还到期债务。但也不是越大越好，太大则表示企业流动资金利用不充分，收益能力不强。

（二）长期偿债能力指标

长期偿债能力是指企业偿还长期负债的能力。它的大小是反映企业财务状况稳定与否及安全程度高低的重要标志。其分析指标主要有四项。

1. 资产负债率。资产负债率又称负债比率，是企业的负债总额与资产总额的比率。它表示企业资产总额中，债权人提供资金所占的比重，以及企业资产对债权人权益的保障程度。

资产负债率 =（负债总额 ÷ 资产总额）×100%

资产负债率高低对企业的债权人和所有者具有不同的意义。债权人希望负债比率越低越好，这样其债权的保障程度就越高。对所有者而言，最关心的是投入资本的收益率，只要企业的总资产收益率高于借款的利息率，举债越多，即负债比率越大，所有者的投资收益越大。一般情况下，企业负债经营规模应控制在一个合理的水平，负债比重应掌握在一定的标准内。

2. 产权比率。产权比率是指负债总额与所有者权益总额的比率，是企业财务结构稳健与否的重要标志。

负债与所有者权益比率 =（负债总额 ÷ 所有者权益总额）×100%

该比率反映了所有者权益对债权人权益的保障程度，即在企业清算时债权人权益的保障程度。该指标越低，表明企业的长期偿债能力越强，债权人权益的保障程度越高，承担的风险越小，但企业不能充分地发挥负债的财务杠杆效应。

3. 负债与有形净资产比率。负债与有形净资产比率是负债总额与有形净资产的比例关系，表示企业有形净资产对债权人权益的保障程度。

负债与有形净资产比率 =［负债总额 ÷（所有者权益 − 无形资产 − 递延资产）］×100%

企业的无形资产、递延资产等一般难以作为偿债的保证，从净资产中将其剔除，可以更合理地衡量企业清算时对债权人权益的保障程度。该比率越低，表明企业长期偿债能力越强。

4. 利息保障倍数。利息保障倍数又称为已获利息倍数，是企业息税前利润与利息费用的比率，是衡量企业偿付负债利息能力的指标。利息费用是指本期发生的全部应付利息，包括流动负债的利息费用，长期负债中进入利润的利息费用以及进入固定资产原价中的资本化利息。

利息保障倍数 = 税息前利润 ÷ 利息费用

利息保障倍数越高，说明企业支付利息费用的能力越强，该比率越低，说明企业难以保证用经营所得来及时足额地支付负债利息。因此，它是企业是否举债经营，衡量其偿债能力强弱的主要指标。

若要合理地确定企业的利息保障倍数，需将该指标与其他企业，特别是同行业平均水平进行比较。根据稳健原则，应以指标最低年份的数据作为参照物。但是，一般情况下，利息保障倍数不能低于1。

四、发展能力指标：壮大实力的能力

发展能力是企业在生存的基础上，扩大规模，壮大实力的潜在能力。在分析企业发展能力时，主要考察以下指标：

（一）销售（营业）增长率

销售（营业）增长率是指企业本年销售（营业）收入增长额同上年销售（营业）收入总额的比率。这里，企业销售（营业）收入，是指企业的主营业务收入。销售（营业）增长率表示与上年相比，企业销售（营业）收入的增减变化情况，是评价企业成长状况和发展能力的重要指标。其计算公式为：

销售（营业）增长率 = 本年销售（营业）增长额 ÷ 上年销售（营业）

收入总额 ×100%

该指标是衡量企业经营状况和市场占有能力、预测企业经营业务拓展趋势的重要标志，也是企业扩张增量和存量资本的重要前提。不断增加的销售（营业）收入，是企业生存的基础和发展的条件，世界500强就主要以销售收入的多少进行排序。该指标若大于零，表示企业本年的销售（营业）收入有所增长，指标值越高，表明增长速度越快，企业市场前景越好；若该指标小于零，则说明企业或是产品不适销对路、质次价高，或是在售后服务等方面存在问题，产品销售不出去，市场份额萎缩。该指标在实际操作时，应结合企业历年的销售（营业）水平、企业市场占有情况、行业未来发展及其他影响企业发展的潜在因素进行前瞻性预测，或者结合企业前三年的销售（营业）收入增长率作出趋势性分析判断。

（二）资本积累率

资本积累率是指企业本年所有者权益增长额同年初所有者权益的比率，它可以表示企业当年资本的积累能力，是评价企业发展潜力的重要指标。其计算公式为：

$$资本积累率 = \frac{本年所有者权益增长额}{年初所有者权益} \times 100\%$$

该指标是企业当年所有者权益总的增长率，反映了企业所有者权益在当年的变动水平。资本积累率体现了企业资本的积累情况，是企业发展强盛的标志，也是企业扩大再生产的源泉，展示了企业的发展活力。

资本积累率反映了投资者投入企业资本的保全性和增长性，该指标越高，表明企业的资本积累越多，企业资本保全性越强，持续发展的能力越大。该指标如为负值，表明企业资本受到侵蚀，所有者利益受到损害，应予充分重视。

（三）总资产增长率

总资产增长率是企业本年总资产增长额同年初资产总额的比率，它可以衡量企业本期资产规模的增长情况，评价企业经营规模总量上的扩张程度。其计算公式为：

$$总资产增长率 = \frac{本年总资产增长额}{年初资产总额} \times 100\%$$

该指标是从企业资产总量扩张方面衡量企业的发展能力，表明企业规模增长水平对企业发展后劲的影响。该指标越高，表明企业一个经营周期内资产经营规模扩张的速度越快。但实际操作时，应注意资产规模扩张的质与量的关系，以及企业的后续发展能力，避免资产盲目扩张。

（四）固定资产成新率

固定资产成新率是企业当期平均固定资产净值同平均固定资产原值的比率。其计算公式为：

固定资产成新率 = 平均固定资产净值 ÷ 平均固定资产原值 × 100%

平均固定资产净值是指企业固定资产净值的年初数同年末数的平均值。平均固定资产原值是指企业固定资产原值的年初数与年末数的平均值。

固定资产成新率反映了企业所拥有的固定资产的新旧程度，体现了企业固定资产更新的快慢和持续发展的能力。该指标高，表明企业固定资产比较新，对扩大再生产的准备比较充足，发展的可能性比较大。运用该指标分析固定资产新旧程度时，应剔除企业应提未提折旧对房屋、机器设备等固定资产真实状况的影响。

（五）三年利润平均增长率

三年利润平均增长率表明企业利润的连续三年增长情况，体现企业的发展潜力。其计算公式为：

三年利润平均增长率 = [（年末利润总额/三年前年末利润总额）- 1] × 100%

三年前年末利润总额指企业三年前的利润总额数。假如评价企业 2011 年的效绩状况，则三年前年末利润总额是指 2008 年利润总额年末数。

利润是企业积累和发展的基础，该指标越高，表明企业积累越多，可持续发展能力越强，发展的潜力越大。利用三年利润平均增长率指标，能够反映企业的利润增长趋势和效益稳定程度，较好地体现了企业的发展状况和发展能力，避免因少数年份利润不正常增长而对企业发展潜力的错误判断。

（六）三年资本平均增长率

三年资本平均增长率表示企业资本连续三年的积累情况，体现企业的发展水平和发展趋势。其计算公式为：

三年前年末所有者权益指企业三年前的所有者权益年末数。

假如评价 2011 年企业效绩状况，三年前所有者权益年末数是指 2008 年年末数。

由于一般增长率指标在分析时具有“滞后”性，仅反映当期情况，而利用该指标，能够反映企业资本保增值的历史发展状况，以及企业稳步发展的趋势。该指标越高，表明企业所有者权益得到的保障程度越大，企业可以长期使用的资金越充足，抗风险和保持连续发展的能力越强。

需要强调的是，上述四类指标不是相互独立的，它们相辅相成，有一定的内在联系。企业周转能力好，获利能力就较强，则可以提高企业的偿债能力和发展能力。反之亦然。

第二节 财务特征的选股策略

我们知道，投资是为了未来获取收益，购买股票也是购买的是上市公司未来，预期具有成长性，并能带来收益。企业成长的原因来自何处？企业成长源自企业背后的行为、战略和核心能力。Miller and Modigliani（1961）认为：企业获得超常回报的能力来源于企业专有的优势，如地理优势、市场优势、技术优势、管理优势以及其他垄断性优势。财务指标是公司经营现状的客观记录，如果设置恰当，财务指标可以反映公司内部那些难以量化的基本特征，从而能够综合反映公司的基本经营特征和成长背后的行为与战略。

一、选择体现财务特征的重点指标

一般来说，如果从财务的角度判断一家企业是否处在成长期，其判断要点主要考虑以下几个方面：（1）考虑上市公司盈利能力的指标，如 ROA、ROE、毛利率等指标。（2）考虑上市公司盈利质量的指标，如企业自由现金流量、营业收入现金含量等指标。（3）应包含评价上市公司发展壮大的指标，如营业业务收入增长率、每股收益、净利润增长率等。（4）应包括能够反映资本结构的指标，如资产负债率指标。（5）应包含反映上市公司营运能力的指标，如总资产周转率指标。高成长股的财务筛选指标见表 4－1 所示。

表 4－1　　财务指标选择

指标类型	财务指标
盈利能力	ROE，ROA，毛利率，EBITDA/营业收入
盈利质量	企业自由现金流量（FCF），营业收入现金含量
成长能力	营业收入增长率，每股收益，净利润
运营能力	总资产周转率
负债水平	资产负债率

二、“按图索骥”逐步筛选

按照以上盈利能力、盈利质量、成长能力等判定成长股的综合财务指标，采用以下方法和步骤寻找成长股：

第一步，指标无量纲化。设有 p 个财务指标反映 n 个上市公司的成长性状况，记为：$\{x_{ij}\}$，$i=1,2,3,\cdots,n$；$j=1,2,3,\cdots,p$。

其中，x_{ij}表示第 i 个上市公司的第 j 个指标。采用变量标准化法，对财务指标进行无量纲化处理。

$x_{ij}^* = (x_{ij} - \bar{x}_j)/S_j, i=1,2,3,\cdots,n; j=1,2,3,\cdots,p$。

其中 $\bar{x}_j = (\sum x_{ij})/n$，$S_j^2 = \sum_i (x_{ij} - \bar{x}_j)^2/(n-1)$。

处理后的样本指标x_{ij}^*服从标准正态分布，这样既消除了量纲单位的影响，又消除了指标间的差异，使得各上市公司各财务指标之间具有可比性。

第二步，现有财务指标综合评估法。根据盈利能力、盈利质量、成长能力、运营能力以及负债水平等指标，给出单个指标得分评级，并求取综合分数，对样本股票的各财务指标进行单独排名和综合排名。

第三步，预测指标评估法。因为上市公司过去的高盈利并不意味着未来的业绩同样优秀，这些上市公司未来是否仍具有好的业绩。若有好业绩，那未来一年在市场的表现如何？股价是否已经过高？是否还具有投资价值？因此，需要采样预测的财务指标和估值指标对上市公司进行筛选。也就是说，对样本股票按照 2013 年预测每股收益增长率、预测净资产收益率、营业收入增长率、营业利润比重以及 PEG 等预测财务指标进行单独排名和综合排名。

第四步，重复出现法。对采用第二步和第三步两种方式分别筛选出的前 200 名的样本股票进行对比分析。如果在两个筛选后样本中都重复出现的股票，我们认为其就是持续业绩优秀、各方面财务指标良好、未来发展潜力也不错的成长股。因此，若我们投资于这种股票，将会在未来获得不错的收益。

三、可供选择的筛选方法

根据精选整合市场上各种成熟的成长型股票筛选方法，我们提供三种不同的筛选方法：

（一）综合评估法（Composite Score Method，简称 CSM）

根据盈利能力、盈利质量、成长能力、运营能力以及负债水平等指标，给出单个指标得分评级，并求取综合分数，以此排序，选取最好的股票。

（二）回归得分法（Linear Regression Method，简称 LRM）

基本原理是采用上一年度的筛选指标作为自变量，而采用下一年度相应股票的收益率为因变量，作线性回归分析（实质上为横截面回归分析，Cross - sectional Regression）。以此考察上一年度的筛选指标值预测下一年度相应股票收益率的情况。然后根据本年度筛选指标值预测下一年度相应股票的收益率（得分），然后进行排序选取最好的股票。

（三）逐步回归得分法（Stepwise Regression Method，简称 SRM）

基本原理与回归得分法类似，不同点在于逐步回归法将筛选出那些显著性的指标，而同时剔除那些不显著的指标。相应的，根据本年度筛选指标值预测下一年度相应股票的收益率（得分），然后进行排序选取最好的股票。

第三节 财务特征选股实例分析

一、从全样本到备选样本库

以在沪深两地上市的公司为样本，样本中包括只发行 A 股的上市公司和同时发行 A 股和其他股份的上市公司。在全部 A 股样本中，首先剔除 ST 股票、涉嫌违法违规的股票等；其次，剔除过去三年（2010～2012 年）ROE 低于 15% 的股票。按照 ROE 不低于 15% 的股票的筛选流程，获得样本股票 428 只，这些股票构成了成长股的备选库之一。另外，根据 2013 年的预测数据，预测净资产收益率大于 10%，预测主营业务收入增长率大于 10%，预测营业利润比重大于 90%，以及 PEG 在 0～1 之间的标准筛选出成长股的备选库之二，共获得 357 只样本股票。

样本数据的时间选择范围为 2010～2012 年，由于上市公司年度报告还未全部完全披露，这里只包括了公布年报的上市公司，2013 年的财务数据为预测数据。样本数据主要包括各财务指标和估值指标。数据来源于 wind 数据库。

二、备选样本库的统计分析

按照以上筛选样本股票的方法，对备选样本库一和备选样本库二中的两个样本股票进行描述性分析。

从表 4－2 可以看出，备选样本库一的各财务指标数据都表现不错，从盈利能力来看，2012 年净资产收益率均值为 22.91%；从盈利质量来看，

2012 年营业收入现金含量平均为 78.92%；从成长能力来看，2012 年营业收入增长率为 28.15%，每股收益为 0.80 元；从资本结构指标来看，2012 年平均资产负债率为 42.70%；从营运能力来看，2012 年总资产周转率为 0.92 次。

表 4－2　　　　备选样本库一各指标描述性统计分析

	最小值	最大值	均值	标准差
净资产收益率 ROE（%）	15.01933	132.4925	22.91759	9.241178
营业收入现金含量（%）	1.7	11 447.81	78.9225	5.550326
总资产周转率（次）	0.0275	5.5152	0.921822	0.573365
营业收入增长率（%）	0.19	163.2562	28.15771	19.01774
资产负债率（%）	5.381367	94.70813	42.70318	20.67955
每股收益（元）	0.026	26.61	0.801097	1.730563

在备选样本库二的 357 只股票中，其中预测 PEG 均值为 0.51，预测每股现金流均值为 1.21 元，预测净资产收益率均值为 16.13%，预测净利润增长率均值为 70.86%，预测主营业务收入增长率均值 35.07%，见表 4－3 所示。

表 4－3　　　　备选样本库二各指标描述性统计分析

	最小值	最大值	均值	标准差
预测 PEG 值	0.0054	0.9886	0.51165	0.235193
预测每股现金流（元）	0.02	18.3797	1.212178	1.943206
预测净资产收益率(ROE)%	10	43.9343	16.13967	5.29603
预测净利润增长率（%）	9.5017	5 834.569	70.86244	318.4048
预测主营业务收入增长率（%）	10.1032	349.2258	35.07845	37.04247
营业业务利润比重（%）	0.901381	1.129861	0.978562	0.031477

从两个备选样本库中还可以看出这些财务数据的标准差偏大，因此需要对财务数据进行标准化处理，消除量纲单位的影响和指标间的差异，并使得各上市公司各指标之间具有可比性。

三、筛选结果：可能的成长股

从财务指标来说，高成长股是指未来发生事件，即在未来一段时间经营收入和经营利润实现高速增长。我们需要从已经发生事件中发现市场中高成长股的主要财务特征，并根据这些财务特征，找出未来的高成长股。按照这一逻辑找出的高成长股，我们认为其股价将在市场中有相当不错的表现。因此，筛选出以下32只未来成长股（32只）。从Wind分行业来看，在所选出的成长股中，主要分布在医疗保健行业（10只）、消费行业（6只，其中日常消费4只，可选消费2只）、机械行业（4只）等这些行业，见表4-4所示。

表4-4　　可能的成长股

证券代码	证券简称	预测PEG值	预测每股现金流	预测净资产收益率	预测净利润增长率	预测主营业务收入增长率
300291.SZ	华录百纳	0.73	2.31	15.91	38.22	35.71
600519.SH	贵州茅台	0.41	18.21	37.59	25.68	21.01
002431.SZ	棕榈园林	0.53	0.38	16.29	41.19	37.27
002375.SZ	亚厦股份	0.43	1.02	21.16	40.95	30.62
600016.SH	民生银行	0.44	2.96	23.01	14.33	14.36
600809.SH	山西汾酒	0.41	2.33	35.60	36.73	28.92
002385.SZ	大北农	0.63	1.11	18.23	30.60	33.14
002146.SZ	荣盛发展	0.32	0.17	25.49	30.09	33.05
300204.SZ	舒泰神	0.59	1.62	15.80	45.12	108.76
002353.SZ	杰瑞股份	0.79	0.85	24.18	47.87	58.50
000423.SZ	东阿阿胶	0.84	1.86	25.51	26.83	23.84
300210.SZ	森远股份	0.61	0.26	15.15	38.59	54.78
000858.SZ	五粮液	0.55	3.22	28.79	13.68	15.47
002262.SZ	恩华药业	0.84	0.71	23.02	40.91	25.61
600594.SH	益佰制药	0.90	0.93	21.34	25.64	24.47
002535.SZ	林州重机	0.13	0.53	16.69	68.44	54.91
300289.SZ	利德曼	0.93	0.62	15.62	30.76	45.32
002065.SZ	东华软件	0.47	0.28	22.64	33.44	29.11
600535.SH	天士力	0.97	1.18	21.26	33.61	28.78

续表

证券代码	证券简称	预测 PEG 值	预测每股现金流	预测净资产收益率	预测净利润增长率	预测主营业务收入增长率
000028. SZ	国药一致	0. 84	1. 57	25. 16	19. 53	19. 05
000786. SZ	北新建材	0. 49	2. 26	19. 85	25. 04	18. 67
002470. SZ	金正大	0. 47	0. 66	17. 61	33. 57	28. 37
000963. SZ	华东医药	0. 93	1. 42	24. 01	29. 37	24. 73
002588. SZ	史丹利	0. 69	1. 12	13. 93	25. 66	32. 41
601717. SH	郑煤机	0. 78	1. 17	18. 11	10. 95	11. 98
002589. SZ	瑞康医药	0. 57	0. 12	14. 48	35. 73	34. 96
600729. SH	重庆百货	0. 49	4. 50	20. 63	20. 23	14. 42
002294. SZ	信立泰	0. 88	1. 49	25. 03	27. 85	25. 30
600271. SH	航天信息	0. 66	1. 44	18. 86	16. 14	20. 04
601318. SH	中国平安	0. 48	18. 38	14. 26	26. 75	14. 69
002104. SZ	恒宝股份	0. 41	0. 25	19. 18	51. 78	36. 90
600582. SH	天地科技	0. 50	1. 16	21. 06	18. 45	18. 70

华录百纳（300291）主要从事影视剧的投资、制作、发行及衍生业务。近年来国家推出多项政策，大力支持文化产业的发展，为电视剧行业实现快速发展提供了良好的政策环境，营造了一个较为宽松和有利的发展环境。在文化传媒行业良好的政策背景下，公司逐步形成了独特的品牌优势，秉承“近市场、大制作、出精品”的经营理念，紧紧把握中央电视台和省级卫视黄金时段电视剧市场的主流需求，投资制作的电视剧基本在中央电视台或省级卫视黄金时段实现了播出，其中《王贵与安娜》、《媳妇的美好时代》、《汉武大帝》等多部电视剧为当年较高收视率和较大社会影响力的精品剧或热播剧。2012 年度，公司实现营业收入 3. 93 亿元，归属于母公司股东的净利润 1. 17 亿元，同比分别增长 36. 94% 和 38. 63%，收入主要来源于 8 部电视剧《老爸的爱情》、《锁梦楼》、《金太狼的幸福生活》、《时尚女编辑》、《中国骑兵》、《媳妇的美好宣言》、《天真遇到现实》、《乱世三义》及电影《痞子英雄之全面开战》等项目。公司将在电视剧产能“保质”的基础上有增量，全面布局打造内容，制作平台公司在把握题材、整合资源方面优势显著，未来电视剧产量增加及新媒体和海外渠道的拓展将是公司持续的增长点。

棕榈园林（002431）主要从事园林景观设计和园林工程施工业务，包括房地产景观工程，高端休闲度假区地产园林工程及政府公共园林工程等项目设计和工程施工，是地产园林景观龙头。2012 年度，公司实现营业收入 31.93 亿元，相比上年同期增长 28.05%，实现归属于上市公司股东净利润 2.98 亿元，相比上年同期增长 7.66%，按期末股本摊薄后基本每股收益 0.78 元。目前，我国市政园林和地产景观园林细分行业的市场规模都在 1 000 亿元以上，过去 7 年年复合增速达到 22%，未来仍将加速。住建部规定，新建居住区绿地占居民区总用地比率必须达到 30% 以上，而具有优秀园林景观的房地产项目均价要高出同类普通房地产售价 30% 亦使园林景观成为地产企业差异化竞争的重要手段。作为行业龙头，公司将享受到地产景观行业快速成长带来的红利。

第二篇

重点板块差异法选股

依据上市公司的财务报表选择具有高成长性的股票，是考虑对上市公司微观层面的经营业绩进行细致入微的考察，挑选出最具有高成长潜力的黑马。我们也可以转换一下视角，从经济发展阶段、产业更替的方向入手，识别高成长股。

经济发展的不同阶段，会有不同的支柱产业作为核心动力推动经济增长、社会进步。产业自身也在经历着由成长到衰退的发展演变过程，即我们通常所说的产业周期。同一经济发展阶段内，宏观经济也会出现景气循环，周期性经济扩张与经济紧缩交替更迭、循环往复。经济发展阶段与产业生命周期相叠加，会出现所谓的板块轮动现象。A股市场上经常出现的现象是，每一轮牛市，无非先是由大盘股指引向上，然后行业龙头，业绩优良的一线、二线股开始发力，板块轮动，再接下来绩优股价格被炒高之后，开始轮到低价的三线、四线股发力，最后往往是在ST之类的垃圾股疯狂盛宴中落下牛市的帷幕。

大道至简，但不可以简驭繁。本篇就是要通过几个重点板块的考察，分析不同类型的板块存在何种特殊的选股方法。

第五章
银行板块选股方略

金融是现代经济的核心，货币与银行无论从历史上，还是逻辑上都是金融业的源头和基础。从某种意义上说，证券业、保险业和其他非银行金融机构是在银行业的基础上发展起来的。对于我国这样一个新兴的市场国家来说，更需要积极地发挥银行业的中介职能，实现社会资源合理高效的配置。而对于广大的投资者来说，关注这一关系到国计民生的行业，识别出有着良好经营业绩的上市银行，意味着能获得较高的回报率。

第一节 银行股的市场地位

一、银行股与经济周期的关系

银行业的经营具有典型的顺周期特征。当经济走出萧条的低谷时，市场的资金利率和财务成本相对较低，企业销售增长、盈利提高，还贷意愿与能力增强。银行由于不良贷款率在不断的下降，于是逐步增加贷款。在贷款规模扩张下，银行资本充足率会有较大的下调。同时，部分是由于企业的还贷情况较好，更多的是由于贷款是新增的，银行形成的不良贷款比率较低，银行当期应该计提的拨备少，拨备率可能也不低，但与贷款规模比尚处于低点。银行的盈利在逐步增加。

当经济由过热走向滞胀后，银行的盈利开始逐渐降低。经济增长势头的放缓直接导致企业的盈利下降，银行贷款的质量也在下降。银行开始意识到风险的累积，于是会提高贷款标准、收紧信贷、提高利率。此时，在经济上升期发放的大批贷款开始出现问题，不良贷款会迅速增加，银行必须大量增加拨备，其资产负债表恶化，资本充足率进一步下降。银行监管者从审慎监管出发，要求银行必须满足法定的资本充足率要求。银行为满足这个要求，或者向外融资，或者减少贷款。而低迷的经济环境下，向外融资困难，银行只有减少贷款基础，收缩信贷。银行盈利下降的周期又开始了。

除自身经营特点存在顺周期外，很多的外部因素也会强化银行业的这种倾向。目前，对银行业的评级由少数几家大型机构做主导，评级机构倾向于在经济繁荣时期提高评级，而在经济形势恶化时降低评级，与实体经济的影响相叠加，会使银行业经营业绩的顺周期特征更为明显。此外，上市银行的经营业绩最终会反映到股价上，而资本市场的推波助澜，加剧了价格的波动，令上市银行的股价凸显出周期性变动。

图 5－1 显示，招商、民生、浦发三家银行的净利润走势与同期 GDP 的走势十分相似，当 GDP 平稳增长时，三家银行的净利润也稳步上升。2008 年 GDP 受金融危机的影响出现了下滑，三家银行的净利润也出现不同程度的下挫。随着经济形势逐步向好，三家银行的净利润又重新走入上升通道。

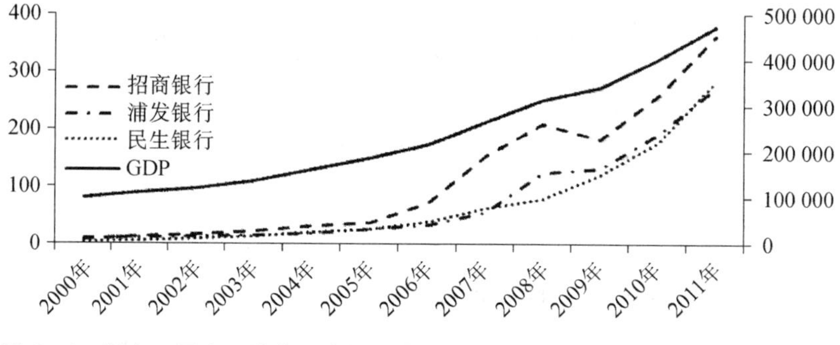

图 5－1　招商、民生、浦发三家银行净利润与 GDP（右）走势（单位：亿元）

二、银行股：A 股市场中的大哥大

（一）高市值、高盈利

截至 2012 年底，我国 A 股市场上共有上市银行 16 家，每一家都有着庞大的市值。除农业银行、平安银行、光大银行、华夏银行、北京银行、南京银行和宁波银行 7 家外，其余 9 家的市值均在千亿元以上，排名第一的工商银行更是拥有 15 007.84 亿元的市值，成为 A 股市场第二大市值公司。总股本排名前 20 位的上市公司中，银行股占了 9 个。

如图 5－2 所示，工商银行、中国银行、农业银行、建设银行、交通银行五大国有商业银行的市值占到A股总市值的15.75%，全部上市银行的市值占到A股总市值的22%。单一板块在股市占据如此比重，全球仅有。这些庞然大物，均是银行业中的翘楚，营业网点的数量与规模、管理水平、创新能力、风险管理能力等都代表着中国银行业的最先进水平，它们自然而然的会成为投资者关注的焦点。

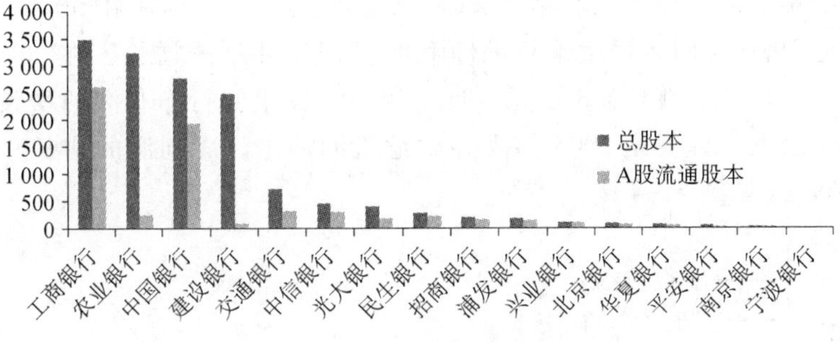

截止时间：2012年12月31日；数据来源于Wind数据库，单位：亿股。

图5-2 上市银行的股本

图5-3给出了各板块的市值分布情况，上市银行居制造业和采掘业之后，排名第三。如果计算各板块上市公司的平均市值，上市银行类以平均市值4 450.35亿元高居榜首，远高于第二位采掘业的826.30亿元和第三位交通运输与仓储业的136.80亿元。

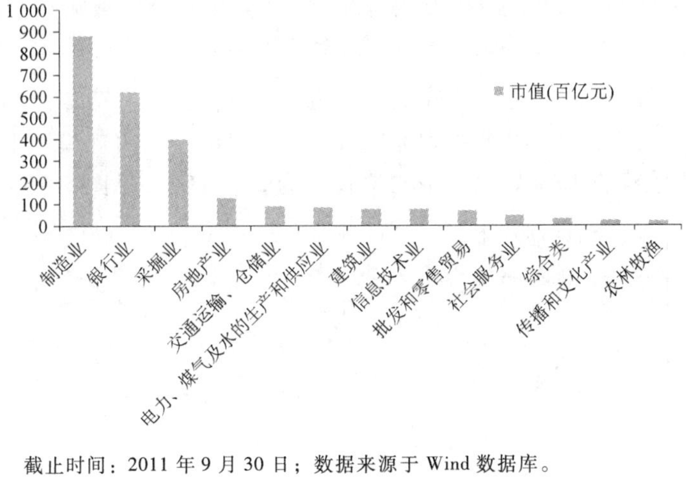

截止时间：2011年9月30日；数据来源于Wind数据库。

图5-3 各行业市值比较

近几年来，上市银行得益于我国经济的高速稳定增长、工业企业利润不断提高、资本市场不断发展壮大，虽然不时有外部因素的扰动，但自身的盈利水平较前几年也获得了空前的增长。当然，这同银行业的垄断地位也具有一定的关系。2011 年，银行业以每家平均分红 127. 27 亿元的业绩高居榜首。

具体到公司而言，每一家上市公司在最近几年都有了较为快速的发展，仅就净利润增长来说，不同类型的银行均表现不俗。以股份制银行民生银行和国有商业银行工商银行为例，两者的业绩都有不小的进步。

2007 年之前，民生银行的净利润总量不大，一直徘徊在 50 亿元以下，2007 年至 2010 年间，民生银行的净利润呈现出井喷式增长，在 2010 年底，净利润达到了空前的 175. 8 亿元。近十年来，民生银行净利润的增长率均保持在 24% 以上，即便是 2008 年受金融危机的冲击，净利润的增长率也保持在 24. 46% （见图 5 -4）。

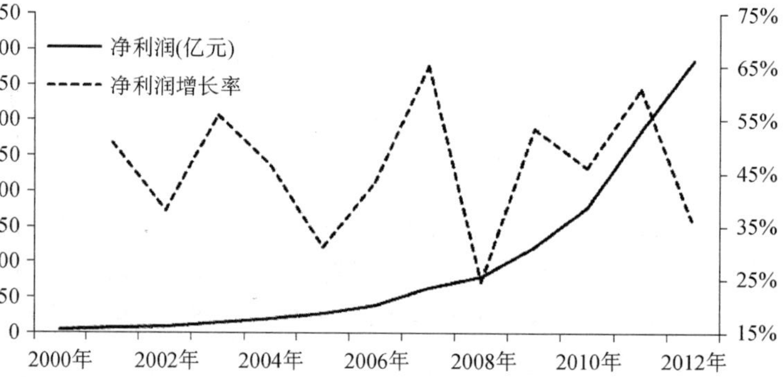

注：2012 年数据依据前三季度数据推算而得，数据来源于 Wind 数据库。

图 5 -4　民生银行净利润增长

工商银行的市值位居 A 股市场第二位，净利润在 2007 年之后也呈现出大规模增长的态势，2010 年净利润达到 1 651. 56 亿元的规模。上市后的净利润增长率保持在 13% 以上，平均增长率为 24. 42% （见图 5 -5）。

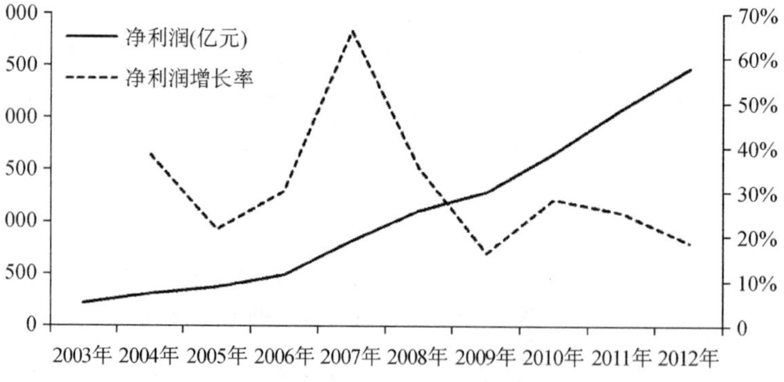

注：2012 年数据依据前三季度数据推算而得，数据来源于 Wind 数据库。

图 5 -5　工商银行净利润增长

（二）对股市波动的影响

上市银行股的高市值特征，对股市有着重要的影响。银行股的大幅波动，会直接导致A股市场产生较大的波动；而银行业负债经营的特点，又使得上市银行易于发生较高的波动，因为银行业负债经营的特点使得银行业的运营风险远高于制造业、建筑业等实体经济。经济运行过程中有什么风吹草动，一般都会对银行业产生影响，如国家宏观的货币政策、财政政策以及产业政策等，特别是近几年，影响上市银行业绩的事件层出不穷。既有国外的金融危机、债务危机的影响，也有国内楼市调控、汇率变动、央行接二连三的加息减息等影响，这些事件均会对银行业的经营产生影响，引发上市银行股价的波动。即是说，银行业的负债经营导致了银行股的高波动性，银行股的高市值，对A股市场具有高传染性。

三、股指期货：银行股价值回归的引领者

股指期货的交易具有双向性，能反映出股票价格将要上涨或下跌的更多信息，从而使股指期货具备了价格发现功能。而上市银行的价值普遍低估，几乎是市场的共识。在2010年初，银行业PE较沪深300折价率已经达到了41%左右，比历史平均折价率高10%；行业PE较沪深300折价率也有18%，高于2008年以来的平均值16%。

2010年1月初，由于传闻股指期货已获国务院批准，在此利好的推动下，A股市场上的银行等权重股纷纷上涨。2009年12月28日至31日这四个交易日中，在板块主力资金净流入排名榜上，银行类板块高居榜首，一周内资金的净流入为31.695亿元。主力资金增仓明显的银行股票有交通银行、工商银行、招商银行，其中交通银行主力资金一周增仓0.44%。

股指期货价格发现功能的实现，需要股指期货具有一定的市场规模和流动性。规模过小，则对现货市场影响力有限，产品单一，则流动性差，难以体现价格发现功能。美国期货业协会2011年3月中旬公布的全球各大衍生品交易所2010年成交量排名显示，挂牌交易沪深300股指期货的中国金融期货交易所以全年总成交量4 587.3万手（按单边计）名列第29位，体现了我国金融期货市场巨大的发展潜力。股指期货对A股市场的定价功能会随着其规模扩大和流动性增强而逐步得到发挥，以银行股为代表的低估值股票会迎来一个向真实值回复的过程。

第二节 银行股的选股方略

一、上市银行的盈利模式

银行业的经营有自身的特点。由银行的资产负债表可以观察到两个典型的特征：一是生息资产占据了全部资产的绝大部分比重，固定资产的占比则相对较小；二是付息负债在整个负债方的比重较大，权益资本在银行资金来源中比重则偏小。以招商银行2010年年报为例，发放贷款及垫款占据全部资产的58.36%，而固定资产仅占0.63%；吸收存款占全部负债的83.63%，所有者权益仅占全部资产的5.58%。这两个典型的特征反映了银行的盈利模式：主要收入源于生息资产带来的利息收入，主要支出源于付息资产产生的利息支出。可以说，上市银行的盈利模式就是通过实施资产负债的管理来获取利息收益。

由上市银行的损益表可以看出，上市银行的营业收入由两大部分构成，一部分是净利息收入，另一部分是非利息收入。

（一）银行的净利息收入及其影响因素

净利息收入，是指上市银行通过发放贷款、债券投资即将资金上存中央银行或拆放同业所获得的利息收入扣除存款或同业存入款项等付息负债支付利息后的余额部分，是上市银行营业收入的主要来源。目前，净利息收入是A股上市银行的主要收入来源。图5-6给出了2010年底各上市银行净利息收入占营业收入的比重。这一占比的简单算术平均值为84.59%，其中中国银行的占比最低，为70.07%，华夏银行占比最高，为92.98%。排名前五位的兴业、深发展、浦发、北京、华夏几家银行，均是规模偏小的地方性银行。占比较低的银行多为大型的国有商业银行，如中国银行、建设银行、工商银行等，唯一的例外是招商银行。

货币政策、存贷比和定活比是对净利息收益最直接的三个影响因素。具体到我国的经济发展状况而言，经济长期稳定增长为传统的净利息收入的增长提供了宏观基础。货币政策对上市银行产生直接影响的便是加息、降息以及存款准备金率的调整。由于货币政策的调整会同时影响生息资产收益率和付息资产收益率，因而这一指标对净利息收入的影响是比较复杂的。

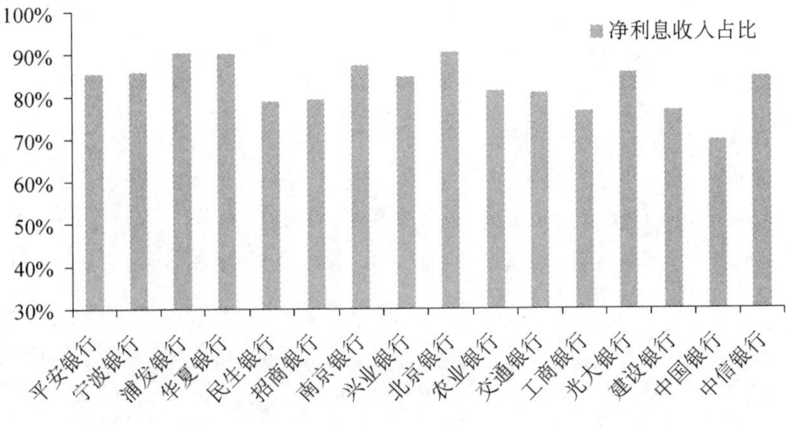

注：数据来源于 Wind 数据库。

图 5－6　2011 年各上市银行净利息收入占比

加息通常被中央银行运用于宏观经济运行偏热时期，一般会对上市银行的净利息收入产生有利影响；降息手段通常出现于经济显现下行风险时，其作用在于通过贯彻适度宽松的货币政策，刺激经济发展，防止通货紧缩。降息一般对银行的净利息收入产生负面的影响；当存款准备金下调时，意味着上市银行可以将更少的款项上存中央银行，由此上市银行可以将释放出来的存放中央银行的款项重新运用于收益率较高的贷款或是资金业务，提升净利息收入水平，反之，则会拉低净利息收入水平。

存贷比即贷款总额与存款总额的比，对于以贷款为主要资金运用渠道的我国上市银行而言，这一比例是影响银行净利息收入总体水平最为关键的指标。一般而言，存贷比较高的银行，净利息收益率也相对较高；在息差收窄的趋势下，存贷比较低的大银行息差收窄幅度较小；反之，当货币政策调整导致息差加大时，存贷比较高的银行获得的收益可能也较大。

（二）银行的非利息收入及其影响因素

非利息收入主要包括净手续费、佣金收入以及其他非利息收入，而手续费及佣金收入是非利息收入的主体。我国上市银行的非利息收入以手续费及佣金收入为主，而手续费及佣金收入的来源是中间业务。我国上市银行能够从事的中间业务主要包括结算、清算与现金管理业务、个人理财及私人银行业务、对公理财业务、银行卡业务、投资银行业务、资产托管业务等。图 5－7 给出了 A 股各家上市银行 2010 年非利息收入的占比。这一占比的简单算术平均值为 15.41。其与上市公司规模、企业性质与净利息收入的占比情况正好相反：国有大型股份制商业银行的非利息收入占比相对较高，而地方股份制上市银行的占比则较低。

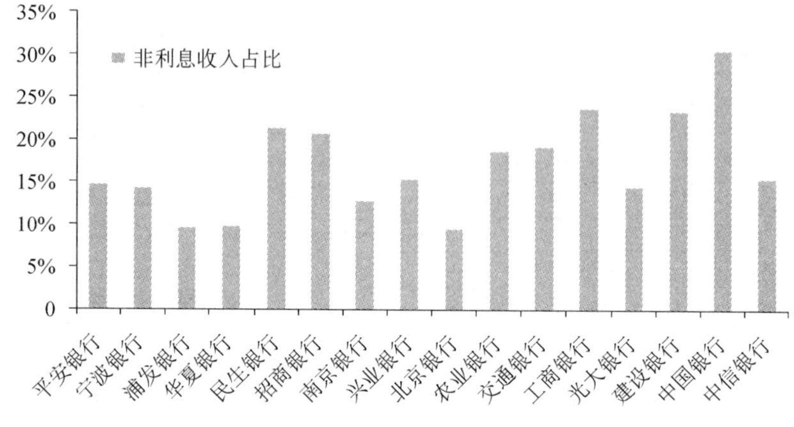

注：数据来源于 Wind 数据库。

图 5－7　2011 年各上市银行非利息收入占比

我国上市银行同国际领先上市银行还有相当大差距。欧美等上市银行非利息收入占比迅猛发展始于 20 世纪 80 年代，其中间业务无论是业务总量还是利润贡献都超出了传统存贷业务。随着融资渠道的增多和市场经济的发展，中间业务越来越成为西方上市银行业务发展的重心。国际领先上市银行的非利息收入约占总收入的 60%，其中的净手续费占营业收入的比重达到 20% ~30%。目前，我国上市银行的非利息收入在营业收入中的占比仍较低，但随着多元化经营的不断拓展、资本市场的成长，非利息收入无疑会成为上市银行新的利润增长点。

上市银行非利息收入的变动同宏观经济环境存在着紧密关系。一般而言，GDP 的持续增长、金融资产规模的稳定增加以及社会财富的不断积累会驱动上市银行的非利息收入快速增长。我国宏观经济的发展和金融资产规模的增长，为结算及现金管理等传统中间业务的发展提供了巨大空间。特别是近几年，企业和居民财富的增加及资本市场的活跃为新兴中间业务的发展创造了空间，理财、信用卡、投资银行等新兴中间业务对手续费及佣金收入的贡献在逐步加大，使得大量社会资本涌入资本市场，基金销售持续火爆，带动资产托管业务量的提升，也带动了重组并购、上市顾问、投资融资顾问以及证券承销等投资银行业务的发展。

宏观经济波动对不同种类中间业务的影响存在着差异。结算与清算、代理收付、银行卡业务等主要依赖上市银行的既有客户基础、网点资源，业务需求比较稳定，上市银行通过持续经营可以连续获得，是手续费及佣金收入中最稳定的部分。理财业务和资产托管业务对资本市场的依赖性较为严重，对资本市场的波动具有较高的敏感度；担保业务、承诺业务是对信贷紧缩较为敏感的中间业务；上市银行汇兑损益、交易损益和金融投资损益易于受到国际金融市场波动的影响。

（三）创新能力决定了上市银行的未来前景

在国际发达金融市场上，随着信贷市场竞争的加剧、金融脱媒趋势推动、传统业务创新和转型，以及金融市场体系整体的发展完善，上市银行的利息收益率呈现整体逐渐收窄、各家银行差距拉大、非利息收入拉动增强等特点。随着我国利率的市场化、资本市场的进一步发展，国内上市银行也会面临这一趋势。

上市银行除需要对自身的业务构成进行调整外，影响上市银行未来业务增长潜力的关键因素就是银行的创新能力。创新能力的强弱直接关系到上市银行能否灵活适应市场环境的变化。未来一段时间，中间业务是驱动上市银行业务成长的新动力。具体到我国的上市银行来说，上市银行收入结构的均衡以及创新能力是影响中间业务持续发展的关键因素。但从中间业务的构成来看，无论是结算等传统中间业务还是理财等新兴中间业务都依赖于银行是否拥有稳定的客户基础和发达的分销渠道。

二、上市银行的估值模式

（一）市场分析评价体系

针对银行业的市场评价体系共有三类，一是权威媒体，如英国《银行家》杂志的排名体系；二是穆迪（Moody's）、标准普尔公司（S&P）等大型评级咨询机构的评级体系；三是资本市场通用的评价体系。

英国的《银行家》杂志的排名系统被公认为业界最具有权威性的专业排名。一级资本和总资产是《银行家》杂志最重要的两个排名指标，此外还有资本资产比率、税前盈利、实际利润增长率、平均资产回报率、资产回报率、成本收入比率、资本充足率和不良率等。《银行家》2010 年按照一级资本进行排名的前 1 000 家大银行中，位居第一位的是美国银行。我国的工商银行、中国银行和建设银行分别位于第 7 位、第 14 位和第 15 位。

穆迪投资者服务公司和标准普尔公司是全球著名的评级咨询机构。穆迪公司的评级为长期债务级别、短期债务级别和综合财务实力级别三类，其中，银行综合财务实力评级代表了对银行固有安全性及稳健性的评价，评级指标包括财务基本面、特许权价值、业务和资产多元化以及银行经营环境中的风险因素。

标准普尔公司的评级分为长期债务评级、短期债务评级和银行基本实力评级三类，其考察的范围包括银行的风险控制能力、盈利能力、所有权结构、发展战略、贷款结构等，评级指标包括资本充足率、逾期贷款占比、ROAA、总资产和净利润等。

（二）上市银行价值的基本评估方法

现金贴现流法是对银行最基本的价值分析方法，也是最常用和最前瞻性的方法。它是通过建立财务模型来预测银行未来一段时间的盈利和股利状况，并设定银行的终值（出让价值），然后将每年的现金流和最后一年终值贴现到内在价值的企业价值分析方法，其计算公式为：

$$上市公司价值 = \sum_{t=1}^{N} \frac{CF_t}{(1+r)^t} + \frac{终值}{(1+r)^N}$$

其中的 CF_t 是各期的现金流，r 是贴现率。从上述公式可以看出，现金贴现流法的关键在于确定贴现率、每年现金流和终值。对上市银行，通过采用拟分配股利（DPS）作为可预期的现金流（CF）进行价值分析。贴现率是股本投资者必要的回报率，通常称为股本成本。在计算中，最常使用的是通过资本资产定价模型（CAPM）来估计贴现率，计算方法为：

$$R_i = R_{rf} + \beta(R_m - R_{rf})$$

即：

股本成本 = 无风险利率 + 贝塔值 ×（市场平均收益率 - 无风险利率）

同时，对银行股票，通常采用拟分配股利作为投资者可预期的现金流进行价值分析。预测未来股利的关键要素是上市公司每股收益（EPS）、分红率（POR）的预测，从而得到对每股股利（DPS）不同增长模式的预测。通常有：

DPS = EPS × POR

1. 根据对股息增长率的不同预测，市场上流行的股息贴现价值分析模型可分三种类型：

（1）稳定增长股息贴现模型，即银行的 EPS 持续稳定增长，因而公司的 DPS 已处于稳定增长之中。这里暗含的一个假设为股息支付比率（Pay - Out Ratio，POR）是固定的，所以 DPS 的增长率在 POR 确定的情况下和 EPS 的增长率是相同的。

（2）在初始阶段高速增长一定年份，然后进入稳定增长的两阶段增长模型，即公司在某一阶段会出现 EPS 的高速增长，同时 POR 也可能发生变化。通常估计银行前三年或者前五年的 EPS 增长较快，POR 是可以明确预期的，所以在前三年或者前五年，采用较高的 EPS 增长，在该阶段结束后，EPS 增长会进入到稳定增长阶段。

（3）三阶段股息贴现模型，即某一阶段 EPS 会出现高速增长，DPS 也高速增长；但在该阶段结束时 EPS 增值率会逐渐下降，DPS 增长率也逐步下降；最后 EPS 进入稳定增长阶段，DPS 也进入稳定增长阶段。

2. 通过对银行主要财务数据的预测，可以得到银行未来的净资产和净利润数据。结合银行的股权结构，可以计算出银行的市净率及市盈率，从而为银行的价值评估奠定基础。资本市场常通过两个指标的横向比较来判断银行的成长性及风险性。

（1）市净率。市净率的计算公式为：

$$市净率 = \frac{股票市价}{每股净资产} \tag{1}$$

在公式（1）中，每股净资产的多少是由银行的经营状况决定的，银行的经营业绩越好，其资产增值越快，股票净值就越高，股东所拥有的权益也越多，因此，股票净值是决定股票市场价格走向的主要依据之一。当然，判断投资价值时也需要考虑当时的市场环境以及银行经营情况、盈利能力等因素。

（2）市盈率。市盈率（P/E）计算公式为：

$$市盈率 = \frac{股票市价}{每股盈利} \tag{2}$$

公式（2）综合了投资的购买价格与股票未来收益两个方面，因而在分析上具有重要价值。在现实的指标运用中，投资者往往结合已掌握信息和预测数据，对目标银行的市盈率和市净率进行测算。表 5－1 给出了 A 股上市银行市盈率与市净率指标（平安银行各指标为当时深发展银行数据）。

表 5－1　　上市银行市盈率与市净率指标

银行	市盈率	市净率
平安银行	8.75	1.47
宁波银行	8.60	1.14
浦发银行	6.54	1.14
华夏银行	8.90	1.17
民生银行	5.97	1.26
招商银行	7.20	1.57
南京银行	9.22	1.28
兴业银行	5.54	1.23
北京银行	6.78	1.22
农业银行	6.63	1.34

续表

银行	市盈率	市净率
交通银行	5.80	1.08
工商银行	7.25	1.62
光大银行	6.76	1.26
建设银行	7.30	1.54
中国银行	6.62	1.16
中信银行	6.12	1.12

注：截止日期：2011 年 11 月 30 日，数据来源于 Wind 数据库。

投资者在选择投资组合时，通常对国内多家可比上市银行的市净率、市盈率进行横向比较对比分析，而且对各家银行的未来相关指标进行预测。这样可以使投资者有更为清晰的思路：根据预测的市盈率及市净率指标，结合各银行的当前股价及未来目标价格，投资者就可以判断哪家银行未来的投资价值高，具有投资潜力，从而有针对性地选择投资策略，规避风险，获得投资收益。

同样，资本市场估值体系变化也会强化股价变动。以常见的 P/E 估值模型为例，在上市银行处于上升时期中，放贷加速，不良贷款不断走低，利润高速增长，市场通常会认为上市银行拥有良好的盈利前景，有意无意地忘记其中所包含的风险，不断提高 P/E 估值的倍数，从而将目标价格不断提高。与之相反，在上市银行步入下行阶段时，信贷萎缩，不良贷款攀升，利润下滑，市场则往往被悲观情绪左右，下调 P/E 倍数，其结果是目标价格不断下降。

（三）上市银行的财务指标分析体系

考察上市银行经营水平和盈利能力的指标可以分为几个大类：结构性指标、规模性指标、盈利性指标、风险性指标、效率性指标五个大类。

结构性指标的构成如表 5－2 所示。在资产结构中，生息资产是贷款及投资资产、存放在中央银行款项、存放在同业款项等指标的总称。生息资产是一家上市银行净利息收益的基础，在相同利率环境下，不同的生息资产结构将导致资产平均收益水平的差异。在贷款结构中，零售贷款主要是住房按揭贷款、经营性贷款、信用卡透支和耐用消费品消费贷款等。鉴于消费会成为推动经济增长的主要动力，随着经济发展和增长模式的改变，以消费为主的零售业务具有更大的发展空间。

表 5－2　　　　　　　结构性指标

具体指标	计算方法
资产结构	
生息资产结构	各类生息资产（贷款/债券/资金业务）占总资产比重
贷款结构	零售贷款比重
	各行业贷款/各地区贷款在总贷款中的比重
负债结构	
付息负债结构	各类付息负债（存款/发行债券/资金市场负债）占总付息负债的比重；存款占负债比重
存款结构	公司 VS 个人存款比重
	活期 VS 定期存款比重
业务结构	
收入结构	非利息收入占营业收入的比重
贷款客户结构	公司贷款占总贷款比重
	零售贷款占总贷款比重

在业务结构中，非利息收入占营业收入的比重是一个很重要的指标。在发达国家的银行业中，非利息收入一般都占其营业收入的 40% 以上，而我国这一比例只有 15% ~20%。能在这一领域有所突破的上市银行，无疑拥有更好的发展前景。

盈利性指标的构成如表 5－3 所示。其中的平均总资产回报率是考察上市银行盈利能力的关键指标之一，它可以扣除各监管政策差异导致净资产差异的影响，增加不同银行盈利性的可比性。

表 5－3　　　　　　　盈利性指标

具体指标	计算方法
拨备前利润（PPOP）	当期税前利润与当期提取的拨备之和
平均总资产回报率	净利润/总资产平均余额 ×100%
平均净资产回报率	净利润/净资产平均余额 ×100%
每股收益（EPS）	本期净利润/期末总股本
净息差	生息资产平均收益率－付息负债平均付息率
净利息收益率（NIM）	净利息收入/生息资产余额 ×100%
净利润增长率	本期净利润/基期净利润 ×100%
风险调整后资本回报率	（营业收入－经营成本－预期损失）/经济资本

风险性指标如表5－4所示。从银行的价值实现链条看，收入减支出、费用后并不等于税前利润，这个过程还要对不良资产做减值拨备（即提取当期拨备），减值拨备的大小对税前利润具有重大影响。要增加利润、提高银行的价值就要控制风险，减少相应的拨备。

表5－4　　　　风险性指标

具体指标	计算方法
资产质量	
不良贷款率	不良贷款余额/总贷款余额×100%
不良贷款拨备覆盖率	不良贷款损失准备/不良贷款余额×100%
不良贷款形成率	当年新增不良贷款/上一年良好类贷款（正常＋关注）总额×100%
信贷成本	当期计提贷款损失准备/年均贷款余额×100%
资本以及流动性	
资本充足率（CAR）	（核心资本＋附属资本）/风险加权资产×100%
核心资本充足率（CCAR）	核心资本/风险加权资产×100%
存贷比	贷款/存款×100%
市场风险	
风险价值（VaR）	由银行内部管理部门制定定量模型进行计算

效率性指标如表5－5所示。效率是指银行业在业务活动中要素投入与服务产出之间的对比关系。它衡量在既定的投入下，银行是否能通过资源的配置和充分运用来获取更高的产出。

表5－5　　　　效率性指标

具体指标	计算方法
成本收入比	营业费用/营业收入
人均营业收入	营业收入/员工总数
人均净利润	净利润/员工总数
人均员工费用	员工费用/员工总数

三、构建综合评价指标用于选股

在选择具体的上市银行时，可以考虑将上市银行的各类指标赋予相应的权重后形成一个综合指标，根据综合指标的优劣对多家上市银行进行选择。公式表示如下：

$$P = w_1 \cdot I_1 + w_2 \cdot I_2 + \cdots + w_n \cdot I_n$$

即将不同的指标 I_i（$i=1, \cdots n$）赋予相应的权重 w_i 后综合形成一个正向指标 P。

综合考虑上市银行的经营现状、未来发展前景、风险管理水平，并结合当前股票价格在市场中的表现，本小节设定了一个针对上市银行选股的综合指标，指标构成及其相应权重如表 5－6 所示。

表 5－6　　选股指标权重设定

指 标	权 重
资本规模（CS）	50%
近三年中间业务收入平均增长率（ROMB）	30%
核心资本充足率（SRCC）	10%
市盈率（P/E）	10%

上市银行的净利息收入占据了全部收入的绝对比重，这一特征能反映上市银行盈利能力的持续性，鉴于资本规模能综合反映上市银行获取利息收入的能力，同时也能反映出上市银行的既有客户、网点资源等硬实力，因此将其作为评价上市银行获取净利息收入的指标，并赋予 50% 的权重；中间业务收入占比会持续增加是银行业的发展趋势，上市银行拓展中间业务的能力决定了公司未来成长的空间，采用上市银行近三年中间业务收入平均增长率来衡量公司的未来发展前景，赋予权重 30%；上市银行经营的核心是平衡风险和收益之间的关系，谋求较低风险基础上的较高收益，采用核心资本充足率来衡量上市银行管控风险的能力，赋予权重为 10%；上市银行的市场表现利用市盈率指标来衡量，赋予权重为 10%。所选择的四个指标的单位各不相同，将其进行单位化处理，并置于区间［0，10］内。计算结果如表 5－7 所示。

按照这一综合指标计算，排名前 6 位的上市银行依次是工商银行、中国银行、建设银行、农业银行、兴业银行、宁波银行。需要提起注意的是，随着宏观经济背景的变动以及上市银行经营业绩的改变，得分顺序会相应变动。此外，投资者可以根据自身偏好调整相应的权重指标。

表 5-7　　2010 年上市银行综合评价指标

	CS	ROMB	SRCC	P/E	综合得分
平安银行	0.5406	3.0712	5.1636	9.3085	1.2395
宁波银行	0.1956	9.6611	9.0909	9.5532	3.8394
浦发银行	1.6283	5.3674	6.8145	7.0426	2.9202
华夏银行	0.7729	-0.0502	4.8364	9.5745	0.3039
民生银行	1.3551	7.2129	5.8691	6.3936	3.2404
招商银行	1.7851	3.3397	5.8473	7.8404	2.1014
南京银行	0.1646	1.3659	10.0000	10.0000	1.4756
兴业银行	1.3743	10.0000	6.4000	5.9894	4.2308
北京银行	0.5448	7.3346	7.6436	7.2979	3.2172
农业银行	7.6809	5.5417	7.0909	7.0213	5.4509
交通银行	2.9361	3.8712	6.8145	6.2340	3.0753
工商银行	10.0000	4.7877	7.0255	7.7872	6.0627
光大银行	1.1026	4.6208	5.9273	7.2979	2.2830
建设银行	8.0323	4.9947	7.5636	7.6702	5.4570
中国银行	7.7719	6.6483	7.3382	7.0851	5.8624
中信银行	1.5465	9.2093	6.1455	7.2340	3.8870

注：上市未满三年的银行按照上市最长历史计算，原深发展 A 现已更名为平安银行。

四、上市银行股的介入时机问题

银行业的经营具有很强的周期性，如何选择合适的时机持有上市银行的股票十分关键。投资者可以依靠美林投资钟模型的原理辅助决策。美林的投资钟模型，是将资产轮动及行业策略与宏观经济周期联系起来的一种直观方法。美林公司用超过 30 年的数据予以验证后发现，尽管每轮周期都有其独特之处，但仍存在明显的相似之处。因此，这一分析框架有助于投资者识别经济中的重要拐点，从周期的变换中获利。

投资钟将经济周期分为衰退→复苏→过热→滞胀四个阶段，每个阶段可以由经济增长和通货膨胀的变动方向确定，每个阶段都对应着超过大势的某一特定类资产：债券→股票→大宗商品→现金。对于银行股来说，它同可选消费股一样对利率是敏感的，在一个周期中最早有反应。在中央银行放松银根、增长开始复苏的衰退阶段末期和复苏阶段它们的表现最好。

第三节 银行股选股案例分析：借力外资发展中间业务——建设银行

一、建设银行与美国银行合作的背景

我国对国有商业银行的改革实践表明，单靠国内的力量，无法克服旧体制遗留下来的经济关系和行政干预的缺陷，很难从根本上提升国有商业银行的核心竞争力，提高其持续发展的能力。在此背景下，2003 年 7 月 24 日银监会印发了《推动公司治理结构、建设制定重组改制方案的通知》，将引进境外战略投资者作为国有商业银行改革的重要环节之一。2003 年 12 月 30 日，随着中央汇金投资有限公司分别向中国银行和中国建设银行各注资 225 亿美元，我国国有商业银行股份制改革试点正式启动。而意欲在港上市的建设银行正是在这一背景之下开始了其与境外战略投资的合作之路。2004 年 9 月 17 日，中国建设银行股份有限公司依法成立，目标是力争利用 3 年的时间，在公司治理结构和国际通行的财务指标方面，达到并保持国际排名前 100 家的银行中等以上水平。

二、建设银行与美国银行的战略合作

（一）建设银行与美国银行合作的历程

2005 年 6 月 17 日，建设银行与美国银行签署了《股份和期权认购协议》和《战略协助协议》。根据协议，美国银行将分阶段对建设银行进行投资，未来数年内美国银行可增持建设银行股份至 19.9%。同时，根据战略合作协议，美国银行将在众多领域向建设银行提供战略性协助。这些领域包括公司治理、风险管理、信息技术、财务管理、人力资源管理、个人银行业务（包括信用卡）以及全球资金服务等。

2006 年 3 月 22 日，双方共同宣布，自 2006 年 4 月 1 日起，中国建设银行“乐当家”理财卡开通境外交易功能，其持卡人在美国银行的 ATM 上可以享受取现免手续费服务；同时，美国银行的借记卡客户和 ATM 卡客户可以在中国建设银行的 ATM 上享受同等服务。

2006 年 8 月 24 日，建设银行与美国银行签署收购协议，以美银（亚洲）

2005 年底账面净资产的 1.32 倍即 97.1 亿港元收购美银（亚洲）的全部已发行股份。同时，签署了《过渡期服务协议》，约定交割完成后，美银在风险管理、营运管理和 IT 等多方面继续向建行及原美银（亚洲）提供最长期限为 18 个月的支持服务。

2007 年 4 月 13 日，中国建设银行董事会批准了《中国建设银行与美国银行信用卡合作谅解备忘录》，开始双方在信用卡领域的合作；同年 12 月 28 日，建行与美银合资设立的建信金融租赁股份有限公司在北京开业。

2008 年 5 月 28 日，建设银行宣布，美国银行行使其认购期权，拟以每股 2.42 港元的价格买入 60 亿股建行 H 股股份。

与美银合作后，建行积极推进各项业务的转型，向国际一流商业银行的发展战略目标迈进。建行的战略调整是：从以批发业务为主向批发和零售业务并重转型，从传统业务为主向积极拓展创新业务转型，从以利差收入为主向中间业务收入为主转型，从以国内业务为主向积极开拓外海市场转型。

（二）对建设银行与美国银行合作的分析

1. 建设银行与美国银行合作获益颇丰。从双方实际获得的收益看，汇金公司获得的收益远远高于美国银行。2003 年中央汇金共计投资建行 225 亿美元，加上其余 3 个小股东共计投资 234 亿美元，上市后上述股权的总市值达到约 677 亿美元，较上市前增加了约 442.3 亿美元，增加了 1.89 倍。上市后汇金持股总值为 478.56 亿美元，加上战略投资者购买股份交割获得的 39.66 亿美元，共计 518.22 亿美元。这一数据较上市前增加了 293 亿美元，增加了 1.3 倍。如果以建行收盘的股价 2.55 元看，汇金的权益更是增加了 337.08 亿美元，增加了 15 倍。而上市后美国银行持股市值为 55.51 亿美元，较之前的投入增加了 25.51 亿美元，增加了 0.85 倍，远低于汇金的 1.3 倍。而如果从银行增值金额看，美国银行增值金额更是只相当于汇金的 8.7%。

2. 与美国银行合作对建行发展的积极作用。首先，美国银行对建设银行的投资，有效提升了建行 IPO 的价格。美银最初入股建行的价格仅为高于建行每股净资产的 15%；初次入股后，美国银行又在建行 IPO 时购买了 5 亿美元的股份，同时还参与了建行在纽约、芝加哥、波士顿、伦敦等地的路演活动，有力地支持了建行的 IPO，使得建行以 2.35 港元的 IPO 价格发行成功。

其次，推动了建行的国际化发展。收购美银（亚洲）后，建行在香港的业务规模迅速扩大为原来的两倍，客户贷款从原来的第 16 位飙升至第 9 位，更为重要的是获得了发展香港业务所需的网点渠道、人员、系统、产品和客户，从而快速搭建起在香港的零售业务平台；完成了在澳门、香港、澳大利亚的布局，同时拥有保险、证券、银行等全业务，海外零售银行业务获得长足发展，为建设银行实施海外发展战略奠定了基础。

最后，建行与美银的合作提升了建行的核心竞争力。美银持股建行，不仅提高了建行的资本充足率，美银在公司治理、风险管理、信息技术、财务管理、人力资源管理、个人银行业务（包括信用卡）以及全球资金服务等领域向建行提供的协助，有助于提高建行的核心竞争力。双方在信用卡、租赁等业务的合作，改善了建设银行的业务结构和盈利结构，实现多元化经营。美国银行入股建设银行，也间接表明了建行财务报表的真实可靠，证明其确有投资价值，有利于建行资本市场的再融资。

我国上市银行的中间业务极为落后，正是由于引入了美国银行作为战略投资者，建设银行才能顺利在海外布局，尤其是在中间业务上实现突飞猛进的发展，进而使其净利润连年高速增长，为投资者带来丰厚的收益。仅考察建设银行上市前后的盈利能力比较，与美国银行合作的成就即可见一斑。表 5－8 给出了自 2005 年至 2010 年建设银行净利润增长的情况。

表 5－8　　建设银行净利润　　单位：万元

年份	2005	2006	2007	2008	2009	2010
净利润	4 710 300	4 632 200	6 905 300	9 259 900	10 675 600	13 484 400
增长率	－3. 95%	－1. 66%	49. 07%	34. 10%	15. 29%	26. 31%

2004 年建设银行经过股份制改革，与美国银行实现合作之后，历年均保持着强劲的增长势头。受金融危机影响，在 2009 年，经营业绩出现短暂的下滑后，于 2010 年迅速恢复增长势头，实现了 26. 31% 的净利润增长率。

第六章
券商板块选股方略

我国证券行业已经进入规模爆发增长、盈利显著增强的黄金时期，相关研究认为[①]证券行业营业收入有望从2012年的1 295亿元提高到2020年7 000亿～8 800亿元，符合增速超过20%；净利润从2012年的467亿元提高到2020年2 927亿～4 214亿元，符合增速超过30%，ROE从2012年的4.17%提高到2020年的12%～17%；总资产规模从2012年的1.7万亿元提高到2020年的24.2万亿～49.6万亿元。证券行业未来毫无疑问，将是一个高成长的行业。在一个高成长的行业中，如何寻找到高成长的个股？本章将对这一个问题进行深入的研究探讨。第一部分重点从海内外同业经验出发，考察券商股高成长特征；由于我国券商股在业务上具有较强的同质性，券商传统四大业务占据了收入的80%左右，业务结构的单一使得竞争更加激烈，那么在传统的业务竞争红海中，能否找到可以突围的高成长券商股呢？第二部分从美国嘉信理财的案例出发，考察券商业务红海的突围之路；第三部分以中信证券为例，并进行了案例分析。

第一节 券商股高成长性特征：基于海外同业经验分析

中国的券商股是成长股还是周期股？在目前经纪业务佣金率长期下降趋势难改的背景下，中国券商股的长期价值何在？内地证券股是否还有足够的业务空间供其发展？哪类券商可能最终会形成自身特色并为投资者带来长期

① 潘洪文：《模式转变＋杠杆提升证券行业进入爆发增长时代》，2013年中信证券研报。

超额收益？这里尝试从国外同业经验的角度在更为广阔的历史区间内，结合我国券商股的实际，对这一问题进行研究①。研究认为，如果将考察区间拉长，无论是股价还是业绩表现，海外同行均表现出了长期的成长性。

一、国际同业比较：股价的维度

为了研究海外同业的股价表现，我们从美国、日本、韩国的证券行业中选取最具代表性的公司作为样本来分析（主要按照流通市值和业务特色选取）。在美国同业中，我们选取摩根士丹利、高盛和嘉信理财，这三家美国知名证券公司业务种类多样化，各自拥有独具特色的业务模式。

（一）美国的案例分析

美国自1975年后开始了佣金率市场化改革，历经多年的起伏，涌现出大摩、高盛、嘉信理财等各具特色的行业翘楚。从近20年的表现来看，无论是纯经纪商模式的嘉信理财，还是以投行业务为主的大摩和高盛等公司的股价均远远跑赢大盘指数（标普500指数）。

1993年至2010年期间，大摩、高盛、嘉信理财的股价涨幅分别是美国标普500指数的2.1倍、3.4倍和9.8倍。尤其是嘉信理财，在过去20年多间涨幅惊人。当然，受2000年互联网泡沫破裂以及2008年金融危机影响，美国证券公司股价波动明显。2000年互联网泡沫破裂后，大摩、高盛和嘉信理财的股价从最高点下跌30%～80%之间。而在2008年全球金融危机期间，三大证券公司从高点回落的幅度也在50%左右，在两轮危机期间，三家公司的股价跌幅均是远超大盘指数跌幅。

由此可见，美国同业在短周期也具有相当强的周期性。但从长期来看，有鲜明业务特色的美国证券股均大幅跑赢大盘指数，具备良好的成长性（见图6-1）。

（二）韩国案例

类似美国市场，自20世纪80年代以来，韩国同业的股价也大幅跑赢韩国KOSPI指数。1985年至1995年期间，大宇证券和现代证券的股价涨幅分别是大盘指数的6.8倍和2.1倍。之后韩国金融业在亚洲金融危机之后进行了大刀阔斧的改革，原先股价表现趋同于KOSPI指数的KIWOOM证券和三星证券逐渐崭露头角，大幅飙升，从1985年起至2010年，股价涨幅分别是大盘指数的12倍和8.6倍，表现后来居上，超越大宇证券和现代证券。尤其是KIWOOM证券，作为线上经纪商的代表，其股价飙升10倍以上，增幅

① 王鸣飞：《长期的成长股——证券行业长期系列价值报告》，2011年6月13日东方证券研报。

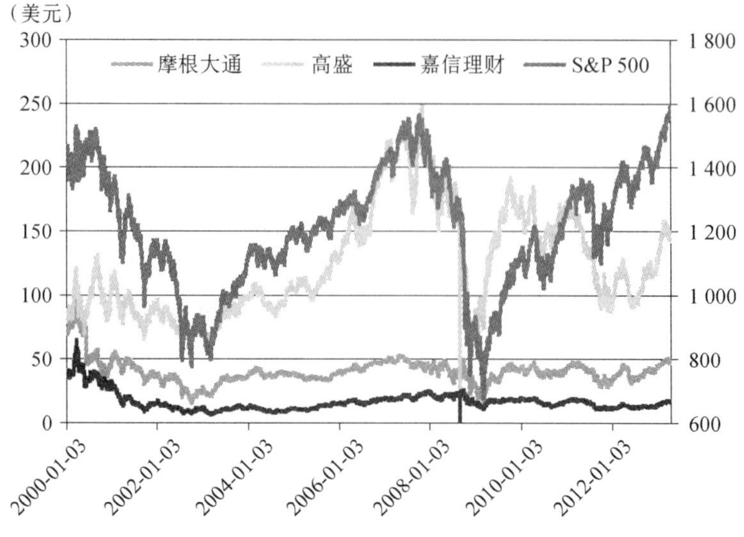

数据来源：bloomberg，东方证券研究所，国信证券。

图 6－1　美国券商股股价与标普 500（右）走势比较

为行业之最。总体来看，韩国证券公司股价的整体表现也远超大盘指数。

当然，1997 年亚洲金融危机、2000 年互联网泡沫破裂以及 2008 年全球金融危机期间，韩国证券股无一例外的遭遇集体下跌，且跌幅也大于大盘指数。由此可见，韩国证券业在短周期内也具有较强的周期性。但从长期来看，除 Tong Yang 证券外，其他券商股股价均大幅跑赢大盘指数。

（三）日本案例

日本是证券业发展较早的国家，其证券行业经过高速发展已经处于成熟阶段。日本在 20 世纪 80 年代经济泡沫破灭之前，券商股股价均大幅跑赢日经 225 指数，5 年内最高涨幅为大盘的 3.5 倍，幅度惊人，然而泡沫破灭后，券商股股价大幅下跌，之后随大盘大幅波动，在 1999 年和 2005 年又大幅跑赢大盘指数。从长期而言，股价与大盘表现基本同步。

总体而言，中短期内以上市场的样本公司股价均表现出远高于市场的波动性，即典型的周期股，这与目前我国券商股的现实相一致。不过在一个长周期内，绝大部分海外同业的股价均大幅跑赢大盘指数。因此至少在股价层面，海外证券公司在长周期内表现出了成长股的特征。

二、美国券商长期成长性：基于业务的维度

在上一节仅从股价角度阐述了海外证券股的成长性，下文中我们将具体结合美国同业的案例，从业绩角度展示海外同业的长期成长性。

（一）高盛：业务结构调整历程

高盛是全球历史最悠久、规模最大的投行之一。公司在 20 世纪 60 年代依靠机构销售业务迅速做大，70 年代抓住“反恶意收购”的契机在投行界异军突起，80 年代收购 J. 阿朗公司，进入期货和衍生品市场，而 90 年代公司又大量开拓资本中介业务和资产管理业务等，逐步发展成全球著名的综合性金融服务公司。图 6 – 2 显示，随着其业务结构的不断调整优化、业务种类的不断丰富，高盛公司的净利润由 1995 年的 13. 48 亿美元增长到 2009 年的 133. 85 亿美元，增幅接近 10 倍。

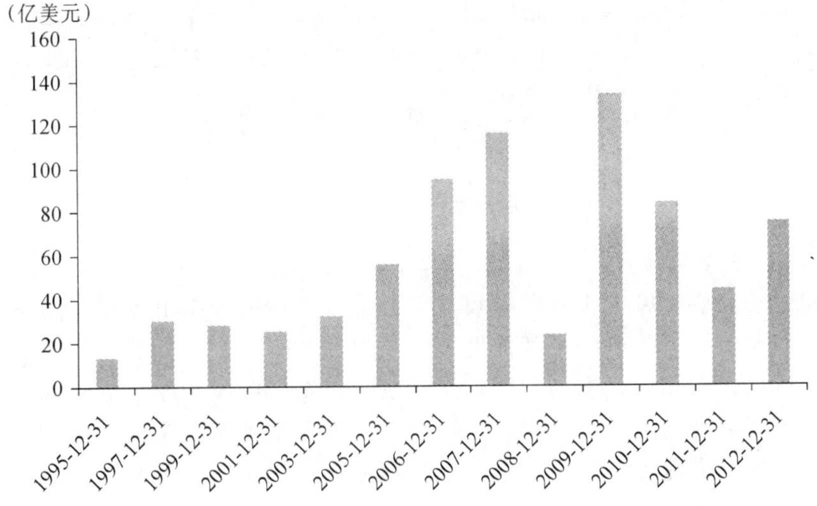

数据来源：bloomberg，东方证券研究所，国信证券。

图 6 – 2　高盛历年净利润变化图

（二）摩根士丹利

摩根士丹利由 JP. 摩根的投行部发展过来，早年一直致力于拓展其投行业务，后来逐渐扩展其业务范围，从单纯的投资银行和公司贷款业务拓展到兼并收购等财务咨询服务、场外市场交易、融资和做市服务及全球大型机构的财富管理服务，成为全球领先的综合性金融服务公司。图 6 – 3 显示，随着业务的不断拓展，其历年净利润增加迅猛，从 1985 年的 9 285 万元增长到 2006 年的 74. 72 亿美元，涨幅接近 80 倍。但受金融危机影响，其 2008 年净利润大幅下滑至 17. 07 亿美元，2009 年净利润继续下滑至 13. 46 亿美元。由此可见，从长周期看摩根士丹利净利润呈现出良好的成长性，不过短期内也会受到市场波动的影响。

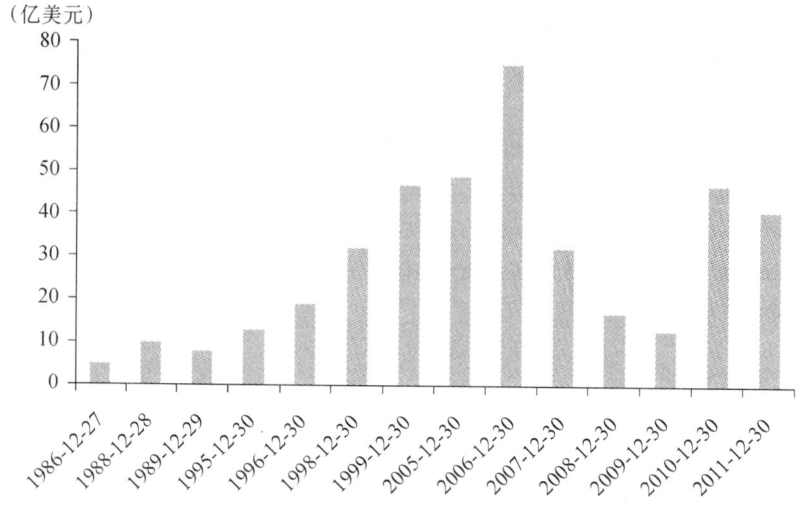

数据来源：bloomberg，东方证券研究所，国信证券。

图6－3 摩根士丹利历年净利润变化图

（三）嘉信理财

相比于高盛、摩根士丹利等投行而言，嘉信理财的历史较短。其于1971年作为一家传统的小型经纪商注册。公司抓住20世纪70年代美国佣金率自由化的机遇，利用电话交易和网上交易系统，发展低成本经纪业务。90年代以后，公司也开始尝试资产管理、投资咨询等其他业务，但仍以经纪业务为主。由于这几类业务在技术、市场和管理方面有很强的关联性，公司的经纪业务得以不断壮大。

公司从20世纪80年初开始盈利，其后净利润快速增长，从1985年的1 100万美元增长到2008年12.1亿美元，年复合增长率为22.7%，连续20年以上保持20%以上的复合增长率。发展至今嘉信理财已成为一家不可小觑的金融服务公司之一。

由此来看，尽管短期内海外同业的业绩和股价波动很大，呈现出明显周期股的特征，但在长期内大多数公司均表现出明显的成长股特性。

三、我国券商股：突出高成长空间

尽管我国证券市场经过20年的快速发展，券商作为一个整体也得到长足的发展，但与国际同业相比较，无论在发展业务还是市场空间，都具有较大的提升空间，这无疑保障了券商股未来突出的高成长空间。

（一）业务层面：仍处在起步阶段

当前，中国内地证券公司从事的业务主要包括经纪、投行、资产管理、自营业务等，约占上市券商收入的80%以上，其中经纪业务佣金收入更是占据证券公司业务收入的半壁江山。而融资融券、股指期货、直投等新业务由于推出时间较短，对整个证券业的贡献还不明显。

根据券商财报，上市券商2012年前三季度营业收入为467.56亿元，其中经纪业务收入162.6亿元，占比34.78%；承销保荐业务收入57.39亿元，占比12.27%；资管业务收入15.93亿元，占比3.41%；利息收入75.48亿元，占比16.14%；自营业务收入107.5亿元，占比22.99%，成为仅次于经纪业务的第二大收入来源。

相比中国内地券商，美国同业的业务种类繁多，业务收入结构更为多元化。2000年以后，佣金收入、投资收益、证券承销、融资融券等收入合计仅占到美国证券公司业务收入的40%不到。其余60%的业务收入来自多项业务，包括做市业务、大宗交易、资产管理、基金代销等等。

结合高盛的案例，就创新业务对该公司乃至整个美国证券业的发展进行简要分析。从高盛的发展历程来看，20世纪60年代，高盛在机构业务快速增长的背景下，依托原有的投行销售队伍，大力发展大宗交易业务和研究业务。70年代，高盛利用其良好的投行品牌和资源，发展并购和反恶意收购业务，将投行业务由单纯的证券承销拓展到了收购兼并及咨询领域。80年代，高盛在商品期货大发展和垃圾债迅猛扩张的背景下，依靠收购商品期货公司等方式发展商品及固定收益业务。90年代，高盛转变商业模式，介入资本中介业务，加大了对包括直投、衍生品投资、另类投资等领域，同时其资产管理业务也得到了很大的发展（见图6-4）。

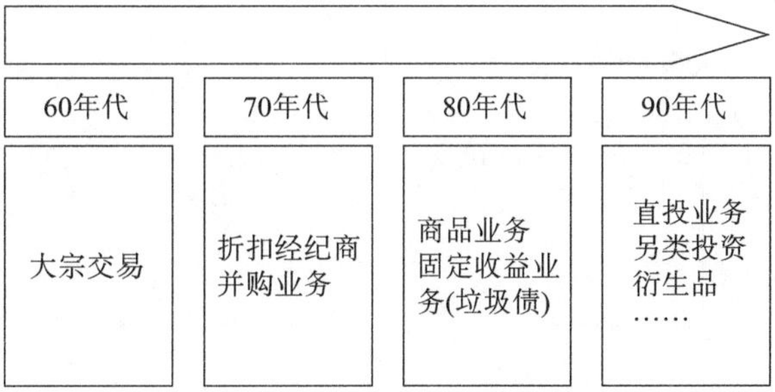

图6-4　美国证券业务发展概览

时至今日，高盛的业务主要分为三块：投资银行、交易及本金投资和资产管理及证券业务。2009年交易及本金投资业务收入占比达到76%，是高盛业务中占比最大的一块；投资银行业务收入、资产管理及证券业务收入则各占10%左右。倘若将高盛公司这三块业务进一步拆分，可以发现其业务范围相比国内券商要广泛得多，而其佣金收入占比极低。

（二）业务结构升级：未来券商的核心竞争力

近两年，我国证券公司经纪业务佣金率大幅下滑，成为市场关注焦点之一。但事实上，我国证券公司面临的更深层次挑战在于，在监管放松、原有的政策壁垒保护完全丧失后，券商可能将不得不考虑改变原有商业模式、重新建立自身的核心竞争力。

过去20多年中，由于政策保护，我国证券行业的快速成长基本建立在相对粗放的规模扩张上。一家普通券商只要获准新设网点，吸引（甚至只是等待）客户交易，就能坐享交易佣金。然而随着当前营业网点数的不断增加，预计处在完全竞争环境下的经纪业务佣金率可能难逃长期下滑的局面，而证券公司原本依赖规模扩张的增长模式在毛利率迅速下降的势头下已行不通。我们认为，结合海外及我国证券公司实际情况，预计我国证券行业未来几年将在微观层面谋求产业升级，以改变原有盈利模式，建立全新的竞争力，我们将这场变革称之为“业务结构升级”。

与产业结构升级的方式类似，我们认为证券公司的业务结构升级同样包含两层意思。第一，利用全新的商业模式、组织架构、管理方法等，提高原有业务的竞争力。以经纪业务为例，相比简单收取通道收入，券商通过在投资咨询服务上加大投入，培育竞争力，能够有效地做到差异化服务，达到自身经纪业务的升级，美林证券就是一个比较好的案例。第二，进行业务转移，提升高壁垒、高附加值业务占比，即证券公司结合自身优势，在发展过程中对能形成核心竞争优势的业务加大投入，逐步提高某项或某几项壁垒高的业务收入占比（见图6－5）。

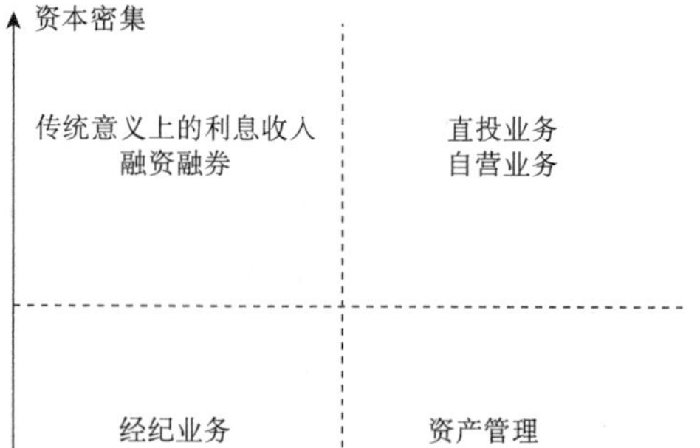

图6－5 证券公司各业务竞争力分解

总体来看，目前我国证券公司在进行业务结构升级方面仍处于比较主动的位置，未来几年来自经纪业务的垄断利润还不会马上消失，资产收益率仍维持在比较高的位置。证券公司依然能够通过原有经营模式下的收入来贴补创新、升级所需花费的成本。同时，直投业务、融资融券、股指期货，乃至金融衍生产品等各种创新业务的推出也使证券公司在一个更大的舞台上找准自己定位，选择适合自己的升级方式。

比较来看，美国券商股的业务结构更为合理，不再简单依赖传统的经纪业务收入。高盛、大摩、美林等作为美国传统大型投行，投行业务收入一直占据很大的比重。随着业务结构的调整，美国券商股财富和资产管理业务收入占比逐渐增加；同时这类公司的自营业务收入占比也不容忽视，且多是资本中介业务，而非自担风险的自营股票买卖；传统经纪业务收入则仅占美国证券公司收入的极小比重。即使是以低成本经纪业务闻名的嘉信理财，其佣金收入占比也比国内券商低很多。

从狭义角度讲，未来两年推出的创新业务将持续为证券行业带来增量收入，一定程度上改变证券业以往靠天吃饭的窘境。更宏观的看，我国证券业未来可开拓的业务还有很多，包括新三板、国际板、做市业务、债券期货、代销保险产品、另类投资、大宗交易、金融衍生品等。从海外情况看，新业务及原有业务拓展带来的收入将能完全抵消佣金率长期下滑的影响，使得我国证券业真正成为长期成长的行业。

（三）我国券商高成长股选择：业务结构升级的视角

在新老商业模式面临切换的背景下，行业同质性将不复存在，而大券商未来的境遇将明显好于中小券商。目前市场给予中小券商的高估值溢价应是不可持续的。未来一至两年大小券商间的估值差异有望逆转，大券商应逐步建立起估值溢价。

更为重要的是，在创新推动下，倘若资本市场走好，各类创新业务的需求也将显著提升，即创新业务也将展现其弹性。我们此前经常听到诸如创新业务将使券商彻底摆脱周期的言论，对此我们并不认同。从实证角度看，美国证券业在经历了近 40 年的创新后，经营业绩依然与资本市场走势严格正相关，并非呈现脱离资本市场的情况。而当年的雷曼兄弟虽然在 2002～2006 年期间借助债券业务取得了明显超越实体经济和资本市场的盈利，但在 2008 年也因次贷危机的爆发将盈利还给了市场。而从理论上看，融资融券、直投、约定式购回、资产管理、新三板等绝大多数创新业务均与资本市场走势紧密相关。打个形象的比方，资本市场如池塘，证券公司如其中的鱼，创新的推进只是拓宽了池塘的边界，但倘若水（资金）不进入池塘，证券公司如何折腾也无济于事。因此资金的流入、资本市场的走好对于池塘中想要大展身手的证券公司而言至关重要。

首先从柜台业务发展来看，海通证券、国泰君安已经推出了各自的柜台交易产品。

第二节 券商业务红海突围之路：在传统业务格局下寻找高成长股

券商传统业务已经陷入竞争红海的背景下，是不是就不存在高成长的券商股呢？本文对美国嘉信理财的发展历程进行深入的揭示，只要我国券商能够开展差异化竞争、加快转型步伐并形成持续创新能力，就完全有可能在业务蓝海中实现高成长。

一、券商传统业务：激烈竞争的业务红海

经纪、投行、资管、自营并称为证券公司的“四大传统业务”。传统业务是管理层向券商发放的基础业务牌照，也是目前国内券商最为核心的收入来源。统计数据显示，经纪业务和投行业务收入是国内券商的主要收入来源，这两块业务的收入占到全行业总收入的71%。当所有人都在做同一件事情的时候，价格大战不可避免地爆发了。在当前创新业务对利润贡献有限的背景下，传统业务已经陷入竞争的红海之中。

2005年前后，全国证券营业部仅有2 000余家，到了2013年全国营业部数量已逼近5 000家，所有的营业部都能为客户提供交易通道。管理层规定，券商代理客户买卖股票佣金率上限为千分之三，但事实上，“千分之三”是一个难以企及的高度，2010年，全行业平均佣金率为千分之一点八，2011年，这个数据已经滑落至万分之八。

投行业务的情况稍好一些，但也不容乐观。由于我国资本市场成立时间较短，股票在很长一段时间内都供不应求。尽管大量新股排队发行，但新股上市后股价通常都会上涨，导致二级市场的认购情绪依然踊跃，发行不成问题。

然而，随着工商银行、中国石油等超级大盘股的先后上市，成熟的大项目越来越少，投行不得不转向中小企业IPO。整体而言，A股市场IPO的金

额将呈现下滑趋势，这对高度依赖 IPO 的券商投行业务而言，并不是一个好消息。

券商资产管理业务则面临其他资产管理机构的激烈竞争。目前，公募基金、私募基金、保险（投连险）提供的产品与券商集合理财计划没有太大差异，券商集合理财发行不能公开做广告，在品牌上弱于公募基金，在机制上则落后于私募基金；规模上更是远远落后于公募基金，想要后发先至，需要政策方法出现重大突破。

据有关研究机构统计，在过去 40 年的时间里，美国证券行业净收入从 40 亿美元增长到 2 200 多亿美元，增长了将近 50 余倍。其中，经纪与承销收入增长了 25 倍，而以资本中介为主的业务收入增长了 127 倍。在收入占比方面，传统业务的手续费净收入的比重从 71% 下降到 33%。在这个时期，高盛、摩根士丹利等国际投行的资本中介业务得到快速发展，并取得了优异业绩。但嘉信理财以经纪业务作为出发点，也创造了快速发展的奇迹。这也意味着在传统的红海业务领域，只要能够采取正确的竞争策略，也能够找到突围之路，在传统业务发展中实现高成长之路。

二、20 年 60 倍的证券经纪商：嘉信理财①

总部位于旧金山，成立于 1971 年的嘉信理财（Charles Schwab），是目前世界上最大的经纪商之一。嘉信理财旗下包括有嘉信理财公司、嘉信银行和嘉信理财香港有限公司，提供证券经纪、银行、资产管理与相关的金融服务。根据 2011 年第一季度财务报告，嘉信理财拥有总数超过 810 万个活跃经纪账户，银行账户数量达 71.9 万个，退休计划参与者达 144 万人，管理资产总额逾 1.65 万亿美元。嘉信的客户包括美国国内以及世界各地的独立投资者、独立经纪顾问以及公司退休与投资计划的企业。

公司从 20 世纪 80 年代初开始盈利。其后，净利润快速增长，从 1985 年的 1 100 万美元增长到 2008 年 12.1 亿美元，年复合增长率为 22.7%，连续 20 年以上保持 20% 以上的复合增长率。在 1990 ~ 2000 的 10 年中，嘉信理财公司对股东的投资回报率一直高居美国“财富”500 强公司的前 5 名；公司的主要经营指标，如客户资产、主营业务收入、净利润的复合年增长率都在 25% ~ 30% 之间。

嘉信理财于 1987 年在纽约证券交易所成功上市。在 1992 年到 1997 年短短五年时间，嘉信公司股票价格飙升了 10 倍以上。1997 年，嘉信理财股票

① 王鸣飞：《20 年 60 倍的传奇缔造者》，2011 年 7 月 28 日东方证券研报。

取代摩根士丹利集团被列入标普500指数样本股。从1987年公司上市到2010年末，公司股票的价格上涨达60倍，远远超过同期标普500指数4倍的涨幅，给公司股东带来了丰厚的回报。

（一）时势造英雄：1971～1981年政策变革催生嘉信

查克·施瓦布（Charles R. Schwab）出生于美国加利福尼亚州。1963年，他与其他两个合伙人创办了一份投资咨询杂志《投资风向标》。该杂志发行量最高时，有3 000个订户。查克·施瓦布在1971年投入10万美元资本金，与他人合伙建立了一家传统证券经纪公司“第一指挥官公司”。但是由于厌恶当时经纪业盛行的推销、提供咨询意见以及对投资者的各种形式的诈骗，他决定重新组建公司。1973年他买下了其他合伙人的股权，将“第一指挥官公司”命名为“嘉信公司”（Charles Schwab）。1975年“五一”劳动节，美国证券交易委员会正式批准“经过协商的佣金”制度，标志着证券经纪业务佣金率可以上下浮动。

在此之前，纽交所的会员公司向散户实际收取的佣金，与它向交易10 000股相同股票的保险公司收取的佣金是相同的。在固定佣金制下，证券经纪商的利润事实上是得到保证的，这使得多数证券经纪商不愿开发金融产品或改善客户服务。而当协商佣金制颁布后，不同证券经纪商采取了不同的佣金率策略。比如美林公司不仅没有降低佣金率，反而提高了10%。多数证券经纪商也只对共同基金和机构投资者降低佣金，散户如果不力争，要想经纪商提供低佣金基本是不可能的。

查克·施瓦布在这次佣金率监管制度的大变革中看到了机会。嘉信趁势率先推出了针对所有客户的折扣佣金业务。此外，嘉信与其他经纪商不同，它不向客户提供咨询，以防引起经纪人与客户间的利害冲突，因为咨询在当时已经受到客户的诟病，同时由于无须聘请昂贵的经纪人，其成本也得到了有效控制。由于定位正确，公司吸引了大量寻求低佣金率的散户，一开始便取得迅速发展。每天处理的委托指令一下由200多笔上升到2 000多笔。当年，嘉信公司正式成为太平洋沿岸证券交易所的会员，并在旧金山市以外开设了第一家分公司。

早在创立初期，公司就开始尝试高科技创新，以便提高指令下单精确度及降低日常成本。在1979年，嘉信将其自开业以来积累的全部收益——50万美元投入到“狱吏”清算系统，使其成为第一家实现室内交易自动化的折扣经纪商。这一举措不仅减少了经纪业务的日常处理成本，交易的精确度也要高于同行。其后，嘉信成为第一家工作日24小时提供报价服务的经纪商。事实上，美林在当时也想推出类似服务，但由于这种服务会削弱经纪人的力量，客户不再需要通过经纪人来了解行情，美林强大的经纪人团队强烈反对这一服务。而嘉信的经纪人基本上提供标准化服务，并没有特权，所以能很好地推行这种服务。这样，美林的客户要了解行情必须通过其经纪人，而嘉信的客户则能 24 小时随时了解行情，使得嘉信获得了市场更多的青睐。

到 20 世纪 70 年代末，嘉信公司已然成为世界上最大的佣金折扣经纪商，其拥有 1 450 万美元的收入，9 万个客户。佣金折扣经纪券商在 1981 年迎来第一次大兼并浪潮，发展迅速的嘉信趁机收购了金斯莱（kingsley）、波伊（boye）和索斯伍德（southwood），还收购了莱特曼交易服务公司（letterman transaction services）和里奇维公司（ridgeway），使得公司规模得以迅速扩张，并顺利成为纽约证券交易所会员。

（二）积极创新促腾飞：1982 ~ 1995 年嘉信理财完美蜕变

成长中的嘉信并没有固步自封，陷入一种固定的企业模式中。相反，嘉信公司始终坚持创新，按照自身能力来界定自己的定位。嘉信在这一阶段主要进行了以下三方面的创新：

1. 技术创新。1985 年，公司连续推出三个新的在线产品。由于公司早期就开始科技创新，因而其具备很强的技术开发能力。它首先推出了“均衡器”——一种以 DOS 为基础的应用系统，使得拥有个人电脑的客户能利用嘉信公司数据库的功能，以弥补小投资者力量的不足，也开辟了通向在线服务的途径。而后，由于其“顾问资源”项目势头很好，嘉信又开发了“嘉信连线”——一种收费的金融咨询服务。它允许金融顾问利用嘉信公司的计算机网络进行交易、管理客户。嘉信则负责金融顾问交易记录的保管和报告书的编制，嘉信根据交易笔数和客户资产规模收取费用。这种服务很成功，在所有通过收费的金融顾问引入的资产中，82% 利用“嘉信连线”进行管理。后来，嘉信进一步升级了报价系统，推出“嘉信报价”系统。该系统可以实时检索股价行情，甚至能比别人提前收到重要信息。由于技术的不断创新，公司的新系统在吸引客户的同时也降低了公司的营运成本。

2. 商业模式创新。嘉信 1986 年决定对个人退休金账户采用免费政策。这一决定起初对公司造成的直接损失预估每年高达 900 万美元，甚至可能会冲击嘉信的盈亏底线，但其可能带来的收益则是未知的。然而，嘉信在审时度势之后，仍坚持推行这一策略，并且在短时间内就受到了市场的追捧。个人退休账户迅速增加，吸引了大量客户资产，而嘉信则从客户资产中获取利息收入。这样，嘉信不仅没有出现预估的亏损，反而获利颇丰，当年其净利润就达 3 220 万美元。靠提供免费的平台来吸引客户，进而寻找新的利润点，这可谓是嘉信一次成功的商业模式的转变。

3. 产品线的创新。1982 年嘉信公司推出“嘉信单一账户”，将股票经纪账户和银行账户进行绑定，旨在为客户提供更好的现金管理。这一产品推出不久就开始盈利。而且由于“嘉信单一账户”支付的利率比传统储蓄高几个百分点，客户资金开始大量涌入，而嘉信则从客户资金中获得利差收入。

“共同基金统一账户”——嘉信在 1992 年正式推出免费的基金服务。这是行业内第一个没有附加费、不收交易费的共同基金超市。这个基金超市允许投资者在众多品种相互竞争、无附加费的共同基金中进行挑选，然后把选中的共同基金全部放在一个账户中。这消除了不同基金之间转换的壁垒，给予投资者更大的支配权，而且还对客户免费，只是从在基金超市上柜的基金公司收取 25 ~ 35 个基点的费用。因为基金公司可以在基金超市获得“上柜的空间”、低廉的营销成本、联合广告。这种双赢局面在吸引了基金公司的同时也绑住了大量客户，也使得嘉信赢得了更多的市场份额。而嘉信则从客户并不关注的期间费用和保证金利息中获利。从 1981 年推出“共同基金市场”到“共同基金统一账户”取得成功，嘉信的账户从 30 万个增加到 1994 年的 200 万个。

“顾问资源”——嘉信在 1988 年推出的收费金融投资咨询服务。这个项目为需要理财服务的客户提供一张合格、独立、主要依靠收费的 600 多位金融顾问的名单。反过来，这些金融顾问会将其服务的客户的资产放在嘉信公司，这为嘉信带来了大量的客户资产。这个项目设计很巧妙，既能让客户得到咨询，把客户留住，又没有违背公司最初不提供咨询的理念，也为后来直接向客户提供咨询的转变做了过渡。

由于公司发展迅速，1987 年，嘉信以 2.8 亿美元完成了从美国银行的回购（1983 年，出于对资本金的需求，嘉信公司无奈被美国银行以 5 700 万美元收购）。同年 9 月，嘉信公司（母公司）完成首次公开募股，在纽交所成功上市，总共发售 800 万股，每股 16.5 美元。

到了 1995 年，嘉信公司收入达到 14 亿美元，客户资产达 1 810 亿美元，分公司数达到 225 个。这时候的嘉信已经接触互联网，并开发了多个基于互联网平台的产品，开始向电子经纪商转变。

（三）拥抱互联网奇迹：1995 ~ 2002 年走向转型之路

相对于其竞争对手而言，嘉信最早接触互联网，并在 20 世纪 90 年代初就预见到了互联网的变革力量及其对传统证券经纪业带来的机遇。

考虑到在线交易的超低成本及其广阔前景，1996 年嘉信正式进入互联网交易，推出了“eSchwab”。起初，嘉信对在线交易这个新渠道抱着谨慎的态度，把“eSchwab”作为一个独立的机构分离出来。但是“eSchwab”发展迅速，在短短两周内就开了 25 000 个账户。1997 年底，嘉信在线交易账户就达到 120 万户，带来资产 810 亿美元。网上交易已经占到全部交易的 37%，并且继续呈上升趋势。由于网上交易速度较快，嘉信的价格双轨政策（网下交易佣金率较高）使得客户开始抱怨。鉴于此，嘉信将“eSchwab”和嘉信传统交易重新合并在一起，统一交易价格。这种策略赢得了客户的支持，也为嘉信带来了活力。虽然下调佣金降低了预期收入，但是在线交易在减少公司成本的同时，也增加了交易量；嘉信公司的总账户数从 300 万个增加到 620 万个，公司收入不降反升。到年底，公司在线账户达到 180 万个，嘉信总市值也达到了 230 亿美元，超过了它最强大的对手美林。与此同时，公司也开始进行海外拓展，创建了嘉信公司欧洲分公司，以及在中国香港提供交易服务。并开始与第一波士顿、JP 摩根和大通汉鼎（Chase H&Q）结成联盟，使得嘉信公司客户可以参与首次公开募股。

规模的扩大使得嘉信开始谋求转变，嘉信开始向对手美林看齐。向提供全方位服务转变的嘉信公司贯彻“我也提供”的方针。公司设立了“货币连线”（money link）基金电子转账服务，在美国首创能用中文下达委托指令的网站，同时开始在英国进行在线投资服务，并进入到加拿大市场。由于在线交易发展迅猛，到 1999 年，嘉信公司客户资产超过 7 000 亿美元，收入将近 40 亿美元。公司在线基金超市为 316 个基金家族的 1 900 个共同基金提供上述各种客户端服务和投资管理服务，所服务的基金资产占整个市场的 11%。除此之外，嘉信理财公司还为 5 800 名独立投资管理经理提供客户中介，表现了高度个性化特征，通过这种中介，这些经理人带来了 848 000 个客户账户，2 100 多亿美元资产。

为了寻找一个不像交易佣金那样有升降周期的收入来源，嘉信在 2000 年用 27 亿美元收购一家走高端路线的经纪商——美国信托公司。着手建立了私人客户服务项目，由经纪人为拥有 50 至 500 名百万美元客户提供一对一的服务。客户在那里可以得到全方位的资产管理、理财规划、信托和不动产策划、私人银行服务等。这不仅满足了高层次客户的需要，也为公司带来了新的利润增长点。其后，嘉信公司和巴莱克银行联手，进行网上外汇交易服务。

原本不提供咨询的嘉信也开始适应市场而转变，公司开设了“股票分析家”（stock analyzer），用来提供第三方证券分析师的推荐意见和收益预测。嘉信在 2002 年宣布开设“嘉信股票排行榜”——一种股票研究和咨询的服务，以此作为进入全方位经纪服务的先锋。它用 A 到 F 的各个字母来代表等级，对嘉信公司交易的美国 3 000 多只股票进行评级。这种咨询服务最受欢迎的地方在于其公正性，它推荐卖出的次数和推荐买入的次数相等。而其竞争对手则几乎总是推荐买入，而从不推荐卖出，两者形成了鲜明对比。得益于嘉信过去在自己业务范围内的一系列创新，它在网络交易方面战胜了最大的对手美林。

这时期的嘉信已经正式进入互联网，公司推出的多款产品为客户提供了全面的在线服务，正式转型为电子经纪商，并且开始为客户提供个性化的投资咨询服务，谋求向全面服务的经纪商转变。

（四）发展品牌战略：2002 年至今走向综合全能型

经过 20 世纪 20 年的快速发展，嘉信进入了一个相对平稳的发展阶段。此时嘉信开始大力宣传自己，进行品牌经营，并开始承担起一个大公司应有的社会责任。

2004 年 12 月，嘉信选择 Euro RSCG New York 作为其全方位服务的广告代理商，开始了积极的广告攻势，嘉信开展了丰富的具有针对性的广告活动，拍摄了一系列生动的动漫广告宣传片、积极赞助体育赛事并大力支持慈善事业。在平面媒体、网络、广告牌和分支机构到处可以见到嘉信公司“Talk to Chuck”的广告语。嘉信一系列积极的广告宣传，大大提高了嘉信在社会上的知名度、美誉度及社会责任感，进一步巩固了其在客户心中的形象。

由于嘉信公司主业集中在证券经纪类业务，很少涉及次级债及按揭证券，嘉信在很大程度上成功地避免了 2007～2008 年的金融危机，由于公司规模庞大，嘉信在后期的发展并不冒进，而是亦步亦趋，只在自己擅长的领域进行拓展，从事的也都是彼此关联度较高的业务。

时至今日，嘉信已经发展成为一家集证券经纪、银行、资产管理及相关的金融服务等业务于一身的大型综合券商。近年来经纪佣金在其收入结构中占比已经不到 20%，它不再只是单纯地提供经纪业务，而是开始向全能型卖方证券公司转变。

三、高成长券商的突围之路：嘉信理财的启示

过去两年多的时间里，中国的证券公司不仅经历了经纪业务佣金率快速下滑的局面，而且在投行、资管业务也面临着激烈的竞争。作为一家单纯的经纪商，嘉信理财在美国的成功无疑对我国的证券公司有很强的借鉴意义，其展现出的一些特质也为在传统业务红海中寻找中国的高成长券商提供了一些参考。

（一）差异化竞争

嘉信公司成立之初的宗旨就是向投资者提供最便宜的交易手段。所以，

低成本作为嘉信的经营理念一直贯彻至今。一开始，嘉信就采用与其他经纪商不同的策略。嘉信面向散户而不是像其他经纪商只对大客户收取低佣金。嘉信的佣金折扣是人们通常支付的80%；同样一笔期权交易的费用在其他经纪公司可能需要175美元，而在嘉信只要34美元。嘉信这种聪明的低价策略，一推出就吸引了大批散户，使得公司一下打开了市场。嘉信一方面普遍实行仅高于成本价的平价政策来压制竞争对手和对潜在行业进入者形成进入壁垒；另一方面，嘉信在低价的基础上进一步在细分客户群中引入激励机制。比如，对活跃交易客户提供速度更快的便捷网上通道，对大资产额和大交易量客户提供更加个性化的一揽子服务，对有咨询需求的客户则会提供相应的咨询服务等。

嘉信的低佣金策略能够顺利实施，在很大程度上得益于它的低成本经营。嘉信的经纪人基本上都是低学历的，甚至是行业外的人，而且都不提供咨询服务，这样就可以在很大程度上降低人力成本。并且嘉信的员工领取的都是固定薪酬，工资浮动不大，这也使嘉信能很好地对人力成本进行控制。发展到后期，嘉信通过废止退休金账户收费、设立免费基金超市、拓展低费率的线上交易渠道等商业模式和产品创新，依然维持了其在价格和费率方面的领先优势，力求实现与同业的差异化竞争。

（二）较强的转型能力

嘉信理财能取得成功，在很大程度上是因为其能够结合自身当时的能力、所处的环境进行及时的转型。而且事后证明，每一次转型都使它领先对手一步。

1975年美国联邦证券管理委员会取消统一佣金制后，作为一家规模尚小的经纪商，嘉信理财将自己转型为一家主要服务于中小散户的区域折扣经纪商，一举打败众多经纪商，吸引了大量的客户。1992年，嘉信开始尝试从单纯的折扣券商转为兼营共同基金等综合投资理财业务的提供商，这主要是因为经过20年的发展，嘉信已成为了一家全国性的经纪商，此时其已有能力也有资本提供除交易业务以外的其他卖方业务，而且凭借多年的客户基础，其共同基金和投资咨询服务在开展之后发展速度异常迅猛。

嘉信的第三次重大转型是网上交易的开展。从1995年开始，由于意识到互联网给证券经纪带来的机遇，同时凭借20世纪80年代就开始研究线上交易的先发优势，嘉信开始向“电子经纪商”转变。它领先各大券商推出了网上股票交易业务，其后，与纯网络券商E-Trade展开了长期的网络券商龙头拉锯战。至今嘉信客户中有85%通过网络交易，其网络客户数占全美网上交易客户数的四分之一。虽然E-Trade以纯网络券商先驱之姿抢走嘉信不少份额，但是在两强相争之初，嘉信的服务与整体规划基本上较 E－Trade 来得完备——这与其从事金融证券业的经验及企业本质有关。2000 年以来，嘉信经历了第四次转型。“第四代嘉信理财”不仅仅将焦点放在一般投资大众，而且进一步瞄准了高收入客户，并且收购了美国信托公司。

（三）持续强大的创新能力

创新是一个公司发展的灵魂，嘉信在成立之初就颠覆了传统经纪业的规则，其创造性的定位使其能从众多强劲对手中脱颖而出。在商业模式及产品开发上嘉信总能走在其对手前面，正是嘉信领先市场的创新能力使之快速成长，吸引了越来越多的客户，这一点是很值得我国证券公司学习的。

公司的价值理念——“欢迎剧变”给予创意以生长土壤。好的创意不管来自何方，都能被采用。从公司开发出“狱吏”清算系统，成为第一家实现室内交易自动化的折扣经纪商，到推出领先对手的“嘉信单一账户”；从第一家工作日 24 小时提供报价服务，再到推出不收交易费的“共同基金单一账户”服务——每一次创新和变革，对嘉信而言都是一次跨越。在此期间，嘉信还推出了多款在线产品：“均衡器”、“嘉信连线”、“嘉信报价”系统和免费的个人退休金账户及“顾问资源”。到 1996 年，推出了“eSchwab”，嘉信正式进入互联网交易。

嘉信每一次新产品和服务的推出都走在竞争对手前面，在竞争激烈的折扣经纪行业谁能更快吸引客户谁就占领了先机，嘉信强大的创新能力使公司获得了更多的客户和资产。

（四）嘉信理财的启示：在业务红海中选择高成长券商股

嘉信理财的成功表明，只要有能力实现差异化竞争、找准自身定位并适时根据自身实际进行业务、产品及商业模式创新和转型，即使是从事被多数人视为红海的经纪业务的证券公司也能成为长期的成长股。从长期角度看，我们推荐中信证券，同时华泰证券、广发证券和海通证券也可能是最终突围的标的。

1. 在业务的红海中首先要看在经纪业务市场化和证券行业开放下，能否抵制住经纪业务激烈竞争带来的不利冲击。目前在 19 家上市券商中，区域性券商可以利用其区域垄断优势获得高于其他地区的佣金率，但随着市场竞争的加剧，这种高佣金率将无法继续。特别是随着未来网络经纪商的放开，行业整体佣金率水平无疑将被进一步打压，高佣金率的区域性券商无疑将会受到极大冲击。

国海证券（0.145%）、西部证券（0.128%）、太平洋证券（0.116%）、东北证券（0.105%）、山西证券（0.103%）、国金证券（0.100%）、东吴证券（0.097%），而这7家券商是区域性较强的上市券商。经纪业务市场化后，将为券商提供进入不同地区经纪业务市场的条件和可能。对于那些具有区域垄断优势的中小券商来说，实力雄厚的大券商和成本低廉的网络经纪商参与竞争之后，其市场份额快速下滑。目前优势区域市场份额最高的券商是宏源证券、国海证券、山西证券、东北证券、国元证券、西部证券，因此他们未来受到份额冲击的可能性也将最大（见表6－1）。

表6－1　　上市券商经纪业务集中度比较

券商	优势区域	优势区域营业部占比	优势省份市场份额	2012年前三季度佣金率	2012年前三季度经纪收入占比
兴业	福建	54.84%	20.68%	0.0590%	25.92%
招商	广东	25%	8.72%	0.0675%	37.82%
西南	重庆	46.34%	25.27%	0.0692%	33.42%
方正	湖南	50.51%	27.76%	0.0754%	45.23%
华泰	江苏	34.98%	30.87%	0.0770%	46.53%
光大	广东	25.62%	5.01%	0.0772%	41.61%
中信	浙江	28.75%	17.77%	0.0779%	27.51%
海通	黑龙江	19.40%	29.16%	0.0793%	25.69%
国元	安徽	48.68%	33.19%	0.0830%	38.45%
广发	广东	45.59%	11.94%	0.0881%	33.40%
长江	湖北	40.37%	19.01%	0.0892%	46.37%
宏源	新疆	44.94%	55.76%	0.0959%	25.80%
东吴	江苏	62.26%	10.26%	0.0975%	45.19%
国金	四川	74.07%	9.29%	0.0999%	31.07%
山西	山西	68.66%	45.02%	0.1031%	36.80%
东北	吉林	51.35%	42.42%	0.1053%	44.09%
太平洋	云南	62.07%	20.09%	0.1157%	43.13%
西部	陕西	73.33%	32.05%	0.1284%	50.83%
国海	广西	70.18%	48.07%	0.1453%	47.13%

数据来源：Wind。

2. 能否根据自身的业务实际，加快产品和商业模式的创新转型，通过资产负债业务和杠杆提升，迅速扩大业务规模，提高盈利能力。

而大型券商在证券行业的改革创新中具有明显的优势，原因有三：（1）在创新业务试点选择上，监管层主要考虑券商评级、业务能力、净资本等实力，大型券商在这方面具有领先优势，因此往往会率先取得业务试点资格，取得先发优势。（2）对于资本消耗较大的创新业务（如直投、并购、另类子公司等），资金实力雄厚的大型券商能够抢先布局并形成一定规模，而中小券商在这些业务拓展上往往力不从心，出现业务投入不足甚至无法布局的情况。（3）在创新业务拓展的竞争中，大型券商可以凭借其丰富的客户资源、更强的产品设计销售能力和风险控制能力，做大业务规模，抢占市场份额。在19家上市券商中，海通证券、中信证券、广发证券、华泰证券、招商证券、光大证券6家券商总资产、净资本排名最前，且均为AA评级的大型券商（见表6－2）。

表6－2　上市券商前13家评级和资本实力比较　　单位：亿元

券商	2012年分类	2012Q3总资产	2012H1净资本	定增
中信	AA	1500	444	—
海通	AA	1168	393	—
广发	AA	793	211	—
华泰	AA	753	229	—
招商	AA	751	136	—
光大	AA	505	130	股东大会通过，约70亿元
宏源	A	283	112	—
长江	A	271	91	—
方正	A	264	85	—
国元	BBB	218	105	—
兴业	A	216	58	证监会批准，约40亿元
西南	A	162	71	—
东北	BBB	149	27	2012年8月实施，募集约40亿元

数据来源：Wind。

上市券商中，海通证券、广发证券、光大证券是创新业务布局最为领先的券商（其中海通更胜一筹），其次为招商证券、华泰证券、兴业证券和长江证券（见表6－3）。

表 6－3　　创新业务领先的上市券商业务布局情况

券商	基金公司	期货公司	海外公司	直投公司 产业基金	另类投资 子公司	直投基金 并购基金	柜台交易 业务	非金融企业债务融资工具主承销业务	其他
海通证券	海通富国 51% 富国基金 27.8%	海通期货 66.67%	海通国际 100%	海通开元 100%；海富产业基金 67%	海通创新投资 30 亿元	上海文化产业投资；辽宁低碳	有	有	—
中信证券	华夏基金 49%	中证期货 100%	中信证券国际 100% 里昂证券 19.9%	金石投资 100%；中信产业基金 35%	中信证券投资 30 亿元	中信并购基金；金石基金	有	有	股票收益互换
广发证券	易方达基金 25% 广发基金 48.33%	广发期货 100%	广发控股香港 100%	广发信德 100%，20 亿元	广发乾和 5 亿元	延安广发产业整合并购基金	有	有	—
光大证券	光大保德信 55% 大成基金 25%	光大期货 100%	光大证券金控 100%	光大资本 100%	光大富尊投资 8 亿元	获批设立北京创造壹股权投资基金	—	有	消费支付资格股票收益互换
招商证券	博时基金 49% 招商基金 33.3%	招商期货 100%	招证国际 100%	招商致远资本 100%	—	获批招商致远壹号股权基金	有	有	试点私募基金综合托管
华泰证券	南方基金 45% 华泰柏瑞 49%	华泰长城期货 100%	华泰金控 100%	华泰紫金 100%	—	华泰基金股权投资基金	—	有	—

续表

券商	基金公司	期货公司	海外公司	直投公司产业基金	另类投资子公司	直投基金并购基金	柜台交易业务	非金融企业债务融资工具主承销业务	其他
兴业证券	兴业基金51% 南方基金10%	兴业期货100%	兴证香港100%	兴业创新资本100%	—	获批成立直投基金	有	—	—
长江证券	诺德基金30% 拟设长信基金	长江期货100%	长江证券香港100%	长江成长资本100%	—	获批设立长江成长股权投资	有	—	—
宏源证券	—	宏源期货100%	—	宏源汇富100%	宏源汇智100%	—	—	—	—
山西证券	—	大华期货100% 收购格林期货	—	龙华启富100%	—	获批龙华启华股权投资基金	有	—	—
国金证券	国金通用基金49%	国金期货95.5%	—	国金鼎兴投资100%	—	—	—	—	—
西南证券	银华基金29%	收购西南期货	—	西证投资100%	—	—	—	—	—

数据来源：公司公告。

第三节 券商板块选股案例分析：齐头并进 遥遥领先——中信证券

中信证券有限责任公司，于1995年10月在北京成立，并于1999年改制为股份有限公司，目前公司在净资本、营业收入以及净利润指标上，均位列国内券商第一位。实际上，从公司的历史来看，与国泰君安、海通证券、广发证券以及申银万国这些国内的老牌券商相比，中信证券的成立时间并不算早，但却是国内大型券商中登陆资本市场最早的一家。公司在2003年获证监会核准公开发行4亿股，募集资金近18亿元，成为国内真正意义上的第一起券商IPO。也正是由于较早地登录了资本市场，获得了重要的融资渠道，并在随后的2006年和2007年两次进行增发，分别融资46亿元和250亿元。夯实了资本实力的中信证券通过收购中信万通（2004年）、中信建投（2005年收购，于2010年出售53%股权，目前仅持有7%）、中信金通（2006年）以及华夏基金（2007年收购，51%股权已挂牌成交），使得公司各项业务获得了长足发展，在上市之后的2006年，经过三年时间公司营业收入首次位居行业第一，并且一直保持至今，2002～2010年的收入复合增长率达到52%（全行业为42%）。从这几年的收入情况来看，中信证券与第二名拉开了较大的差距，奠定了其作为国内龙头券商的地位。

中信证券2012年前3季度实现营业收入81.47亿元，同比下滑13.8%。归属母公司净利润29.2亿元，同比下降12.4%；EPS为0.27元，每股净资产7.66元。第三季度营收和归属母公司净利润分别为23.6亿元、6.72亿元，同比分别增长21%、87%。同期交易量萎缩和华夏基金不再并表是业绩下滑的主因。经纪和投行业务继续保持领先地位，资本中介和投资业务加速发展，业务架构转型推动公司盈利模式不断优化，看好创新盈利明晰情况下公司新业务的增长潜力。

一、传统业务不存在竞争短板，经纪业务盈利保证系数高

中信在经纪业务市占率、自营投资规模与收益率、承销市占率和集合理财市场规模上都位居行业前列，在传统业务竞争上不存在明显短板。而且在佣金战导致行业集中度下降的环境下，中信证券市占率持续增长，在2011

年三季度合计市占率达到5.60%，已经超过了华泰系当季5.46%的水平，重回第一的位置。公司营业部部均股基交易额在上市券商中排名第二，经纪业务保本对应的市场日均换手率为0.48%，历史数据表明低于这个值的概率很小，目前公司佣金率低于行业平均水平，大幅调整压力相对较小，表明公司经纪业务的盈利能力有较强保障。市场占有率稳居首位，交易量萎缩拖累业绩。2012年前3季度代理买卖业务净收入22.4亿元，同比下滑23%。同期市场交易量萎缩是经纪业务收入下滑的主因。2012年第三季度中信系股基交易市场份额维持在5.88%，居市场第一，母公司中信市场份额下降1个基点至3.09%。2012年第三季度费率下降0.1个基点至0.08%，降幅趋缓。

二、投行业务领先优势持续，业绩稳定增长

2012年前3季度投行业务收入13.8亿元，同比增长23%。投行组织架构转型正稳步推进，承销能力持续提升。在发行节奏减缓和融资规模缩水的环境下，投行业务表现优异。前3季度累计主承销金额1 748亿元，市占率5.47%；主承销15家IPO项目，承销规模170亿元，市场份额17.2%。债券主承销金额1 397亿元，市占率4.8%，股债承销居行业第一。

三、创新业务布局最早，实力最强，国际化开始提速

中信在直投、股指期货投资、融资融券和国际业务上全面布局，创新业务的收入占比已经达到10%以上。未来随着股票约定式回购、客户保证金管理等资本中介型业务的推出，公司在客户资源以及资本实力上的优势将在创新业务开展上发挥重要作用。同时H股增发完成后，公司在国际化进程中又迈进一步，随着海外收购以及业务整合的进行，国际业务的实力将大大增强。

四、两融业务跃居首位，资本中介业务稳步发展

报告期中信系两融余额62亿元，市场份额8.85%，居市场第一；母公司中信证券两融余额45.2亿元，市场份额6.45%，看好转融通推出下其业务的增长潜力。公司大力推进资本中介业务发展，约定购回式证券交易业务发展良好，大宗交易和做市商业务有序推进，资本中介业务将逐渐成为公司新的业绩增长点。

五、资本投资业务发展势头强劲

2012年前3季度实现投资收益23亿元，同比增长40%；第三季度实现

投资收益 4.3 亿元，同比增长 161%；投资收益较好增长主要是因为上年同期基数较低。直投业务居行业领先水平，2012 年金石投资 9 个直投项目上市，直投基金开始募资运作，直投走向多元化和规模化发展。前 3 季度资管净收入 1.42 亿元，同比下滑 13%；资管规模位居行业前列。公司率先试点各创新业务，先发优势和规模优势将助推新业务快速增长，盈利模式也更加优化，看好创新驱动下公司的发展前景。

第七章
房地产板块选股方略

自20世纪90年代末以来，房地产业一直是拉动国民经济持续增长的主导产业。房地产投资约占我国城镇固定资产投资的20%，成为GDP增长的直接推动力。不仅如此，房地产业也能有效促进其他关联产业，如机械设备制造业、金属产品制造业、建筑材料、化学工业等多个行业的发展。据国家统计局综合司课题组（2005）的研究结果表明，每100元的房地产投资为其他行业创造215元的需求。

同时房地产业也是地方经济的主要贡献者，土地出让金约占地方财政收入的一半左右。考虑到房地产相关的税费收入，以及房地产对建筑业、金融业等相关产业的影响，这一比例会进一步提高。

第一节 时势造英雄——我国的房地产业

一、辨析房地产业和房地产开发投资

所谓房地产，是房屋财产和与房屋相关的土地财产的总称。要分析房地产业对国民经济的贡献，就需要厘清几个概念：房地产业、房地产业投资、房地产开发投资、住房消费等几个相关的概念。

房地产业是从行业分类的角度来看，具体包括房地产开发经营、物业管理、房地产中介服务和其他房地产活动。房地产业投资指房地产业完成的固定资产投资，其中主要是房地产开发投资，也包括一部分房地产开发经营和物业管理等企业完成的非房地产开发投资。

房地产开发投资是由房地产开发经营企业进行的房屋开发投资和土地开

发投资，通常是指房地产开发公司、商品房建设公司及其他房地产开发法人单位和附属于其他法人单位实际从事房地产开发或经营的活动单位统一开发的（包括统代建、拆迁还建的住宅、厂房、仓库、饭店、宾馆、度假村、写字楼、办公楼等）房屋建筑物和配套服务设施的投资，以及土地开发工程（如道路、给水、排水、供电、供热、通讯、平整场地等基础设施工程）的投资（见图7-1）。

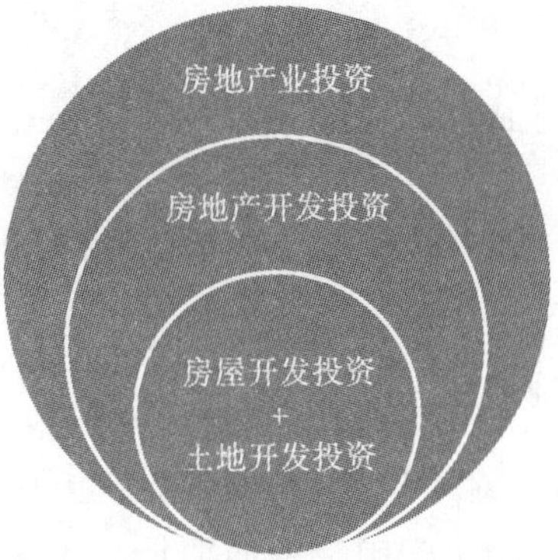

图7-1 房地产投资与房地产开发投资

二、举足轻重的房地产开发投资

目前我国房地产开发投资额占GDP的比重呈逐年上升的趋势，由2000年的5%上升到2012年年底的17.8%。从国际经验来看，房地产投资占GDP比重的合理范围在10%~14%，中国目前房地产投资仍属于合理的水平区间之内。值得注意的是自2009年以来，房地产投资增速加快，房地产投资占GDP的比重加快上升，在三年的时间内由2009年的10%快速上升到2012年的17.8%，使这一比重即将达到国际经验合理区间水平的上限，这一方面说明了我国房地产投资的快速增长在通过扩大内需应对国际金融危机中发挥了重要的作用，另一方面房地产投资的过快增长也充分证明了当前严厉调控的房地产政策是十分必要的，否则房地产市场的泡沫可能将难以抑制（见图7-2）。

同时，房地产、基础设施建设和制造业投资是中国固定资产投资的重要组成部分，自2000~2012年房地产开发投资额占到了城镇固定资产投资额的21.2%，预计房地产开发投资在城镇固定资产投资的比重仍然将维持较高水平，房地产投资仍将是内需的重要组成部分。

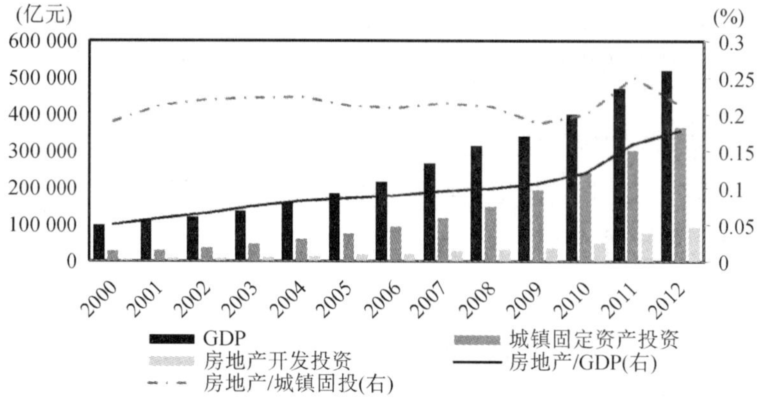

图 7-2　房地产开发投资是支撑中国经济的重要组成部分

三、强效联动的房地产业

回顾 2009 年，房地产对中国经济的回暖有巨大的推动作用。房地产业从投资和消费两个方面拉动了中国经济的增长，随着房地产市场的复苏，房地产的开发投资和消费直接影响到钢铁、原材料、建材、装修、家电以及汽车等其他关联行业的发展，而这些行业的发展同样是支撑国内需求的重要因素。根据中金公司的相关研究数据表明，房地产销售与家电、家具及装修材料等下游消费呈明显的正相关。

房地产企业在解决住房需求的同时，也为社会提供了就业机会。国家统计局第二次全国经济普查主要数据公报显示，在 2008 年末，房地产直接提供的就业机会为 552.2 万人，比 2004 年末增加 39.6%。其中，房地产开发业 207.7 万人，物业管理企业 250.1 万人，中介服务业 37.4 万人，分别比 2004 年末增加 49.2 万人、106.7 万人、13.9 万人；其他房地产 56.9 万人，比 2004 年末减少 13.1 万人。

房地产业对地方经济的贡献显著，约 40% ~60% 的地方财政收入来自于房地产业，包括土地出让金和与房地产相关的税费收入。如果考虑到建筑业、金融业等相关产业的影响，这一比例会进一步提高。根据国土资源部统计数据表明，2007 年全国土地出让金总额达 1.3 万亿元；2008 年，全国土地出让金收入有所下降，但仍达到了 9 600 亿元。2009 年，全国土地出让金达到 15 000 亿元，同比增加 140%；2010 年全国国有土地出让金收入达到 2.94 万亿元，同比增长 96%（见图 7-3）。

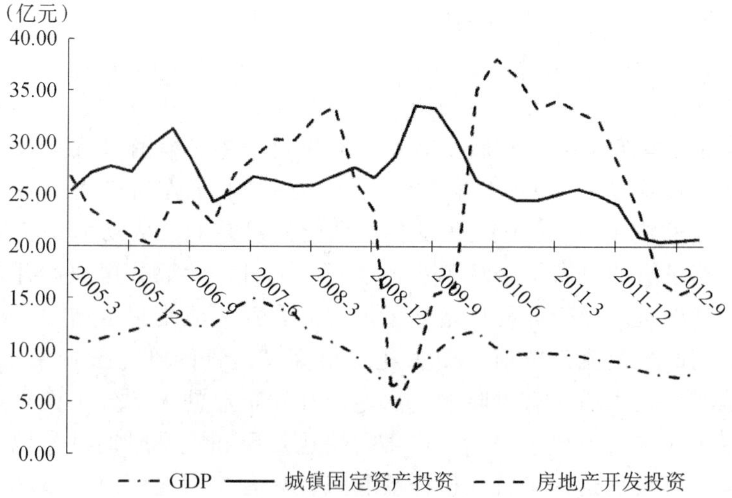

图 7－3　房地产投资的增长促进中国经济的增长

第二节 双重维度看地产——高杠杆模式和相对低估值

在本节中，我们通过我国房地产业的商业经营模式和资本估值两个维度来分析我国房地产板块选股的特殊性。

一、我国股市的房地产板块概览

截至 2012 年底，我国房地产板块沪深两市上市公司共有 155 家，总市值 1.099 万亿元，平均市盈率为 16.5，平均市净率为 2.18。其中，房地产板块上市公司数量占沪深两市总数的 6.27%，总市值约占 4.11%，平均市盈率高于两市平均的 13.88，市盈率在证监会 13 个行业分类中为第 8 位，仅高于采掘业、建筑业和金融保险业；板块平均市净率在 13 个行业分类中占第 6 位。

二、成也萧何败也萧何——高杠杆运作模式

房地产业的高杠杆运作模式是金融市场功能不完善和房地产业特定发展阶段的产物，我国当前房地产板块的高杠杆债务融资模式是与房地产业置地

一建房一销售的商业模式相一致的。

相关研究表明（参见《房地产企业商业模式研究》，2007（4）），房地产是一个既昂贵又缺乏流动性的资产，这意味着需要花费大量的资金才能拥有它，但是出售它又相对比较困难。在开发过程中，既有开发建设过程中的资本成本（硬成本），也有与顺利开展房地产开发工作所必需的各种各样的咨询费用（软成本）。房地产开发要求广泛而复杂的、成功的融资安排，极少的公司有足够的自有资金从事房地产开发项目，大部分房地产开发项目依赖债务杠杆融资。尽管高杠杆增加了潜在的收益，但是它也增加了风险和造成一定时期的现金流为负值。因为花费很高、出售困难、投资回报被延迟，所以房地产投资本质是有风险的。房地产开发企业的大部分工作是进行风险管理。由于我国目前处于房地产市场的快速发展和上升时期，房地产的出售困难、投资回报被延迟等特征被掩盖起来，只有当遭遇房地产市场的萧条时期，这种风险才可能充分的暴露，美国房地产市场泡沫的破裂所引起的次贷危机就是房地产市场风险的深刻写照。

房地产开发企业对风险的基本态度和房地产金融发展状况决定着它的金融运作模式。在以银行为中心的房地产间接金融体系下，当公司的发展依赖于最大可能增加所拥有的资产规模时，房地产企业的金融运作以高负债为特征。而在房地产直接金融体系获得发展的前提下，当公司的发展依赖于各项业务的均衡发展时，降低负债率、均衡财务就成了房地产企业金融运营模式的目标。

尽管我国已经建立起比较完善的金融体系，股票市场、金融债券市场也有了20多年的发展历史，但是我国仍然是间接金融为主的金融体系，银行尤其是国有和国有控股银行，始终在金融体系中发挥着主导性地位。

根据国家统计局的（详见《2010中国房地产金融年度报告》，中国人民银行研究局）数据，2010年房地产业资金来源中，17.3%直接来自于国内银行贷款，自筹资金占比为36.8%，其他资金占到44.8%。在自筹资金中，有很大一部分来自于购房的预付款。目前房地产企业资金来源的50%左右来自于预售房款，房款中约50%为按揭贷款，因此在房地产企业的自筹资金中间接的银行贷款占比约为25%；房地产业累计从银行获得的信贷支持应该在40%~50%之间，信贷资金仍然是房地产企业最主要的资金来源。通过表7-1也可以看到，随着2010年以来房地产市场宏观调控的实施，房地产业直接国内银行信贷的比例在快速的下降，包括预付款在内的其他资金来源也有较快的下滑，房地产自筹资金比重不断上升。在宏观紧缩的环境下，房地产业高杠杆运作模式的潜在风险更加值得关注。

表 7 -1　　　　房地产业 2005 ~ 2010 年开发资金来源统计

年份	国内贷款	利用外资	自筹资金	其他资金
2005	18.1%	1.2%	33.2%	47.4%
2006	19.6%	1.5%	31.9%	47.0%
2007	18.7%	1.7%	31.6%	48.0%
2008	19.0%	1.9%	39.5%	39.5%
2009	19.8%	0.8%	31.3%	48.1%
2010	17.3%	1.1%	36.8%	44.8%
2011	15.7%	1.1%	41.2%	41.9%
2012	15.3%	0.4%	40.5%	43.8%

资料来源：中国人民银行。

截至 2012 年，我国房地产板块的平均资产负债率为 76.98%，产权比率平均为 3.2 倍，在所有行业板块中仅次于金融保险业（93.42% 和 14.46 倍）、建筑业（80.28% 和 4.73 倍）。对债务杠杆融资高度依赖的房地产板块，由于资本市场还不发达从而不能为其提供开展风险管理的工具和市场，我国房地产企业的商业模式只能更加偏重于销售业务，即不停地寻求合适的土地、建房子和销售房子，通过房地产销售在较短的期限内收回投资、获得回报。

三、孕育着的机会——板块估值水平相对较低

（一）从板块估值水平历史数据来看，房地产板块估值水平波动幅度有所减小，估值水平波动走势与市场整体水平日趋一致，当前房地产板块估值水平处于历史较低估值区间

通过对房地产板块 1996 年 1 月至 2012 年平均市盈率（整体法）的走势和所有 A 股平均市盈率（见图 7 -4）进行分析发现，与整个大盘相比较而言房地产板块市盈率有较大的波动幅度，其波幅区间为（15.14，171.45），均值为 70.45，标准差为 37.87；相比较而言，所有 A 股平均市盈率的波动区间为（14.36，74.37），均值为 40.23，标准差为 15.82。当前我国房地产板块市盈率为 17.26，仍然处于房地产板块估值区间的较低水平。

2008 年以来，房地产板块估值水平波动区间已经大幅缩小，与整个证券市场平均估值水平更为接近，如在 2008 年 1 月至 2012 年间，房地产板块平均市盈率波动区间为（15.14，51.31），均值方差为（27.76，10.43）；而同期所有 A 股平均市盈率波动区间为（14.36，36.14），均值方差为（23.9，

5.85)。同时，两者的走势也更加趋于一致。

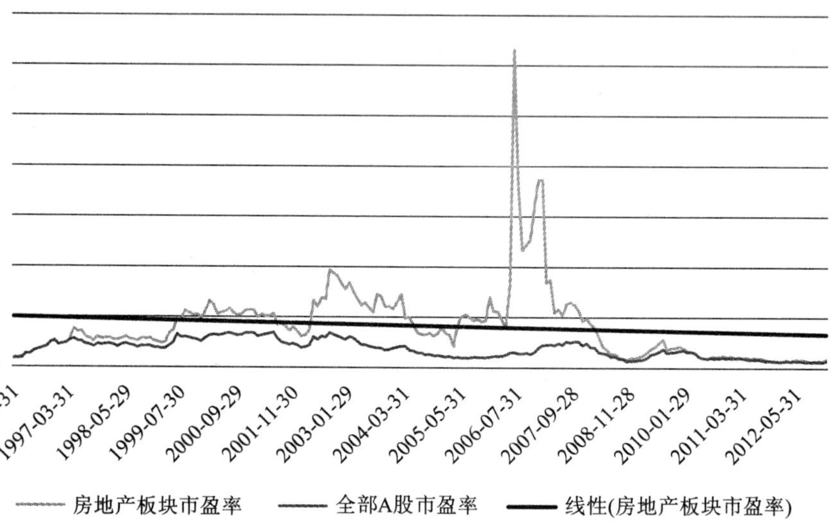

图 7-4 房地产板块与所有 A 股平均市盈率比较分析

（二）从证券市场各板块横向比较来看，房地产板块估值处于较低水平，但从预测市盈率来看，房地产板块在 2013 年预测市盈率下降幅度仍将会较大

截至 2012 年底，我国房地产板块平均市盈率为 17.26，在证监会 13 个行业板块中平均市盈率最高的为农业板块 61.83，最低的为金融保险 7.78，房地产板块估值水平处于较低水平。根据 WIND 对 2013 年市场预测各板块平均市盈率的分析（见表 7-2），几乎所有板块 2012 年市盈率都将出现一定幅度的下降，其中下降幅度最大的为农业板块（-63.3%），下降幅度最小的为金融保险板块（-8.74%），房地产板块的预测市盈率下降幅度为 -40.1%。

表 7-2 我国证券市场各行业板块估值水平及预测一览表

行业	市盈率	预测市盈率	变化
农、林、牧、渔业	61.83	22.69	-63.30%
信息技术业	37.48	17.87	-52.32%
综合类	29.66	17.23	-41.91%
制造业	28.53	15.97	-44.02%
传播与文化产业	26.27	19.46	-25.92%
社会服务业	24.61	16.48	-33.04%

续表

行业	市盈率	预测市盈率	变化
批发和零售贸易	23.00	14.33	-37.70%
交通运输、仓储业	21.90	12.90	-41.10%
电力、煤气及水的生产和供应业	21.80	13.13	-39.77%
房地产业	17.26	10.34	-40.09%
采掘业	14.01	12.03	-14.13%
建筑业	12.20	9.43	-22.70%
金融、保险业	7.78	7.10	-8.74%

资料来源：WIND 数据库；其中平均市盈率采用整体法，截止日期为 2011 年 10 月 31 日，预测平均市盈率年度为 2012 年。

为了抑制房价的过快上涨，我国对房地产业实施诸如限购等严厉的调控措施，再加上房地产行业在当前处于周期下行的过程中，尽管货币政策在目前可能出现结构性的微调，特别是针对保障房、中小企业实施了定向宽松政策，但对整个商品房市场影响有限。随着房屋销售规模的不断下降，房地产资金链条的继续紧张，在这样的背景下，房地产板块盈利预测被市场进行了一定程度的调低。预测市盈率的大幅下降，可能意味着房地产板块估值水平的进一步被低估，这可能孕育着较大的板块投资机会。

第三节 从长远到眼前——房地产板块的选股方略

本节从远期的房地产企业商业模式转型，到中期高杠杆运作模式，并且在考察板块的低估值状况基础上，构建房地产板块选股策略模型。

一、长远战略突破——商业模式创新

从长远战略来看，金融市场的不断深化和房地产市场的逐渐成熟完善使我国处于行业领先地位的房地产企业能够突破国内房地产高杠杆债务融资模式的限制，积极开展商业模式的创新，实现企业的长期增长。

根据国际房地产业发展经验，房地产业的运营模式将逐渐由依赖销售的

“置地—建房—开发—销售”模式向各项业务包括租赁、中介等均衡发展模式过渡，当然这种过渡需要以房地产融资方式的完善。在房地产直接金融体系获得发展的前提下，公司的发展依赖于各项业务的均衡发展，降低负债率、均衡财务就成了房地产企业金融运营模式的目标。成熟房地产市场的领先企业，在发达的房地产金融市场支持下，其业务模式一般采取包括产业链各个环节的整体整合方式，包括房地产投资、开发建设、租赁、其他中介服务等，其盈利模式由开发模式向投资模式进行转变。

随着我国房地产市场的不断成熟、房地产信托投资等房地产证券化产品的出现，那些能够通过多种投融资渠道获得金融支持的房地产企业就有更大的可能向新的运营模式转型，从而获得更大的发展空间。因此从长期来讲，我们看好那些融资渠道比较畅通特别是直接融资渠道的房地产企业股票的升值潜力。

随着房地产市场调控的持续，2010 年以来房地产业通过银行渠道融资已经出现了较大幅度的下降，与此同时 A 股房地产股票市场上不仅暂停房地产企业的 IPO，增发再融资和借壳上市也全部停止。在房地产市场下行和宏观政策紧缩的背景下，房地产板块相关企业投融资能力对于其后续的可持续发展就具有至关重要的意义，通过直接发行公司债券、参与信托投资基金、发行中期票据等投融资方式实践，为我国房地产上市公司由以销售为主导的运营模式向由多元投融资支持、房地产证券化为导向的均衡运营模式转变奠定了基础。

截至 2012 年 12 月底，我国房地产板块企业共有 28 家通过发行公司债进行直接融资，融资规模累计为 517. 8 亿元，其中总股本最大的八家房产企业均进行了公司债融资，包括万科、新湖中宝、保利地产、泛海建设、金地集团、北辰实业、金融街、名流置业等公司。此外信托产品和中期票据也成为房地产企业的重要融资渠道，中国信托业协会的数据显示，房地产信托余额从 2011 年第一季度 4 868. 88 亿元到当年年底 6 882. 31 亿元，一直呈增长态势。在银监会加大监管力度之后，房地产信托余额有所回落，截至 2012 年四季度末，房地产信托余额为 6 880. 7 亿元，占信托余额比为 9. 85%。另外上海上实 2010 年 12 月发行中期票据 15 亿元。其中参与信托融资的房地产企业包括万科、保利、金地、复地、阳光、中华等上市公司。

2013 年上半年将是房地产信托兑付又一高峰。据第三方理财机构北京恒天财富推算，2013 年房地产信托兑付本息将达 2 800 亿元，远远超过 2013 年的兑付本金金额 1 759 亿元。其中，2013 年兑付顶峰在二季度出现，达 1 301 亿元；在一季度将迎来第一个兑付高峰。此前，中金公司发布研报称，

2013 年预计到期信托规模 2 816 亿元，总还款额约 3 100 亿元。2012 年我国房企在海外债务融资余额达到 600 亿元，例如中海地产于 2 月和 11 月分两次共发行了 17.5 亿美元的中长期企业债券，而龙头房地产企业如万科、招商、金地集团分别打造“A + H”双重融资平台。

二、中期高杠杆风险——稳健运营和高偿债能力

高杠杆运作模式是一把双刃剑，在市场繁荣时期一般都有着较高的收益，但随着我国房地产市场调控的持续和宏观经济下行风险的增加，高财务杠杆运作就要求企业有着较高的营运能力和偿债能力。

以中华企业为例，自从 2012 年年初调控开始，顶着高负债发展的中华企业并没有停止扩张的脚步，其中也包括不断用信托融资的方式来推动公司项目的发展。高杠杆运作模式使中华企业也面临着一定的债务负担，截至 2011 年年底，中华企业有 15 笔信托债务，涉及 8 家信托公司，总信托债务余额为 52.6 亿元，占总资产比例为 21%；截至 2012 年三季度，中华企业资产负债率已经达到 78%，在房地产板块处于相对较高水平。2011 下半年中华企业已有三笔信托计划兑付。而 2012 年公司也将迎来较为密集的信托兑付期，其中上半年将要兑付 7 款产品，涉及金额约 24 亿 ~25 亿元，下半年兑付产品数量至少 4 款，涉及金额约 16 亿元。

在这样的背景下，对企业的对企业的营运能力和偿债能力分析就显得非常重要。徐经长和胡文龙（2009）通过对房地产类上市公司营运能力财务指标与股价的关系分析表明，虽然营运能力财务信息与股票价格直接并不存在显著的直接线性正相关关系，但通过将房地产类上市公司按营运能力信息划分为“较好”和“较差”两组定性变量后，两者直接存在着显著的相关关系，营运能力财务信息通过影响会计盈余与股票价格间具有显著的间接正相关关系。因此在板块高杠杆的背景下，那些具有良好的营运能力和偿债能力的房地产公司股票具有更大的升值空间。

我们通过对 A 股 155 家上市公司总资产周转率与区间收益率的回归分析表明（见表 7 - 3），两者直接存在着显著的正相关关系。2012 年我国房地产板块总资产周转率（整体法）为 0.1348 次，其中周转率高于 0.1348 的房地产上市公司 64 家，资产周转率大于 0.2 的公司有 33 家，而决定资产周转率的主要指标在于房地产公司的营业总收入，因此后期房地产公司的房屋销售可能将成为影响板块股价表现的重要影响因素。就目前而言，总资产周转率较高的板块公司在全年仍然保持较高的周转率的可能性较大，因此我们看好此类房地产股票的中期表现。

表 7-3　房地产上市公司总资产周转率与股价区间涨跌幅之间有显著的线性关系

因变量 y 区间涨跌幅（时期）	自变量 x 总资产周转率（时期）	OLS 估计结果
2011.01.01～2011.09.30	2011 三季报	$y = -17.53^{***} + 52.29^{***}x$ $F = 8.20^{***}$，$D-W = 2.07$
2010.01.01～2010.12.31	2010 年报	$y = -25.87^{***} + 30.04^{**}x$ $F = 5.37^{**}$，$D-W = 1.87$

注：*** 表示 1% 的显著水平，** 表示 5% 的显著水平，样本数 123。

三、当前低估值机会——寻找价值型个股

从估值指标来看，当前房地产板块整体不仅处于历史极低水平，与其他板块相比较也处于较低水平，虽然宏观政策调控导致房地产市场仍将处于下行周期，房地产板块 2012 年整体预测市盈率继续下降，但中间仍然蕴藏着较大的投资机会。

根据 wind 统计显示，截至 2012 年 12 月 31 日我国房地产板块总体市盈率保持在历史低位 17.26，而市场对 2013 年房地产板块市盈率预测为 9.48。随着宏观调控的继续深入，房地产板块在 2014 年平均盈利水平下降存在有着较大的可能性，预测市盈率的下降可能意味着房地产板块股票价格水平可能仍然存在一定的下行空间。

通过上述的分析，可以建立如下选股策略：

1. 公司有较好的融资能力，对于高负债的房地产板块和当前对房地产市场的宏观调控而言，具有良好的融资能力和融资渠道，不仅能够抵御当前房地产市场的“寒冬”，而且能够行业震荡中抢占未来先机争取资金优势；

2. 公司在过去两年间资产有比较稳定的资产周转率，即公司有比较稳健的运营能力，营业收入并没有受到房地产政策调控的重大影响，实际分析也表明，营业收入受到房地产调控影响较大的公司一般其收入结构比较单一，房地产销售收入一般均占到主营业务收入的 90% 以上，相反那些业务收入不单一依赖房地产销售，同时涵盖租赁、土地开放等相关业务的公司受到房地产调控的影响相对较小。根据前文的分析，随着房地产市场的成熟和直接融资市场的发展，房地产公司运营模式将逐渐由以销售为主导的运营模式向涵盖销售、租赁、投资管理均衡发展的运营模式转变，我们赋予业务收入在房地产相关领域多元化公司股票未来更高的升值潜力；

3. 公司有较强的偿债能力，采用利息保障倍数、EBIDTA/带息债务等指标来衡量房地产上市公司的偿债能力，在当前房地产市场紧缩和房地产板块高杠杆运作的环境下，房地产公司是否具有稳健的偿债能力对于其经营业绩和股票表现具有重要的参考价值；

4. 公司市盈率变化比较稳定，特别是预测市盈率仅有比较小的波动。市盈率作为公司股票价格和每股盈利的比值，其维持在相对稳定的水平，说明公司股票估值较为稳定，我们预期随着市场的逐步好转，该类公司股票将会有较好的市场表现。

我们首先将房地产板块按照资产负债率进行分组，将房地产板块上市公司分为40%以下，40%～50%，50%～60%，60%～80%，80%～100%等共5组；其次我们按照上述策略中第二、第三、第四条进行筛选，可以得到如下13支股票，其基本情况如表7-4所示：

表7-4　　下行周期中房地产板块稳健策略选股一览表

股票	总市值	市盈率	预测市盈率	资产负债率	每股净资产	总资产周转率	当前股价	EBIDTA/带息债
广宇发展	3.77	10.63	—	49.27	2.13	0.36	6.16	384.15
宝安地产	2.39	16.72	—	57.51	2.37	0.20	4.49	119.65
天房发展	4.28	22.94	10.49	58.06	3.88	0.21	3.35	8.66
珠江实业	4.73	13.14	—	58.29	4.42	0.42	11.85	14.79
亿城股份	4.89	8.76	8.2	61.47	3.25	0.22	3.74	11.28
上实发展	9.26	13.10	—	61.51	4.39	0.15	7.65	14.09
深长城	4.81	9.90	—	63.13	11.81	0.25	21.86	18.12
深振业A	6.36	12.71	11.23	64.11	2.44	0.23	4.68	25.01
招商地产	51.33	17.54	12.43	70.49	13.10	0.19	25.11	12.86
宋都股份	6.44	10.08	—	71.09	1.94	0.25	5.73	10.01
华远地产	6.26	12.15	7.41	74.73	1.68	0.18	3.51	12.37
金融街	20.43	12.89	7.35	71.26	6.2	0.14	6.11	6.88
顺发恒业	7.57	10.70	7.91	75.87	2.49	0.18	6.15	15.65
万科A	111.28	10.01	7.44	79.40	5.12	0.14	11.21	12.72

结合策略标准1中较好的融资渠道和策略2中在房地产板块有相对多元化的收入来源，我们对上述13支股票进行了统计，其中深物业、招商地产、浦东金桥、陆家嘴等股票都同时A股市场和B股市场进行融资，其中招商地产、金融街、浦东金桥、保利地产通过发行企业债券、可转换债券、短期融

资券等形式进行融资，有相对较为通畅的融资渠道。

在房地产企业中，按照收入来源进行分类，金科股份、宁波富达、陆家嘴三家公司对房地产销售的依赖最低，金科股份的主要营业收入来源物业租赁高达90%以上，宁波富达主要输入来源于其他商品销售，陆家嘴的营业收入主要来源于土地经营收入。除此之外，房地产上市企业中房地产销售收入占比较低的有浦东金桥 68.56%，深物业 79.2%、深长城 82.6%、金融街 83.4%。

综合以上标准来看，浦东金桥、金融街更能满足上述策略的要求；在对房地产销售比较依赖的公司中，我们相对比较看好招商地产和上实发展，两者有着较高的每股净资产。

第四节 案例分析——金融街控股（000402）

多元化稳健经营使其在房地产寒冬中业绩突出。金融街控股股份有限公司（股票代码：000402），是一家以商务地产为主业的大型国有控股公司，2000 年在深交所上市。截至 2011 年第三季度，公司总资产达到 583 亿元，净资产约 179 亿元，累计开发面积超过千万平方米，其中商务地产比例超过 70%。通过对北京金融街、德胜科技园、金融街通州商务园、北京广安产业园、天津金融城、重庆江北嘴金融中心区、重庆观音桥商业区、惠州金海湾滨海休闲度假区等区域的开发运营，金融街逐步在城市运营和区域开发领域具有一定的竞争优势，成为国内领先的商务地产开发企业。

金融街控股通过持续深入开发建设北京市主金融中心区——北京金融街，它已成为集决策监管、资产管理、支付结算、信息交流、标准制订为一体的国家金融管理中心。截止到 2012 年底，入驻金融机构及大型企业总部 1 500余家，年度税收贡献超过千亿元。从地产的开发到城市功能的完善，依托北京金融街的资源和品牌优势，金融街控股形成了独特的“金融街模式”即地产开发与产业打造并重，地产是平台，产业是核心；通过房地产开发和产业打造，促进经济发展，提升区域价值。

目前，金融街控股股份有限公司拥有 14 家全资及控股子公司，分别在北京、重庆、天津、惠州等地投资并开发房地产项目。

1. 金融街较为多元化的发展模式，不仅使其可以对房地产市场的寒冬具有较强的抵御能力，而且也代表了未来房地产经营模式演变的发展方向。从经营模式看，公司地产出售业务占据大部分比重，2012 年上半年占比达到 83%，物业租赁和经营占比分别达到 5%、3%，土地开发收入占 8%，近几年租赁和经营比重呈现持续提升，租售结合的特点比较突出。在业务构成上，主要体现在“商业地产、住宅开发”相结合，目前可供开发的 770 万平方米储备中，商业地产 300 万平方米，占比 40%，公司以商业地产为重点，写字楼为核心的策略始终未变，住宅地产的快周转给商业地产提供充足现金流，后期商业地产占比会继续加大。金融街控股“商业地产、住宅开发”相结合的经营模式，在房地产市场宏观调控对房地产市场（特别是对房地产销售）产生重大冲击的情况下，能够有较好的缓冲余地。房地产开发占主营收入比重 83% 左右，相比较房地产板块一般房地产销售收入占营业收入的 90% 左右的平均水平，目前金融街控股仍处于较低水平。根据国外房地产市场发展的经验来看，自持物业、租售并重是一个发展趋势，租赁和物业管理的收入随着市场的成熟和完善将逐渐占到公司营业收入的 1/3 左右，而金融街控股无疑是在处于这个大趋势的前沿。

2. 金融街控股具有较为通畅的融资渠道，在银行信贷不断从紧、房地产市场增发再融资暂停的背景下，金融街控股 2011 年 9 月发行了 40 亿元的中期票据。随着房地产市场调控的持续，2010 年以来房地产业通过银行渠道融资已经出现了较大幅度的下降，与此同时 A 股房地产股票市场上不仅暂停房地产企业的 IPO，增发再融资和借壳上市也全部停止。在房地产市场下行和宏观政策紧缩的背景下，房地产板块相关企业投融资能力对于其后续的可持续发展就具有至关重要的意义。

3. 主营业务收入相对较为稳定，得益于其“商业地产、住宅开发”相结合的经营模式，金融街控股主营业务收入受到房地产调控的影响相对较小（见图 7-5）。

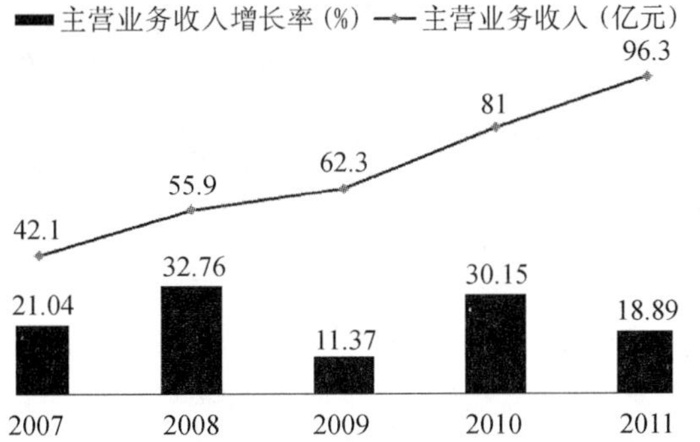

图 7-5　由于多元化经营模式金融街控股收入受地产调控影响较小

4. 金融街控股不仅有着较低的资产负债率，而且有着较为稳定的偿债能力。截至 2012 年第三季度，金融街控股总资产负债率为 68.67%，2008 ~ 2011 年资产负债率分别为 65%、46%、62%、68%，均低于行业平均水平。而同期金融街控股表现出较强的资产营运能力，其总资产周转率在 2012 年第三季度为 0.13，2007 ~ 2010 年总资产周转率分别为 0.33、0.27、0.18、0.7，均高于行业平均水平。与之相对应，金融街控股的偿债能力在 2011 年也大幅提高，已获利息倍数由 2010 年的 3.74 上升至 2012 年第三季度的 15.51。

综上所述，金融街控股在房地产市场调控的寒冬之中，由于其相对较少依赖于“房地产销售”的“商业地产、住宅开发”并重的运营模式，使其在面对由于房地产市场调控对房地产销售的不利影响时具有较大的缓冲余地；同时其通畅的融资渠道也成为在房地产调控下的一大亮点，为其后续可持续发展能力奠定了良好的基础；配合其较高的运营能力和偿债能力，相对较低的资产负债率，相对于股价而言较高的每股净资产、较低的市盈率，使我们有充分的理由看好金融街的后续发展。

第八章
中小板选股及创业板选股方略

第一节 科技前景造就黄金价值

一、推进科技创新——发展中小板

2004 年 5 月，经国务院批准，中国证监会批复同意深圳证券交易所在主板市场内设立中小企业板块。中小板块是流通盘 1 亿元以下的企业板块，中小企业板的建立是构筑多层次资本市场的重要举措，成为创业板的前奏。作为我国多层次资本市场建设的重要力量，8 年间，中小企业板在支持我国中小企业发展、优化产业结构、构建金融体系、促就业、保增长等方面作出了重要的贡献。它不仅为我国中小企业的健康发展打造了良好的制度基础和运行环境，也为我国经济在全球金融危机中保持平稳较快发展贡献了一份力量，同时也对"新兴加转轨"的中国资本市场建设作出了一系列积极探索，为多层次资本市场的构建和创业板的平稳推出提供了有益借鉴。

中小板和创业板的推出对推进科技创新有着重要的意义。根据 2011 年年报，2011 年底，深交所上市公司国家级高新技术企业 861 家，其中中小板 457 家，创业板 258 家。高新技术企业群体继续是资本市场的重点支持对象，中小板和创业板成为高新技术企业进入资本市场的重要渠道。在中小板和创业板，高新技术企业占比分别为 69.98% 和 88.36%。截至 2011 年底，深交所高新技术企业平均每家获得 24 项发明专利，52 项实用新型专利，27 项外观设计专利，均超过上市公司的总体平均水平（分别为 6.5 项、39 项和 21 项）。

研发强度较高的上市公司主要集中于中小板和创业板，在上述266家公司中，中小板和创业板分别有124家和119家。就板块平均水平而言，创业板研发支出占营业收入比重居三板块之首，达到5.04%，高于中小板2.53%和主板3.05%的水平。

二、助推产业升级——推出创业板

经过多年酝酿，2009年10月中国推出创业板市场。创业板市场是为暂时无法在主板上市的中小企业和新兴公司提供融资途径和成长空间的证券交易市场，是对主板市场的重要补充，在资本市场当中有着重要的位置。创业板的推出是我国多层次资本市场建设中的重要一步。历史上，创业板出现于20世纪70年代的美国，兴起于20世纪90年代，最具代表性的创业板是美国纳斯达克市场，纳斯达克市场曾孵化出微软、苹果、谷歌等一批世界500强企业。近年来一些非美国的国际公司也纷纷在纳斯达克上市，到目前为止，有6 000多家企业在纳斯达克上市，同时也有2 000多家企业先后转板退市。创业板是一个门槛低、风险大、监管严格的股票市场，也是一个哺育科技型、成长型企业的摇篮。

我国创业板市场正以稳健步伐发展，截至2012年底，在创业板上市的公司达到355家，其中按行业细分，有色金属行业公司3家，医药生物39家，信息设备和服务业88家，农林牧渔业13家，机械设备84家，化工行业12家，交通运输设备业12家，电子行业30家。从创业板市场总体看，当前总股本达到600.89亿股，总市值为8 731.2亿元，流通市值为3 335.29亿元，平均市盈率为32倍。

近日，深交所正式发布了《深圳证券交易所创业板股票上市规则》，并于2012年5月1日起正式执行。这一规则的发布明确了创业板退市制度，标志着我国股市制度性改革迈出了关键一步。创业板上市制度的试行将有利于撇清创业板虚高的泡沫，并有利于将板块整体估值压缩至合理范围，并有可能通过二级市场退市制度矫正一级市场发行市盈率过高的现状，同时有利于培养市场价值投资理念和制度环境，也将有利于创业板市场不断成熟和完善。

第二节 最困难的估值模式

相对成熟板块，中小板和创业板最为困难之处在于如何进行恰当的估值，本节首先从传统的估值模式入手，进而探讨合适的中小板和创业估值模式。

一、绝对和相对——传统的估值模式

目前对于股票的估值基本是结合使用两种方法，即绝对估值法和相对估值法。对应每一种估值方法，目前都有比较成熟的理论模型。绝对估值模型一般是指 DCF 模型，该模型的理论依据是：股票估值应当与预期持有该股票期间能得到的收益相关，这些收益可以界定为股票的未来现金流量。考虑到货币的时间价值，还需要对未来现金流量进行折现。因此，股票的价值可以其预期能够获得的现金流量的现值估算。相对估值法亦称可比公司法，是指对股票进行估值时，对可比较的公司进行分析，尤其侧重选择具有相似业务、相似规模的公司股票价格作为估值基础，然后根据目标公司具体特征进行调整。

（一）绝对估值方法分析

DCF 模型里，由于对预期未来收益的不同界定，因而产生了以下三种主要具体应用模型，即股利贴现模型、自由现金流贴现模型和剩余收益定价模型。

股利贴现模型是通过将未来的股利贴现计算得出股票的价值，通常情况下这类公司大多是步入成熟期的公司。根据对股利增长率的不同假定，股利贴现模型可以分为零增长模型、不变增长模型、二阶段增长模型和多元增长模型。该模型主要适用于具有以下特征的企业：（1）目标公司支付股利；（2）目标公司已制定了股利支付政策，且该政策与公司的盈利程度有稳定持续的联系；（3）投资者对该公司不具有控股权。

自由现金流模型认为，资产的价值等于其产生的未来自由现金流的贴现值。根据现金流界定的不同，又可分为公司自由现金流贴现（FCFF）模型和权益自由现金流（FCFE）贴现模型。按公司（权益）自由现金流增长情况的不同，公司（权益）自由现金流贴现模型又可分为零增长模型、固定增长模型等。显然，对于那些较少发放股利或股利支付与公司自由现金流偏离程度很大的公司，该模型要比股利贴现模型更为适用，但该模型也强调适用公司的自由现金流与盈利应有良好的配比关系而且投资者对公司应具有一定的控制权。自由现金流贴现模型的缺点是计算结果可能会受到人为的操纵，从而导致价值判断的失真。另外，对于暂时经营不善陷入亏损的公司，由于其未来自由现金流难以预测，该模型将不适用。

剩余收益定价模型是以会计利润为基础进行企业价值评估的方法，认为企业价值是企业现有基础上的获利能力价值与潜在的获利机会价值之和。即企业价值 = 所有者权益账面价值 + 未来各年剩余收益的折现之和，其中，剩余收益是从会计收益中扣除所有权资本成本后的余额。剩余收益模型的内在机理为公司权益价值与公司净资产账面价值的差异取决于公司获得剩余收益的能力。其计算公式也表明公司股票价值反映了现存净资产加上未来成长性的净现值。剩余收益定价模型主要适用于那些不分配股利或自由现金流为负值的公司。

（二）相对估值方法分析

在相对估值方法中，股票价格是通过参考可比公司股票的价值与某一变量的比率加以确定。相对估值包括市盈率（P/E）、市净率（P/B）、企业价值倍数定价法（EV/EBITDA）、市盈增长比率（PEG）等估值法。

市盈率定价法目前在国内外证券市场上应用最为广泛，原因主要在于这一方法直观地将每股价格与投资者最为关心的盈利指标即每股收益直接加以联系，并且实证分析也验证了市盈率与长期平均回报率是相关的。但市盈率定价法对于成长期的企业适用性较差。在剧烈波动的新兴市场上，运用传统的市盈率定价法并不能准确地反映新股公司的内在价值。

市净率法，就是每股市场价格与每股净资产的比率。相比市盈率法，市净率法更关注企业的净资产账面价值，更适用于每股收益为负或流动资产占比较高的企业。

企业价值倍数定价法的计算公式为：企业价值倍数 = 企业价值/息税折旧摊销前利润，其中企业价值由公司股票总市值和净债务加总得出。由公式可以看出，该方法评估的是企业的整体价值，而不是股权价值。对于比较财务杠杆差异较大、所得税率不同或资本密集型的企业，该方法较市盈率法更为适用，因为该方法不受所得税率差异、资本结构差异的影响，可以更准确的反映公司价值。但企业价值倍数定价法更适用于单一业务或子公司较少的公司估值，如果业务或合并子公司数量众多，需要做复杂调整，有可能会降低其准确性。

市盈增长比率的计算公式是：市盈增长比率 = 市盈率/净利润增长率 × 100，这一方法的发展弥补了市盈率估值方法的不足。具体而言，它就是为了衡量不同公司的未来盈利增长率，而对市盈率所做的调整。该方法同时考虑了市盈率及成长率这两个决定股票投资价值的关键因素。一方面通过市盈率这一衡量股票内在投资价值的重要指标，强调投资应有足够的安全边际，另一方面又强调了公司成长性对于股票投资价值的重要影响，因而比较适用于成长期股票的估值。

二、一个探讨——适合创业板估值的方法

在选择估值方法时，不同的估值方法不存在孰优孰劣的情形，而应根据不同的公司特征，包括所处行业特征、公司自身特征选择最适用的估值方法。

在判断创业企业的价值时，需要注意其不同于主板、中小板成熟企业的一些基本特征：

创业企业大多处于成长期，设立时间较短，因而历史数据缺乏，并且由于企业大多是自主创新的企业，可比公司比较少，且估值时需要参考的指标也不易获取。

创业企业普遍具有非线性成长规律和业绩波动性大的特征，也使得对其进行准确的业绩预测比较困难，因此对创业板企业的估值除仍然考虑 PE、PB 这些已在主板、中小板股票估值时常用的相对估值指标外，还要结合现金流折现等绝对估值方法，只不过要更加强调动态估值。

例如，对于相对估值更多适用 PEG 指标，对于绝对估值则更多适用多元增长模型。在估值计算过程中，增长率的设置十分关键。对于增长率的选择，也即其成长性的判定，不能简单依据企业利润而定，还要综合考虑行业情况、管理层素质、公司技术水平、市场份额等多因素。

价值估值不仅是一个公式化的定量，更多的是定量与定性的结合，尤其是根据创业企业的自身特征，投资者可以自行设计符合企业具体情况的估值模型。该模型全面考虑以下因素：公司历史业绩、资产质地、技术水平、市场占有率和客户质量、预期业绩及增长率、经营风险、可比上市公司股票市盈率、经营模式、管理层素质、公司治理和内部控制、股利分配政策、资源控制能力、公司战略等，然后根据这些因素进行定量加权平均确定基准估值价。

第三节 介入时机与盈利差异

在中小板和创业板上市的企业基本都属于新兴科技产业。从基本面看，国家的产业发展支持方向将会主导新兴科技产业的发展；从板块自身的估值水平看，板块的市盈率变动是反映其投资价值的增减；从与主板市场关系看，主板市场的繁荣也将会促使资金看好中小板和创业板。对于两个板块的选股策略，就主要根据国内产业政策、板块估值、主板市场状况等方面来作出决策。

一、政策是方向——国内政策环境

近年来，一些新兴产业不断被国内产业政策支持。包括软件、电子信息产业、物联网等行业的“十二五”发展规划相继出台，特别是2012年两会期间，对于新兴产业的支持政策不断涌现，新兴产业受到国家政策扶持的产业转型板块的机会要明显大于传统型行业，如信息技术、新能源技术、新材料技术、生物技术、空间技术以及海洋技术等。这些新兴的科技概念，大都被确定为未来黄金十年的支柱性产业。

2012年国家工业和信息化部发布了《物联网“十二五”发展规划》，预计到2015年我国物联网市场规模将超5 000亿元，年均增长率为11%左右。在物联网产业链中，二维码是关键环节；电子支付产业链中，最看好POS环节。预计我国POS机销量复合增速将超过40%；发改委也已联合工信部、财政部拨款15亿元扶持云计算领军企业。在物联网、电子支付、云计算板块中将很有可能出现像苹果这样的公司。

2012年4月6日，工信部发布《软件和信息技术服务业“十二五”发展规划》，提出到2015年，业务收入突破4万亿元，占信息产业比重达到25%，年均增长24.5%以上，软件出口达到600亿美元。信息技术服务收入超过2.5万亿元，占软件和信息技术服务业总收入比重超过60%。同时，到2015年，培育10家以上年收入超过100亿元的软件企业，产生3到5个千亿级企业，从业人员超过600万人，形成10个以上产业收入超过千亿元的城市，培育2~3个产业收入超过5千亿元的产业集聚区。

2012年4月18日，国务院讨论通过了《节能与新能源汽车产业发展规划（2012—2020年）》。其对2020年前我国的新能源汽车产业作出战略规划，提出国家将以纯电驱动为汽车工业转型的战略取向。

从国家政策看，政策不断向小微企业倾斜已是不争的事实。《国民经济和社会发展第十二个五年规划纲要》已明确提出要转型升级，提高产业核心竞争力，创业板上市公司无疑是排头兵。基于此，创业板中优质公司将获得重大的发展契机。

二、估值是基础——板块估值分析

市盈率是股票价格与每股收益的比值。市盈率的倒数就是股票投资回报率，市盈率越高，投资回报率也就越低，投资者购买高市盈率的股票的风险就比较大。

中小板块的市盈率自2005年不断上升，经历牛市后在2007年底达到历史高低，将近90倍，在之后的熊市阶段，市盈率继续下滑，掉至20倍。2008年后，中小板块的市盈率又经历了一波上涨和下降，到2012年底市盈率约26倍。

创业板推出后，市场疯狂炒作，创业板市盈率高达100多倍。而之后市场开始剧烈波动，市盈率不断下降，目前整体静态市盈率约为33倍，与中小板的市盈率已经越来越近，整个市场氛围已经趋于合理范围。

动态市盈率全球通用的衡量资本市场投资价值和风险程度的另一个重要指标。动态市盈率 = 股票现价/未来每股收益的预测值。反映的是未来股市的投资价值。根据WIND的预测，中小板和创业板上市企业的盈利能力在未来两年内继续提高（如图8－1和图8－2所示）。

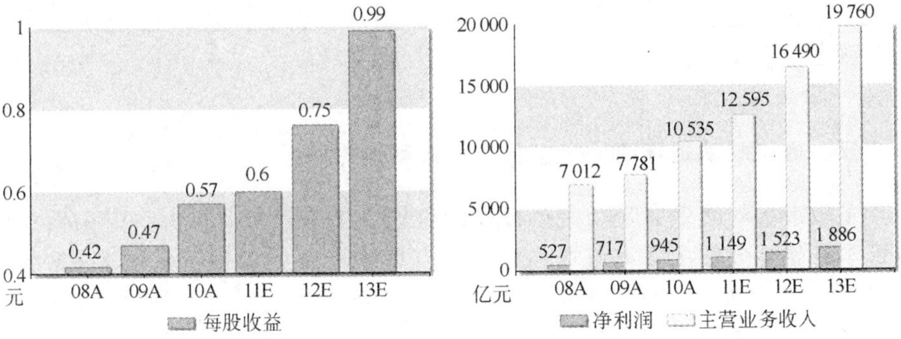

数据来源：Wind。

图8－1　中小板综合指数成分股票的盈利预测

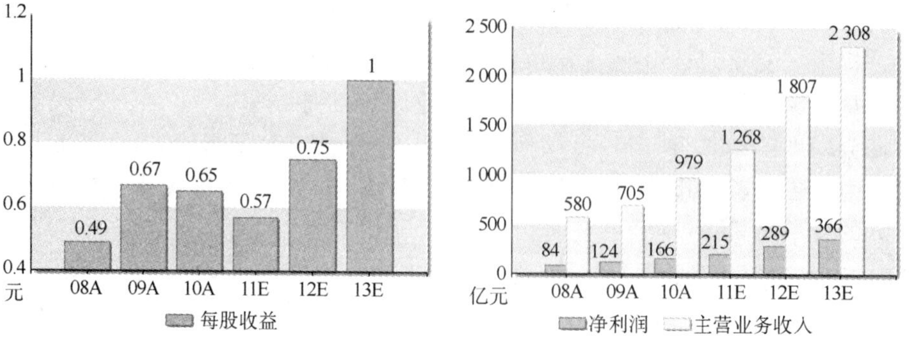

数据来源：Wind。

图 8－2　创业板综合指数成分股票的盈利预测

根据 WIND 预测，假设当前中小板和创业板的静态市盈率为 30 倍，未来五年内中小板和创业板的每股净利润增长率为 30%，那么其动态市盈率只有 8 倍多，极具投资价值。中小板经过 2008～2009 年牛市的洗礼，市盈率已经恢复到合理位置，且从创业板开盘初期超过 90 倍市盈率到最高 128 倍市盈率，显然，目前的市盈率已显示风险释放较为充分（见表 8－1）。

表 8－1　　　　创业板综合指数成分股票的盈利预测综合值

类别和年份		主营业务收入（10 亿元）	增长率（%）	净利润（10 亿元）	增长率（%）	每股收益（元）
中小板综指	2013E	1 541.42	18	133.68	23	0.71
	2014E	1 882.99	44	172.17	58	0.92
创业板综指	2013E	214.85	22	34.42	24	0.72
	2014E	277.11	57	44.65	61	0.96

数据来源：Wind。

三、板块联动是环境——主板市场波动的影响

主板市场的繁荣会带动中小板和创业板市场的繁荣，主板、中小板和创业板本身就是多层次资本市场体系中相互联系的不同板块。从图 8－3 和图 8－4 中可以发现，主板、中小板和创业板的走势基本一致，从总体形势看，我国经济结构转型目标已经明确，行业整合日趋激烈，企业并购活动活跃，这将可能提高上市公司的质量。此外，中国经济逐渐有追求绝对数量向质量转变，随着资本市场建设的不断加快和完善，资本市场体系也将完善，整个资本市场环境将得到改善。因此，从目前看，由于国外资本市场和对未来经

济增长的担忧，股市已进入谷底盘整期，市盈率也只有33倍多，市场风险已经很小，投资价值日趋显现。

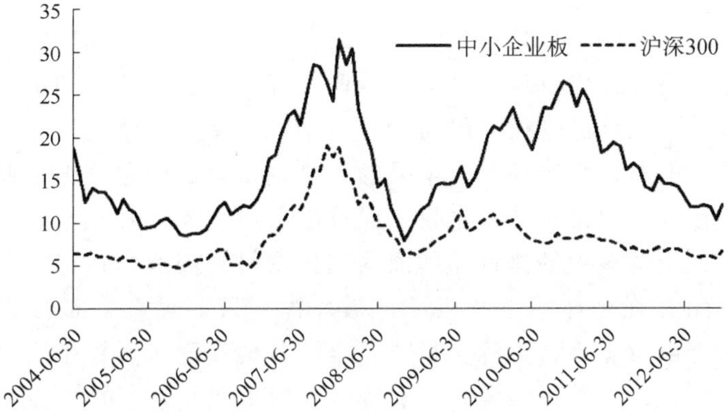

数据来源：Wind。

图8-3　沪深300指数与中小板综指数

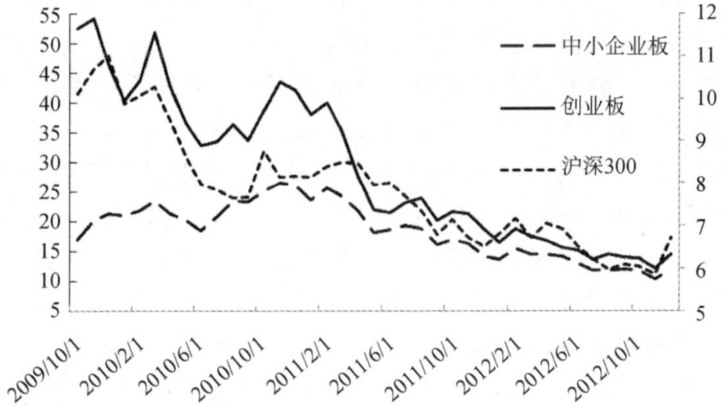

数据来源：Wind。

图8-4　沪深300、中小板综与创业板加权平均收盘价

第四节
案例和选股——如何探寻中国式苹果公司

本节通过分析苹果公司的高成长性特征，就如何在我国中小板和创业板市场寻找高成长股票，进行深入的案例分析，寻找其中的启示和特征，并构建相应的选股策略。

一、资产轻质化——抓住产生利润的关键环节

全球市值最大的苹果公司是轻资产的典型企业。苹果成功的奥秘同样在于聚焦于电子行业创作发现利润最大的两个环节：技术开发和市场销售，通过举世无双的产物和品牌树立绝对的领导地位；而在需要土地、厂房、设备等重资产投入的基础生产环节，苹果的策略则是全部外包，正是典型的资产轻量化运作模式，以最小的资本投入谋求最大的经济产出。

同样了，全球最大的体育品牌商耐克公司对其商业模式有过一句满意的概括：即使耐克在全球的生产工厂都被炸掉，只要耐克总部的“大脑”存在，耐克就能够重新整合资源，很快在全球各地克隆出连锁生产工厂。这句话的底气，正是来自其只做设计和品牌，外包生产和渠道的“轻资产”经营模式——1964 年，耐克公司的前身蓝带运动用品公司成立时，注册资本只有 1 000 美元，然而，在其开创人菲尔·耐特迅速确定的“代工”制作模式下，耐克凭借着其设计和品牌的软实力，成就了巨大的无形资产，最终将耐克打造成了“没有工厂的最大体育用品制造商”。

这种更多基于企业的管理经验、企业品牌、客户关系、人力资本等智力资本成长的“轻资产模式”，相对投资厂房、设备、原材料等“重资产”，不仅不需要占用大量资金，更为轻便灵活，而且已经打造了诸多商界传奇，如戴尔、可口可乐、Facebook 等。

毋庸置疑，成功的轻资产运营，不仅能为企业自身创作发现巨大的商业价值，也同样为投资者创作发现了巨大的财富效应，正因如此，轻资产或者为轻资产企业提供服务的商业模式，已经成为资本市场格外青睐的标的。在未来，随着经济转型以及商业分工日趋完善，通过技术立异、品牌提升等体例成长的轻资产公司的优势可能会更加明显，值得投资者重点关注。

二、技术领先优势——在竞争中方能不断领先

苹果系产品的热销使得投资者再次看到新技术革命带来的巨大财富效应。而这也成为苹果股价扶摇直上的直接动力。根据 WIND 资讯显示，凭借着技术领先优势，在 2001 ~2010 年间，苹果股价实现了 10 年翻 43 倍的增长奇迹。火箭式增速的背后是新技术产品的不断问世。同样，作为一个新兴市场，中国市场中不乏“苹果式”拥有技术壁垒的企业。

对中国市场而言，金鹰基金联合中证指数公司共同开发了国内首只“技术领先指数”，来描述了上市公司技术领先的程度。

中证技术领先指数是由中证指数有限公司与金鹰基金管理有限公司联合编制而成，强调入选企业在国内市场中拥有一定的技术壁垒或者凭借技术优势收入占总收入的比重较高，有着较高的科技研发投入的企业。这就在一定程度上保障了入选企业未来的成长性和盈利能力的持续性。随着中国经济的高速发展，国内经济的转型和"十二五"对新兴产业的大力扶植，中国未来30年发展的主引擎无疑将是那些具有"技术领先"的优势企业，而中证技术领先指数增强型基金，不仅是为中国证券市场填补了一项空白，同时也为投资者集中投资那些具有"技术领先"优势的企业开辟了一个新的渠道。

三、产品的大众化——才能拥有雄厚的市场和发展空间

就在我们的投资人为欧债问题杞人忧天，为全球经济的暗淡而不看好股票市场的时候，苹果股价不断创出新高，本周一度突破500美元，苹果股价在过去六七年来从不到20美元上升到现在涨幅已达20多倍了，美国还有分析师将它定位700多美元，2011年8月初，苹果首次超越埃克森美孚，成为全球市值最大的公司，占A股总市值的13%，再度成为在微软之后的新经济标杆。

苹果股票演绎了一段科技股的亮丽行情，A股是否可以重温当年"5·19"行情？或是我在按图索骥吧，但总得要在A股找到这么成功的科技公司。

苹果的成功首先是有一个伟大的导航人乔布斯，在他带领下超越了对手，蓝色巨人IBM和微软；其次是经营大众化的产品，它的平板电脑、手机都是我们日常生活的时尚电子产品，都是同类的佼佼者，它们受欢迎不一定含有太尖端的高科技成分，而是它的创新应用和设计，苹果的基因就是"科技民主化"，把科技以令他们惊喜的方式带给普通人，我觉得这两点是苹果成功的最重要因素。

创业板和中小板高科技公司不少，有些技术水平也够高了，但它们的产品不大众化，就像是水塘里的鱼，长不大，一遇到金融风暴就难逃一劫。苹果从1976年创立到现在成为全球市值最大的公司共花了36年，我们的公司很可能活不了36年，至于我们企业产生乔布斯式的人物就更别想了，拿来主义，没有专利，做不出具有创造力的产品是科技公司的弊端；虽然我们的科技公司大多没什么前景，但市盈率定到30~50倍，而2011年苹果每股收益达26.68美元，到现在还不到20倍市盈率，它们哪一点可以比得上苹果呢？没有像苹果这样的公司，科技股行情不可过高期望，只能随大盘起落。

四、三维选股模型——创业板和中小板的高成长股

我们根据资产轻质化、技术领先性和产品大众性三个标准，在中小板和创业板市场中，寻找未来可能的苹果式高成长公司。

第一，技术领先性。根据中证技术领先指数来进行筛选。中证技术领先指数是由沪深市场中规模适度、流动性高的200家高新技术类公司组成，以综合反映沪深市场中一大批具有技术领先公司的整体表现。

第二，高成长性特征。我们借鉴中证创业成长指数来进行筛选。中证创业成长指数样本由在创业板、中小板以及部分主板市场上市的具备创业和高成长特征的100只股票组成，旨在刻画沪深两市创业和成长特征较为显著的中小型上市股票群体的整体表现。

第三，资产轻质化和大众化指标。通过对技术领先性指标200只股票和高成长性指数100只股票进行比对筛选出符合条件的中小板和创业板股票，进而在资产轻质化指标下进行进一步分析，我们从1056只股票中筛选出35只股票具有较高成长潜能股票（见表8－2）。

表8－2　中小板创业板选股

代码	名称	代码	名称
002006	精功科技	300082	奥克股份
002008	大族激光	300105	龙源技术
002063	远光软件	300122	智飞生物
002106	莱宝高科	300257	开山股份
002129	中环股份	300267	尔康制药
002204	大连重工	300276	三丰智能
002223	鱼跃医疗	300283	温州宏丰
002241	歌尔声学	300285	国瓷材料
002353	杰瑞股份	300212	易华录
002410	广联达	300197	铁汉生态
002475	立讯精密	300195	长荣股份
300070	碧水源	300183	东软载波
300124	汇川技术	300146	汤臣倍健
300002	神州泰岳	300133	华策影视
300003	乐普医疗	300127	银河磁体
300039	上海凯宝	300115	长盈精密
300058	蓝色光标		

第三篇

资本运作思路选股

资本运作的对象肯定是资本，这一点毋庸多疑。而要说清楚什么是资本，却不是一件容易的事情。因为这需要好好的厘清资本与资产、产品之间的区别。鉴于我们在本篇所关注的问题是如何根据企业的资本运作进行选股，在不至于混淆概念的前提下，我们接受资本一个常见的定义：从整个经济的角度看，资本是能够给其所有者带来可预期的经济收益的能力。这一概念虽然简单，但也阐释清楚了资本的一些本质特征。

首先，资本的收益是面向未来的，具有一定的预期性质。与此相适应，资本运营与不确定性、风险性等概念结下了不解之缘。这明显的区别于产品运营中的确定性，因为产品的效用或者收益是当期的。

其次，资本的价值受到信息对称程度的影响。资本的价值是未来现金流的折现，随着时间的不断推移，关于资本价值的信息会不断地出现和增加，对资本现金流的估计和判断会不断变化和修正。资本价值也需要不断进行调整和修正。因此，信息不对称程度对资本市场运营的影响要远远大于对产品市场的影响。

最后，同一资本与不同的运营主体相结合，资本产生的价值可能会有天壤之别。一般产品的消费，不会因为消费主体的能力、努力、天赋、机遇等因素影响消费者的消费感受。而对于资本的消费，完全不是如此。资本不同于一般的产品，如果某项资本与 A 结合，经过 A 的努力经营，这项资本的价值就可能远远大于资本与 B

第九章
内涵式资本运作与选股方略

第一节 千秋基业——上市公司实业投资

一、实业投资是上市公司保持高成长的基石

实业投资的着眼点在于形成公司经济生产能力的增长，是推动公司业绩增长的活动，即一个公司为了获取未来的收益而现在将资金、资本等生产要素投入到生产领域的活动。正是这一特征使得实业投资有别于股票投资、债券投资等纯金融投资，后者虽然也形成未来的收益，但当前仅仅是所有权的转移，而不是生产要素的投入。实业投资得当，除了能为上市公司赢得多年持续的、稳定的收益外，特别是有利于企业扩大生产规模，实现企业的规模效益；开发新产品，提高技术水平，发展后续生产力；生产多种产品，发挥多元化生产的好处；为企业发展抓住新的投资机会。对投资者而言，这无疑意味着股价的攀升，高额的回报。

近些年，我国的经济运行虽然受到国外金融危机、债务危机等不利因素的影响，但依然保持了健康稳定的增长。当前，我国在加快转变经济发展方式、调整经济结构的背景下，国家鼓励大力发展新能源、新材料、节能环保、生物医药、信息网络和高端制造等行业，并在财政、税收、金融等多个环节予以扶持，这位上市公司进行实业投资带来了良好的机会。据 Wind 数据显示，截止到 2010 年底，我国 A 股市场上有上市公司 2 063 家，其中有 254 家直接持有创业板已上市或拟上市股权，占全部上市公司的 12.31%，金额总计为 92 315.17 万元。这一数据间接表明，我国上市公司的实业投资

已具有一定的规模。

二、影响实业投资成功与否的几个关键因素

上市公司进行实业投资成功与否，关系到投资者能否实现预期的收益。因此，投资者有必要尽量详尽地考察上市公司所要进行的实业投资项目。

上市公司在实业投资过程中遇到的问题答大体上有如下几个，这几个问题解决的好坏，直接关系到实业投资的成功与否。一是资金来源，包括来源渠道和来源结构。上市公司在没有充足的资金来源时，不仅难以保障实业投资的成功，也容易影响上市公司本身的生产经营，使得公司运作捉襟见肘。二是投资的产业方向。投资方向的选择与产品的供求有密切的联系，但投资尤其是生产性实物投资有一个较长的投资周期，对市场供求的变化应该具有预见性，而不是主要考虑现实的需求。对于我国 A 股上市公司而言，政府的产业结构政策对产业投向的选择具有重要的指导意义。三是投资的地点选择。投资的地点选择除了要考虑某一区域的资本利用率、产业发展优势，还要考虑一些重要的区位选择因素，例如，运输量、竞争、企业规模等。

三、评价实业投资效果的几个重要指标

在对一项实业投资进行评估时，要特别关注投资利润率、回收期两个静态指标以及净现值、内部收益率两个动态指标。投资利润率与资产经营收益的主要指标投资收益率是一致的，所以投资利润率也可称为投资收益率。具体到某一具体投资，投资利润率的计算又各有特点。在实业投资中，投资利润率是年利润与投资总额的比值，项目投资总额包括建设投资、垫支流动资金和建设期投资借款利息三个内容。具体内容如表 9－1 所示。

表 9－1　　实业投资主要参考指标

静态指标	投资收益率
	投资回收期
动态指标	净现值
	内部收益率

投资利润率的净值越大，说明投资经济效益越高。回收期又称静态投资回收期，是指以投资项目经营净现金流量抵偿原始投资所需要的全部时间，通常以年为时间单位。回收期能够直观地反映原始投资的返本期限，便于理解，计算也不难，是应用较为广泛的传统评价指标。回收期是个绝对量反指标。在一定情况下，回收期越短，投机经济效益好。

净现值是指在计算期内，按行业基准收益率或其他设定折现率计算的各年净现金流量现值的代数和。净现值是动态绝对量正指标，数值越大，投资项目经济效益越高。这一指标的优点在于既综合考虑了货币的时间价值，更接近于投资实际；又运用了项目计算期的全部净现金流量资料。但这个指标又不能直接反应投资项目的实际收益率水平，因此，不同投资额的项目无法用净现值直接比较经济效益的大小。在投资实践中经常用净现值率来弥补净现值的缺陷。只有当净现值与净现值率都有较高水平，才能说明该投资项目具有较高的经济收益。内部收益率又叫内涵报酬率或内部报酬率，它是指投资项目实际可望达到的报酬率或内部报酬率，它是指投资项目实际可望达到的报酬率，是使投资项目计算期内净现值等于零时的折现率。内部收益率是个动态相对量指标，它能从动态的角度直接反应投资项目的实际收益水平，同时又不受行业基准收益率高低的影响，比较客观。因此，这个指标是反映投资项目经济效益大小的综合财务指标。在投资项目财务分析中，如果某个投资项目内部收益率大于或等于行业基准收益率设定折现率，或在不同投资项目比较中这个指标表现较高的水平，这就是一个好的投资项目。

四、实业投资的经典案例：三一重工迈出国门

三一重工是我国工程机械领域的一个标杆企业。在 2008 年三一重工就实现了 209 亿元的销售额，并计划在 2012 年达到 1 000 亿元的销售额，跨入世界 500 强行列。目前，三一重工已经在全液压压路机、混凝土送泵车、混凝土输送泵等领域雄踞中国市场第一。在市场规模更大的煤炭机械领域，三一重工已经崭露头角。三一重工还准备进军核电设备、风电设备、航空发动机等装备制造领域。

在 2009 年，受全球金融危机的深刻影响，全球的商业世界一片萧瑟。风险和机遇都被成倍地放大，通用汽车、雷曼兄弟等一批百年老店先后遭遇破产的厄运，但也有一批更加富有创新活力的商业新锐正在脱颖而出。三一重工着力于打造成为一家卓越的全球公司，决意通过这场国际金融危机的重大测试，把握危中之机，奋力争取在战略、管理、创新、文化、营销等各个科目上取得优异成绩。

在这个大背景下，三一重工进入装备制造业超级大国德国进行投资，没有采用跨国并购等国际上较为流行的方式，而是选择了相对简单的实业投资方式：投资建厂。2009 年 1 月 29 日，三一重工与德国北威州正式签署投资协议。三一重工将在北威州下属的贝德堡市投资 1 亿欧元，建设研发中心和

机械制造基地。这是中国内地企业在欧洲最大一笔实业投资项目。新工厂于2010年在贝德堡正式营业。按照三一重工的规划，贝德堡工厂的销售将覆盖整个欧洲市场，项目计划投资1亿欧元，计划年产工程机械产品3 000台，预计实现年销售收入3.5亿欧元，利润总额4 802万欧元，投资利润率为27.75%，投资回收期6.93年。

三一重工之所以选取投资建厂的这种实业投资方式，是因为德国拥有全球顶尖的工程机械人才，看中的不是较低层次的设计，而是要依靠德国技术人员更为贴近欧洲市场的眼光，要把握研发的方向，找到符合欧洲市场需求的产品。此外，利用德国本土化人才，可以研发出更贴近欧洲市场需求的产品；在德国工厂组装，能够回避国际贸易壁垒和高关税壁垒。而充分利用国际化渠道，三一重工才能迅速扩张产品的市场份额。有效地避免了兼并重组过程中面临的产能刚性、人力资源刚性、文化陷阱等难以回避的矛盾。

三一重工的这项实业投资，是在国际金融危机中敏锐地发现了真正的机遇：金融危机使国外市场需求出现了严重不足，导致装备制造业供应链过剩，原来制约中国企业的关键零部件供应问题一下子豁然开朗。三一重工的液压件主要供应商是德国博世力士乐液压及自动化有限公司（BoschRexroth-AG)。之前，三一重工需要提前给付一年的预付款，力士乐才给三一发货。但是现在，力士乐转而主动向三一重工寻求发展战略伙伴关系。德国的工程技术人员相对比较保守，不太愿意为其他国家的公司服务。但金融海啸一来，他们也纷纷投奔三一重工，甚至一些高级CEO也主动加盟。目前三一重工在中国总部和海外公司已拥有800多位外籍雇员。金融危机还导致所有的要素、资本的价格大幅度下跌，三一重工海外扩张的成本压力也相对减轻了。

三一重工的实业投资使其股价飞涨。从2009年1月29日双方签订合约起，至2009年12月31日，三一重工在A股市场的股价由62.67元上升至112.27元，涨幅达77.55%（见图9－1)。从而可以预计，随着投资项目的展开，必然为投资者带来更为丰厚的回报。

由三一重工投资国外建厂的实例，我们可以得到如下几点启示：上市公司的实业投资方向一定要与自身产业相整合；一定要关注自身技术水平、管理能力的提升；一定要充分利用国际市场，运用适合于自身的融资技术。

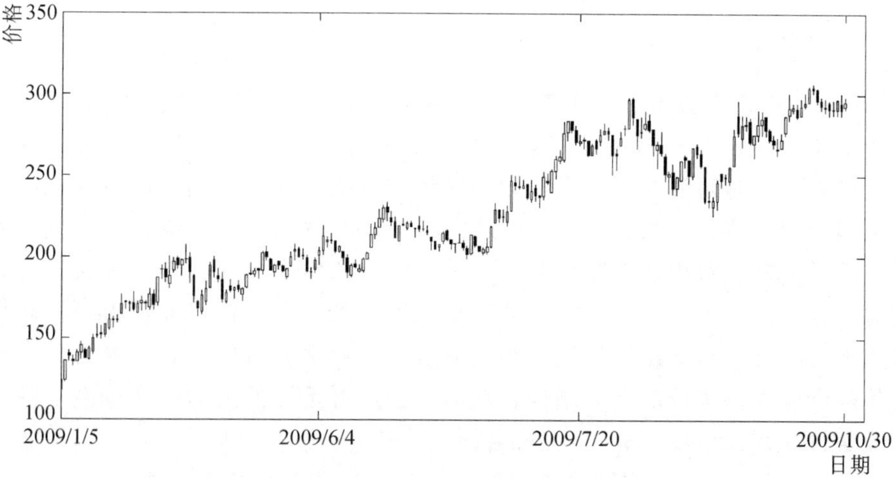

图 9-1 三一重工股价走势图

第二节 好风凭借力——上市融资

一、企业为什么要进行上市融资

所谓的上市融资，就是通过上市来融通资金，是经营公司将全部资本进行等额的划分，表现为股票形式，经批准后上市流通，公开发行。由投资者直接购买，短时间内可筹集到巨额资金。

上市融资属于直接融资，是不经金融机构的媒介，由政府、企事业单位，及个人直接以最后借款人的身份向最后贷款人进行的融资活动，其融通的资金直接用于生产、投资和消费。与直接融资相对应的是间接融资，后者指的是通过金融机构的媒介，由最后借款人向最后贷款人进行的融资活动，如企业向银行、信托公司进行融资等等。

资本市场的上市融资本质上是企业所有者通过出售可接收的部分股权换取企业当期急需的发展资金，依靠资本市场这种短期的输血促使企业的蛋糕迅速做大。从长远的角度讲，融资是手段而不是企业的终极目的。融资通过企业有效资本的具备而指向了企业现阶段所选择的产业或将转型的产业的竞争优势塑造，进一步指向了企业的利润以及终极的股东价值回报的最大化。

二、判断上市融资成功与否的六个“有利于”标准

（一）是否有利于企业实现低成本筹集资金，为企业发展赢得先机

企业的发展需要充足的资本，向投资人募集股本是较低成本的融资方式，首先，从时间成本上来讲，股权融资可以在短时间内融到足够的资本，比利润积累要节约时间；其次，从财务成本上来说，股权融资不需要支付利息，不增加财务费用，不减少公司税前利润，从整个公司的角度来说，公司的财务成本比债务性融资成本大大降低，因此，企业上市可以使得公司获得低成本的融资，从而迅速发展壮大。通过上市筹资，可以使企业筹集到大量的外来资金改善企业的财务结构，从而使企业有足够的财力去实现企业的经营战略目标，在市场上赢得竞争的优势。

（二）是否有利于实现产权的多元化结构形式，分散经营风险

我国沪深股票市场上市要求中规定：持有股票 1 000 元以上的的股东不少于 1 000 人，向社会公开发行的股份必须达到公司股份总数的 25% 以上；公司股本超过人民币 4 亿元的，向社会发行的股份比例必须达到 15% 以上。由此可见，企业上市可以改变过去单一股权的状况，分散企业经营风险，对推行公有制的多种有效实现形式、实现投资主体多元化起到积极的推动作用。

（三）是否有利于规范公司法人治理结构，转换企业经营机制

交易所和证券监管部门要求上市企业按照现代企业制度理顺企业产权关系，完善企业治理结构；要求企业产权关系清晰，法人治理结构健全，制订完善的《公司章程》、《股东大会议事规则》、《董事会议事规则》、《监事会议事规则》、《独立董事制度》与《董事会审计委员会工作细则》等上市公司法人治理规范制度。最近几年，中国电信、中国人寿、中石油等一批“巨无霸”型的国有企业纷纷上市，对这些大型国企来说，上市最大的意义在于推动改革。完善公司法人治理结构，规范股东会、董事会、监事会和经营者的权责，完善企业领导人员的聘任制度。通过对经营者实行股权激励，使得经营者和股东在同股同权同责任的基础上，构筑一个联股联利又联心的机制，使得二者之间利益趋同，风险共担。可以说，企业上市的过程就是规范和完善法人治理结构的过程。

（四）是否有利于企业资本运作，强化企业经营管理

企业的竞争，本质上是人才的竞争。企业上市在提高公司知名度的同时，企业员工的归属感和荣誉感会得到提升，对企业的信心也大为增加；在稳定了现有员工的基础上，也有利吸引人才的流入，同时上市公司也可以将

股票和期权作为一种激励员工和管理层创造业绩的有效工具，因此，企业上市，有利于提升企业的人才竞争力。

企业只有通过上市，进入资本市场后，可以逐步了解和熟悉企业资本运营的基本方式和方法。通过对企业资产重组、债务重组、收购兼并、关闭破产、实施债转股等资本运营方式的应用，迅速整合企业的资源，扩大企业经营的规模或范围，创出更大的效益。企业经营班子和高级管理人员经过资本市场的洗礼，可以培育自己的人才，通过资本运营来谋求企业更大的发展。

（五）是否有利于树立公司形象，提高市场占有率

企业的信用是企业在市场经济活动中对外交易的基础，信用较强的企业，对外借贷，贸易往来以及开展合作都可以更加容易争取到对方积极的配合，降低交易成本，从而获得更强的竞争力，由于上市企业治理规范、管理科学、具备融资渠道，所以容易获得较高的信用评价。

企业的知名度，也是企业竞争的一个重要方面。通过企业上市，媒体和公众关注其上市进程，就相当于为企业做了一次很好的宣传，而且还不需要花一分钱广告费！通过上市能够增加企业的形象品牌竞争力，有利于获得消费大众的好感，改善公共关系。像中国石油、中国银行这样的国有大企业的上市，和百度、苏宁这样的民营企业上市，都大大提升了企业的知名度，树立了良好的公众形象，这些都成为公司宝贵的财富。

当然，企业选择上市也会面临着一定的制约，如企业改制上市成本较高；要有符合企业实际情况的、可持续发展的企业战略；企业信息的强制披露，增加了企业经营的难度等。

（六）是否有利于实现原始投资人的价值提升

通过企业上市融资可以使原始投资人的账面收益和转让股票所带来的收益，达到一个质的飞跃。原始投资人由于持有上市公司的股权，其个人财富在上市后能得以数倍甚至数十倍增长。举例说明：A 企业上市之前的总股本为 4 亿股，净资产为 4 亿元，预计下一年度盈利水平为 2 亿元。若 B 股东拥有 A 企业 50% 股权，则 B 股东现投资价值 $4 \times 50\% = 2$ 亿元。A 企业上市发行 1 亿流通股，按照 20 倍市盈率预计发行价格为 $20 \times 0.5 = 10$ 元，则 B 股东持有的 2 亿股的账面价值由 2 亿元提高到 20 亿元。如果 A 企业是高成长型企业，市场给予较高市盈率定价，当股价达到 15 元时，B 股东持有股票的市值将达到 30 亿元，实现资产价值在短时间内迅速升值 15 倍。上市固然可以为企业带来上述诸多好处，但是任何事物都有其两面性，企业上市同样存在风险，并且也是一个痛苦和漫长的过程，需要相当的毅力和耐心。

第三节
体制也是生产力
——上市公司内部业务重组

一、上市公司因何进行内部重组

成长是企业的永恒主题，重组也同样是企业成长的永恒主题。在经济全球化风起云涌的今天，上市公司为了获得以及保持竞争优势而进行的竞争更为激烈，上市公司内部或上市公司间的战略重组也日益频繁和强劲，并且成为上市公司提高竞争力、保持竞争优势的重要途径。重组（restructuring）是上市公司对目标、资源、组织体制的重新定位、重新配置、重新构造和调整，以适应内、外部环境的变化，保持和创造竞争优势的过程。在这个过程中，上市公司通过在战略层面对业务、组织结构以及财务等方面的调整实现企业的全面变革，促进企业机制转换与结构转换，化解企业的生存危机，重塑企业的竞争优势，为企业构筑持续增长的平台。通常，业务整合往往伴随资产重组、债务重组、股权重组、人员重组和管理重组等相关过程。上市公司发起业务整合活动是市场经济条件下的一种正常的企业行为。

按照上市公司的重组是否涉及其他公司，可以分两类：外部业务重组和内部业务重组两类。外部业务重组是指上市公司对外围企业的业务，或对产业上下游的关联业务进行的调整合并过程，以达到增强企业竞争实力，加强产业控制力的目的。外部业务整合也是企业对产业价值链的整合，即通过整合技术、管理、资金或者其他资源，秉承各展所长、优势互补、利益共享、风险共担的合作原则，体现比单一企业更大的协同效应，在整个价值链上创造更大的价值。

在内涵式资本运作选股方面，我们更为看重的是上市公司内部的业务重组，它是指企业将其内部产业或业务根据优化组合的原则，进行的重新调整和配置。企业通过内部业务整合，成为一个整合服务提供商，可以充分共享资源，提高运作效率，降低运营成本，增强企业核心竞争力和盈利能力。

二、判定内部重组成功与否的三个“有利于”

（一）是否有利于形成上市公司的核心优势

随着公司所涉及的行业和业务进一步扩大化，多元化战略所带来的问题也日渐凸现。企业进行内部业务重组，可以解决集团型企业资源分散的问题，形成优势合力，打击竞争对手，强化企业核心竞争力，实现战略协同。

这一运作模式有着很强的理论背景做支撑。在20世纪90年代形成的热潮，引发了学者们对边界理论、委托代理理论、核心能力理论、交易费用理论、生命周期理论等相关理论富有意义的及有成效的探索。

随着经济全球化的日益深入，中国企业的经营环境也发生了剧烈变化。中国企业是如何通过重组配置资源，以与外部环境进行匹配，是一个有着积极意义的问题。随着公司的业务跨度越来越大，从而导致公司的业务过于分散，主导业务不突出，直接影响到公司的市场形象和经济收益。

组织结构和业务结构不合理，一是从组织结构来看，集团公司的管理幅度过大，领导花费大量时间和精力做各分子公司的协调工作，易于陷入日常事务中而无法考虑公司的战略规划、资本运作、重大投资等长远发展问题。二是同类子公司为追求自身利益而争夺资源和市场，甚至出现了内部的恶性竞争，这种内部的恶性竞争导致集团公司在某些业务领域难以形成规模经济和品牌优势，削弱了集团公司的市场竞争力。

（二）是否有利于上市公司明晰主业

本着“有所为，有所不为”的原则将业务结构划分主营业务与非主营业务；对于主营业务则全面提升，而非主营业务则调整优化，对于投资项目要根据其财务效益情况做出相应的调整。通过选择适度多元化的业务组合，以求公司业绩整体优化。并视战略实施结果的反馈和全面评审，进一步对业务组合和资源配置作调整，如此循环反复，推动公司跨越式发展。

一般讲来，主营业务是收益率好且发展前景看好的产业，其他可归为非主营业务。值得注意的是：目前收益不好但发展前景看好的产业，归于哪一类则要视公司战略规划、及公司的实力情况来定。另外，主营业务与非主营业务的划分是动态的，要根据环境的变化及公司经营情况作出相应调整。主营业务全面提升的根本是培育和提高核心能力，这是企业持续保持竞争优势的保证。

最后还要对业务板块进行组合优化。业务整合的必要性在于经营单位和投资项目的多、散、乱。具体实施应该是把业务相同的单位整合在一起，成立一个大单位。如果两个业务相同的子公司实在无法整合在一块。那么，集团公司应严格规定各个子公司经营区域，通过业务合同认定上的控制来避免内部恶性竞争。

（三）是否有利于上市公司进行组织结构的调整

美国管理学家钱德勒的“战略追随战略”认为，企业经营战略应当适应环境，即满足市场需求，而组织结构又必须适应企业战略，随着战略的变化而变化。因此，当公司的业务结构调整后，组织结构也应该按专业化原则作出相应的变化。组织结构既要有效地克服内部恶性竞争问题，又需要有助于树立专业化公司的良好形象。根据上面的分析，我们对公司的业务整合提出这样一些政策建议。鉴于目前集团公司主业不突出的问题，建议公司将业务划分为主营业务及非主营业务。由于公司的劳务业务和工程承包业务的投资收益高且发展前景好，公司宜将这两个业务作为主营业务，其他则为非主营业务。对于主营业务，应有“成长比规模更重要”的意识，重点培育这两个产业的核心竞争力，而不能过分追求近期收益。对于非主营业务根据业务相关性整合为业务板块。在业务整合同时进行组织结构的调整。特别要做好子公司经理及业务骨干人事安排的问题。企业进行业务整合的目的是重新划分业务模块，提高投资回报。

三、什么样的业务重组能为投资者带来高回报

上市公司的业务重组能不能为投资者带来丰厚的回报，取决于业务重组有没有实现公司既定的目标。因此，投资者进行决策时需要考虑业务重组如下几个方面的特征：一是要考虑上市公司的业务重组能否提高规模效益，主要体现在战略目标调整后销售收入能否有一个大的提升；二是在对现有业务进行梳理后，公司能否获得一个好的盈利原则，提高自身的盈利能力；三是业务重组的可操作性，业务重组一般按照复杂程度、盈利能力等，进行先易后难的操作，如果业务重组令公司伤筋动骨，恢复正常的经营就需花费时日；四是要考虑公司完整的产业链，在产业链中处于原材料及主要产品的优势业务，要划入优先遴选范围；五是要坚持可持续发展的原则，注重业务重组后公司长期的可持续发展能力的增强，对已进入后成熟期或衰退期的业务要慎重整合。

第四节
案例分析：大湖股份
——全产业链投资造就高成长性

大湖股份全称为大湖水殖股份有限公司，于 2006 年 6 月在上交所上市，被誉为“中国淡水养殖第一股”。公司致力于生态养殖，构建了以水产养殖

为主体，生物制药、生物食品产业与信息房地产服务业为两翼的“一体两翼”产业格局。公司现有分布于湖南、安徽两省的41.3万亩无公害淡水养殖水面，分（子）公司共14家，所产“洞庭”牌系列水产品均通过国家无公害产品认证，销售市场遍及全国。

一、手握丰富资源

大湖股份拥有173万亩内陆大水域，占我国已养殖湖泊和水库面积的4.9%，位居国内第一。在国内中东部拥有50万亩优质大水面，按照1万元/亩50年的使用权（200元/亩/年），资源价值50亿元；2009年拿到的123万亩新疆乌伦古湖，按照1 000元/亩30年的使用权，资源价值12.3亿元，仅此两项价值就远高于目前39亿元的市值，随着国家对农业资源权证流转的进一步推进，大湖股份资源价值将被市场逐步认可。

二、品牌战略逐步形成

大湖股份的水产品是天然生产的，起初由于采用湖边销售方式，没有形成品牌效应，未能享受相对人工养殖水产品的价格溢价。对此，公司制定了适合自身的品牌战略。2010年9月公司在北京高调亮相，计划用3年时间在全国10个以上中心城市以定点专供方式为1 000家高端的酒店和专卖店供应优质大湖鱼，在全国率先进行鲜鱼品牌销售，分别向湘鄂情、万龙洲等餐饮知名店授予指定经销商或特约经销商牌匾，进行定点销售，并拟制定国内大湖鱼标准，将明显提高其水产品议价权和毛利率。

在国家“以养兴渔”作为渔业经济结构调整主方向的政策背景下，由于消费增长带动，水产品价格会有较长时期的恢复性上涨，“十二五”期间行业发展政策环境较好，据方正证券分析显示，未来3年水产养殖行业利润年均复合增长率将达到15%，行业盈利性和成长性有望得以延续。大湖股份作为行业龙头，无疑会在这场盛宴中收获自己的品牌溢价与规模溢价。

三、整合上下游产业链

大湖股份于2011年7月8日对外公告非公开发行股票预案：拟以7.21元/股向第一大股东湖南泓鑫控股发行3 500万~5 000万股，募集资金额募集资金为2.5亿~3.6亿元，投资项目：（1）大湖中华鳖自然放养项目；（2）淡水产品综合加工项目；（3）淡水产品冷链物流及“千店工程”品牌营销项目。大股东泓鑫控股以现金方式出资约3个亿认购，增发完成后持股比例由现在的21.7%上升至27.7%~29.9%。

大湖股份此次增发的目的是将资金全部用于水产业，着力打造“种苗培育—大湖散养—水产品粗加工—水产品深加工—冷链物流配送—定点专供”的水产品全产业链，实现从“湖面到餐桌”的安全、健康、诚信的产业链。近些年居民食品安全意识不断强化，公司的优质水产品和全产业链经营使其在业内拥有无可比拟的竞争优势，大股东以现金方式认购，即是证明对未来前景的认可。

作为实施产业链规划的一部分，大湖股份2011年10月24日董事会审议通过了《同意签署新疆阿尔泰冰川鱼全产业链建设项目投资意向协议》的议案，与福海县政府签署了这一协议。项目计划3~5年内投资不超过2.4亿元，在福海县区域内建设阿尔泰冰川鱼种苗繁育、加工、品牌营销及水产品冷链物流、综合配套等全产业链建设项目。此项目就是将公司的产业链规划付诸实践。

冰川鱼是大湖股份未来优质产品的一大卖点：公司的乌仑古湖水面123万亩，生产我国仅有的冷水鱼（乌仑古湖是我国唯一注入北冰洋的河流，鱼种洄游北冰洋，是严格意义的冷水鱼，又称冰川鱼）。由于独特的冷水环境、缓慢的生长进程，鱼肉鲜美有独特的营养价值，在公司乌仑古湖鱼产量增长、冷链物流配送体系建成后，冰川鱼或将成为淡水鱼消费新时尚，为公司贡献难以估量的利润。大湖股份股价的不断攀升，无疑是对这一项目的高度认可。

第十章
外延式资本运作与选股方略

第一节 上市公司迅速成长的助推器——收购与兼并

自2008年以来，受国外金融、债务危机的影响，我国企业面向国际市场的出口受阻，国内经济又面临着结构转型和通胀的压力，使得大多数上市公司的经营面临着前所未有的困难。宏观经济形势不容乐观，使得市场竞争加剧，上市公司为了自身的生存以及在经济低谷的条件下进行生产的扩张，纷纷加快了收购与兼并的步伐。这一状况可有上市公司的并购公告予以反映。2008年至2010年间，有关上市公司进行收购兼并的公告分别为4 867件、4 683件和4 685件，而在2005年至2007年，相应数字分别为3 606件、3 064件和2 791件。这期间虽然有上市公司增多的原因，但并购公告的增长速度远大于上市公司增加的速度。

投资者如果能抓住上市公司收购与兼并的机遇，无疑是“傍上了大款”。上市公司收购或是兼并其他企业后，公司的业绩会有大幅的提升，股价也自然会随之走高。图10－1是珠海中富的股价走势图。2007年3月份，公司新建子公司扩充产能，收购了中富（沈阳）实业有限公司100%股权，合资设立河南中富瓶胚有限公司和温州中富塑料容器有限公司。这些措施无疑会大大加强自身的竞争力，给企业未来几年带来持续不断的盈利。珠海中富的股价也是应声而涨，一飞冲天。

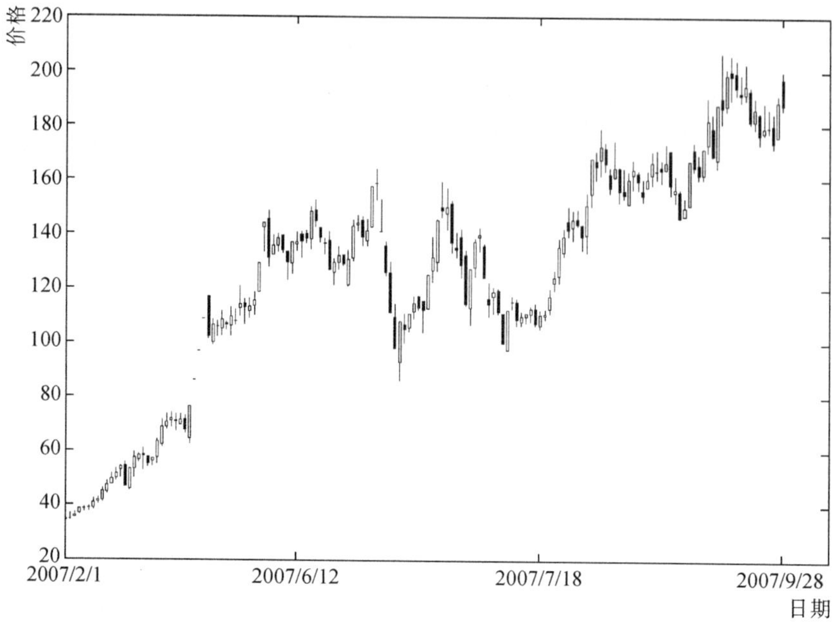

图 10-1 珠海中富股价走势（复权后价格，2007 年 1 月 4 日~2007 年 12 月 28 日）

一、并购的概念及其实质

收购与兼并（M&A）又称为并购，是指一个企业购买其他企业的全部或部分资产或股权，从而影响、控制其他企业的经营管理，其他企业保留或者消灭法人资格。收购是指一家企业用现金或者有价证券购买另一家企业的股票或资产，以获得该企业的全部资产或者某项资产的所有权，或对该企业的控制权。与并购意义相关的另一个概念是合并（Consolidation）——是指两个或两个以上的企业合并成为一个新的企业，合并完成后，多个法人变成一个法人。兼并是指一个企业通过产权交易获得其他企业的产权，使这些企业的法人资格丧失，并获得企业经营管理控制权的经济行为。

对上市公司而言，收购与兼并的实质是在于企业控制权运动过程中，各权利主体依据企业产权的制度安排，进行权利让渡的行为：收购与兼并是在一定的财产权利制度和企业制度条件下进行的，在并购过程中，某一或某一部分权力主体通过出让部分的企业控制权而获得相应的收益，另一个部分权利主体则通过付出一定代价而获取这部分控制权。企业并购过程实质上也就是企业权利主体不断变换的过程。

二、企业并购的分类

（一）企业并购按照法律形式分为吸收并购、创立并购和控股并购

1. 吸收并购。吸收并购是指一个企业通过发行股票、支付现金或发行债券等的方式取得其他一个或若干个企业。吸收并购完成后，只有并购方仍保持原来的法律地位，被并购企业失去其原来的法人资格而作为并购企业的一部分从事生产经营活动。

2. 创立并购。创立并购是指两个或两个以上的企业联合成立一个新的企业，用新企业的股份交换原来各公司的股份。创立并购结束后，原来的各企业均失去法人资格，而由新成立的企业统一从事生产经营活动。

3. 控股并购。控股并购也称取得控制权，是指一个企业通过支付现金、发行股票或债券的方式取得另一企业全部或部分有表决权的股份。取得控制权后，原来的企业仍然以各自独立的法律实体从事生产经营活动。

（二）按并购双方的行业关系，并购可以划分为横向并购、纵向并购与混合并购

1. 横向并购。横向并购（即水平并购）指并购双方处于相同或横向相关行业，生产经营相同或相关的产品的企业之间的并购。

2. 纵向并购。纵向并购（即垂直并购）指生产和销售过程处于产业链的上下游、相互衔接、紧密联系的企业之间的并购。

3. 混合并购。混合并购是非竞争队友又非现实的潜在的客户或供应商的企业之间的并购。

三、上市公司并购带给投资者的机会

以上分析表明，上市公司并购的种类繁多，再加上五花八门的实现手法，足以令投资者眼花缭乱。投资者要想乘上股价飞涨的快车，需要对企业的并购能否成功做出一个清晰的判断。具体说来，投资者应该关注上市公司的并购行为时，应该着重把握如下几个方面的特征。

（一）并购能否给上市公司提供战略机会

上市公司进行并购的动因之一是购买未来的发展机会，当一个公司决定扩大在某一特定行业的经营时，一个重要战略是并购那个行业中的现有企业，而不是仅仅依靠自身内部的发展，原因在于：直接并购正在经营中的企业，获得了时间上的优势，避免了工厂建设延误的时间；减少一个竞争者，并直接获得这个竞争者在行业中的位置。上市公司并购的另一个战略动因是进行市场垄断：两个企业采用统一价格政策，可以使它们获得高于完全竞争

时的收益。如果这两个战略都达到了，并购无疑是大为成功，退而求其次，任何一个战略得以实施也不错。如果鱼与熊掌是“不可兼得”，并购无疑是失败的，投资者更不能指望得到高回报。

（二）并购能否降低上市公司的交易费用

企业和市场是两种不同但又可以相互替代的交易制度。企业可通过“内部化”来节省交易所导致的交易费用。企业的规模边界在于企业内部的边际组织成本与企业外部的边际交易成本相等的那一点。因此，当上市公司通过并购将本公司的外部交易转化为内部的调拨更能节省交易费用时，上市公司的并购行为就是值得的。

（三）被并购的企业能否与上市公司发挥协同效应

系统理论的原理告诉我们，整体的功能是大于组成整体的各部分简单相加之和的。并购后两家企业合成为一个有机整体，企业的总体效益要大于两家独立企业效益的算术和，即所谓的“协同效应”。它包括管理协同效应、经营协同效应和财务协同效应，可节省管理费用、营销费用，减少库存现金等。并购行为发生后，被并购企业应该与上市公司在如下几个方面发挥协同效应：在生产领域，可产生规模经济性，可接受新技术，可减少供给短缺的可能性，可以充分利用未使用的生产能力；在市场领域，可产生规模经济性，是进入新市场的途径，扩展现存分布网点，增加产品市场控制力；在财务领域，充分利用未使用的税收利益，开发未使用的债务能力；在人事领域，吸收关键的管理技能，使多种研究与开发部门融合。

这几个方面的协同效应如果不能得到发挥，则并购的效果不甚理想，投资者的收益情况也不容乐观。

四、新华都并购易买得的启示

受金融危机的影响，韩国零售巨头易买得在华收缩“战线”，而此时的新华都正谋求向省外市场进行扩张。新华都于 2011 年 11 月 1 日在对外公告中称，易买得签订《股权转让框架协议》，约定以 1.25 亿元收购其所持有的宁波易买得商业有限公司、常州新世界（600628）易买得商业发展有限公司、泰州新世界商业发展有限公司、杭州易买得商业发展有限公司 100% 股权。此举有利于新华都快速的切入江浙零售市场，拓展省外发展空间。

公告显示，上述收购 10 月 28 日得到新华都董事会审议通过，同意新华都与易买得签订《股权转让框架协议》。协议约定，新华都以 1.25 亿元收购易买得所持有的4家外商独资企业，即宁波易买得商业有限公司、常州新世界易买得商业发展有限公司、泰州新世界商业发展有限公司和杭州易买得商业发展有限公司100%股权。

本次交易价格系双方以市场原则定价，以出售方提供的截至2011年9月30日的会计资料显示之净资产及其在当地的零售网点优势作为定价依据。而根据易买得提供的截至2011年9月30日的会计资料计算的基准净资产为人民币2.78亿元。

同时，双方还对交易对价的调整进行了约定。本协议签署之日起5个营业日内新华都方开始对目标公司进行尽职调查。如果尽职调查净资产与基准净资产之间产生的差异在最初交易对价的5%以内的，双方不调整交易对价；如果尽职调查净资产与基准净资产之间产生差异超过最初交易对价的5%的，则按实际差异数额相应增减交易对价。

资料显示，易买得是韩国国内第一家大型超市、全球综合零售企业，截至2011年7月，已经在韩国国内开设有136家连锁分店，在中国开设有27家分店，目前是韩国最大的大型超市。不过，此前传出易买得因为亏损不得不选择收缩中国“战线”，准备出售其位于华北和华东地区的11家门店，但买家一直未浮出水面。新华都今日发布的公告未对收购标的拥有的门店情况予以披露。

新华都表示，公司通过收购易买得所属4家外商独资企业100%股权，有利于公司快速介入江苏、浙江当地的零售市场，能够拓展公司省外发展空间，做大做强公司主营业务，符合公司省外拓展的战略目标，对实现公司战略目标将有积极影响。

作为区域性龙头，新华都在福建省内众多地区拥有绝对的扩张优势。作为向省外扩张的尝试，新华都正在筹划的增发方案显示，公司计划以租赁店面的方式，在福建、广东和贵州省拓展38家连锁超市和3家百货。分析人士就此指出，新华都如今收购易买得4家子公司，算得上加快了省外市场的扩张步伐。1.25亿元的收购价格相当于标的公司净资产的45%，也算得上“白菜价”。不过，新华都收购易买得旗下资产后的整合效果尚待观察，仅就股价的表现来看，公司发布这一并购消息后，新华都股价扶摇直上，见图10-2。

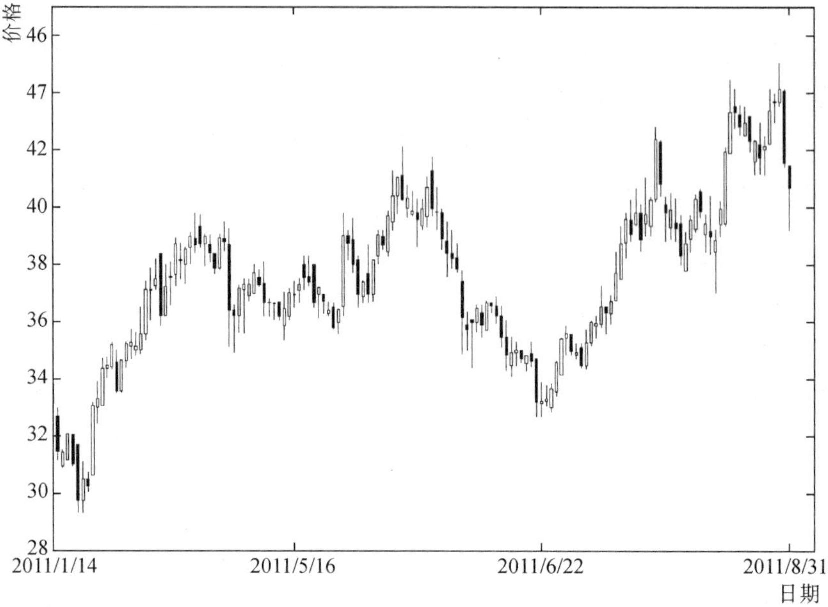

图 10－2　新华都股价走势（复权后价格，2010 年 1 月 14 日～2011 年 8 月 31 日）

第二节 上市公司间的合纵连横——持股联盟

一、如何理解持股联盟

对持股联盟最直接的理解就是，两个或多个在经营上有所往来的上市公司相互持股结成联盟，做到你中有我我中有你，依靠整体的力量，进可攻、退可守，共享盈利、共担风险。

有两个概念与持股联盟紧密相关，一个是交叉持股，一个是战略联盟。交叉持股是指两家或两家以上公司相互持有对方的股权。持有股权可能是为了获取所有权收益，但在具体的业务上并无往来。因此，持股联盟与交叉持股相比，不仅要相互持股，更为重要的是要形成联盟。战略联盟是指由两个或多个具有对等经营实力或者在资源、能力、渠道、市场等方面以及在价值链的创造上有互补作用的企业或特定事业和职能部门，为实现某些共同目标而以契约的形式结成的松散型网络组织。持股联盟与战略联盟相比，虽然都是达成了联盟关系，但前者要求要以持股的方式结成联盟，而不是依赖于契约。

持股联盟可以分为简单交叉型和网状交叉型两类。简单交叉型仅仅发生在两个上市公司之间，两个公司互相持有对方公司的股份，是关联公司间建立交叉持股网络的基础，如图 10－3 所示。

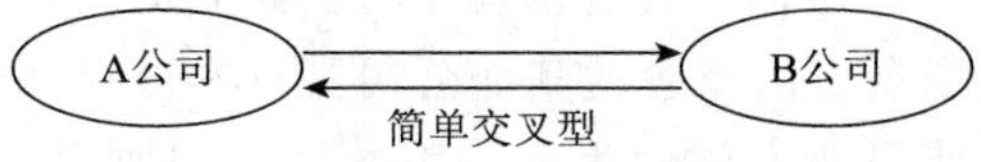

图 10－3　公司间简单交叉持股示意图

网状交叉持股的结构最为复杂，有多家上市公司参与了持股联盟，而且它们全部都与其他公司产生交叉持股关系，如图 10－4 所示。

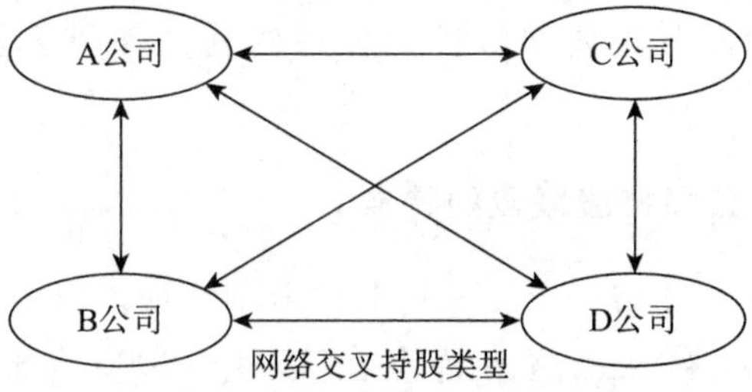

图 10－4　公司间网络交叉持股示意图

持股联盟的现象在日本和德国最为普遍，是公司治理“日德模式”的重要特征。日本持股联盟发端于 20 世纪 50 年代，至 80 年代开始衰落，但最近的研究表明当前日本持股联盟有东山再起的动向。持股联盟在英美法系国家则比较少见，因此国外关于持股联盟的研究也以日本学者居多。随着我国经济体制改革的深入，持股联盟也成为学者研究的重要对象。在我国的 A 股市场上，交叉持股的想象比较普遍，但都是以短期证券投资获取盈利为主，结成联盟的并不多见。据 Wind 提供的上市公司 2010 年年报数据显示，539 家公司存在着交叉持股的现象，占 2063 家全部上市公司的 26.13%，其中持有 10 家以上上市公司股票的有 62 家，特别是华域汽车，持有 31 家其他公司的股票。

二、上市公司为何要进行持股联盟

上市公司形成持股联盟，一是同外围竞争环境急剧变化有关，二是同公司本身的战略调整有关。持股同盟是把双刃剑，优劣都很明显，上市公司应该谨慎从事。

持股联盟具有很多优点，如有利于上市公司稳定经营权，降低交易成本并提升公司的经营效率等。特别是持股联盟有助于上市公司防止其他公司的恶意收购与兼并。公司间适度交叉持股可以增强公司间的联盟与合作，稳定公司的股权结构，可以有效阻止他人的恶意收购。分散的股份在遇到他人收购时，持股联盟可以起到有效的反收购作用，如成员公司在紧急情况下为维持其股价、防止其崩盘，由持股的其他公司买进本公司的股份，而避免被收购的命运。这就会使得他人望而生畏，不敢轻易采取吞并目标公司的行动。此外，有利于互相抑制分红要求以增强资本的积聚。

公司间互相持有对方股份，种种实例表明其主要目的并不在于享受公司的股息和红利、投机获利，而是为了实现其向某一方向或领域发展的战略构想，这有利于公司资产的增值与积累。在公司交叉持股格局中，交叉持股公司之间可以互相抑制分红要求，扩大公司留利，有利于公司资产的增值与积累。

三、我国上市公司持股联盟的特点

地域性是我国 A 股市场上交叉持股的典型特征。以地域为单位的交叉持股在 2001 年左右就存在，这一特点在 2004 ~ 2006 年仍然存在，而且在 2004 ~ 2005 年两年达到巅峰。根据对 2004 ~ 2008 年第一季度全市场的交叉持股对的统计，2004 ~ 2006 年，存在着上海、深圳、江苏、天津、武汉和成都等几个地域性的交叉持股集团。这些持股联盟集团，都是典型的网状交叉持股。

此外，金融机构与上市公司间的持股联盟在增多。从 2007 年开始，大量的金融机构上市，上市公司对它们的持股也都浮出水面。此前，主要是券商与上市公司间交叉持股，而到了 2007 年则出现了较多的银行、保险公司持股。持有上市公司最多的金融机构是银行，其次是券商，其他三类金融机构的比例相对较小。这主要与金融机构的规模有关，我国银行业和证券业的规模（以市值衡量）要远大于其他类别的金融机构，而且这两类金融机构的上市公司也比较多；另外，上市公司与银行和券商的业务往来也比其他金融机构更为密切。从反向来看，金融机构持有的上市公司股权也比较多。几家大型金融机构是 A 股市场的重要投资者，他们持有大量的流通股和非流通股。中国人寿和中国平安两大保险公司就占据了 A 股市场 34% 以上的对外股权投资份额，而且单家金融机构持有的上市公司家数比较多，绝对量也比较大，这是不同于大部分非金融类上市公司的主要特点。

第三节 上市公司开疆拓土之利器——对外投资

一、对外投资的涵义

上市公司的对外投资，是指企业为了获取未来收益或者满足某些特定用途以其货币资金、实物资产或无形资产投资于其他企业，或者购买其他企业的股票、债券等有价证券的经营活动。

从不同的角度出发，对外投资具有不同的分类：按拨出资金回收期限可以分为长期投资和短期投资；按照按投资方式可分为直接投资（实物投资）和间接投资（证券投资）；按照所按拥有权益不同可分为股权投资和债权投资。

不同类型的对外投资，反映了上市公司不同的战略意图。其中，短期投资的变现能力较强，往往只是上市公司调节闲置资金的手段，其规模不大，因此给公司带来的经营风险相对较小；长期投资获得利润和变现的周期较长，风险相对较大，可能对上市公司的业绩与发展产生直接重大的影响，因此长期投资往往与上市公司的技术进步、生产经营有着重大联系。

根据 Wind 的统计显示，截止到 2010 年底，共有 689 家上市公司持有非上市企业的股权，合计金额为 1 020 亿元；2011 年中报显示，上市公司中直接持有创投公司股权的有 93 家，合计金额为 74. 63 亿元，直接持有创业板已上市或即将上市股权的有 122 家，合计金额 13. 39 亿元。

二、对外投资蕴含着哪些投资机会

对上市公司自身来说，对外进行投资可以利用公司闲置的资金和资产，使之得以充分利用，提高经济效益。通过对外投资，上市公司能获取有利于公司增长壮大的机会。如通过对与公司紧密相关的能源、原材料产业，可以保证公司能源、材料成本低廉，价格稳定，解决公司某些资源供应不足的问题；通过投资于下游销售企业，可以为公司开辟新的产品市场，扩大销售规模；通过与国内外先进的企业进行联合，便于从国内外其他企业获取先进技术，快速提高企业技术档次；利用控股的方式对外投资，可以使企业以较少的资金实现企业的扩张。

当然，对外投资也具有一定的风险。特别是在国际经贸往来愈发频繁的今天，走出国门对别国企业进行投资合作，需要考虑的风险更多，如利率风险、购买力风险、市场风险、外汇风险、决策风险。利率风险是由于银行存款利率变化，使对外投资收益相对减少的风险；购买力风险是由于物价上涨、通货膨胀给投资者带来损失的风险；市场风险是由于客观因素和人为的主观因素导致投资者无法实现预期收益而带来的风险；外汇风险是由于汇率变动而形成的风险；决策风险是由于决策失误或管理不善而形成的风险。

能够综合权衡风险与收益的对外投资，才有更高的机会获得成功。上市公司北斗星通于 2011 年 3 月 8 日第二届董事会第二十二次会议通过了《关于投资深圳市华云通达通信技术有限公司的议案》，向华云通达通信技术公司以“现金增资”模式，金额共计 1 209 万元进行增资式投资。增资后，北斗星通持有华云通达 33.5% 的股权。

深圳市华云通达通信技术有限公司是一家专业从事卫星预警信息接收机、卫星通信气象数据广播系统、防雷产品的技术开发和销售及相关技术咨询的高科技公司。华云通达的相关业务与北斗星通从事的导航定位业务在气象领域应用有着互补的关系。本次投资是北斗星通拓展卫星导航技术与产品在气象领域应用的重要举措。这一投资消息公布后，北斗星通公司的股价在 10 个交易日内上涨了 12.6%。

北斗星通对华云通达的投资，考虑到了业务相关性、技术可靠性、财务可行性等诸多因素，投资后能显著的提升公司业绩，增强公司在行业中的竞争力与市场占有率。无疑，北斗星通的投资是成功的，投资者也能借此获取高额的回报。

第四节
案例分析：吉林敖东
——持股广发证券获得高回报率

吉林敖东增持广发证券，还涉及辽宁成大等多个公司，这一资本运作案例堪称经典。细细地梳理这一案例，无疑能提高投资者识别优秀的资本运作的能力，有助于把握眼前的投资机会。

一、吉林敖东增持广发证券的背景

吉林敖东于2005年2月24日的对外公告中称，公司于2005年2月19日接到证监会批复，同意公司分别受让广东风华高新科技集团有限公司、吉林敖东药业集团延吉股份有限公司、广东珠江投资有限公司持有的相关广发证券股权。目前公司正在办理相关工商变更登记手续，工商变更登记完成后，公司共计持有广发证券542 740 414股，占其总股本的27.14%，为第二大股东。公告称，经与风华高新科技集团协商并签订补充协议，原每股受让价格由1.168元确定为1.20元，为此，受让该部分股权总价款将增加138万元；此外，2004年度，广发证券经初步审计，预计利润超亿元，公司的投资不存在投资减值情况。

同时，2005年第一季度，吉林敖东将对广发证券实施权益法核算，将对公司的财务报表产生一定影响。广发证券的前身是1991年9月8日成立的广东发展银行证券部。1993年末设立公司，2001年改制为广发证券股份有限公司。2006年9月11日，公司通过“回购+换股吸收合并”方式，借壳延边公路启动了公司的整体上市计划，在积极做大做强，增厚净资本实力的方向上迈出了重要的一步，是中国资本市场上的一次重大创新，为证券公司上市闯出了一条新路，在中国证券界引起了强烈反响，《证券时报》、《上海证券报》均将其评选为2006年中国证券市场十大事件之一。那么这一过程具体是怎样的呢，这其中是否有什么值得我们借鉴的地方？

从2001年开始，广发证券股份有限公司（以下简称广发证券）就开始酝酿IPO计划，但正当广发证券准备递交上市申请材料时，2002年证券市场寒冬使得行业大面积亏损，广发证券也不能幸免，账面亏损2亿元，导致目前无法满足连续三年盈利这一上市基本条件。另一方面，在2004年与中信证券的反收购战里，广发证券意识到了资本的力量，尽快实现上市的心愿更加坚定。而2005年6月份开始，所有的IPO暂停，广发证券的IPO计划又变得漫长起来。为了规避IPO上市政策中的“三年盈利”限制尽快上市，广发证券选择了借壳上市。

延边公路建设股份有限公司（000776）（以下简称延边公路）无疑是广发证券借壳上市的最佳目标，其股权结构简单，资产干净，而且还没有进行股改，符合壳资源的一般要求。另一方面，吉林敖东药业集团股份有限公司（000623）作为广发证券第二大股东（占股27.14%），同时也是延边公路第一大股东，持有46.15%的延边公路股权。吉林敖东此双重股东身份奠定了借壳运作过程中良好的协调与衔接基础，有助于推进整个借壳上市进程。另一方面，吉林敖东、辽宁成大股份有限公司（600739）和广发证券之间的交叉持股，形成的稳定利益“铁三角”状态也对此次广发证券借壳上市过程奠定了坚实的基础。

上市前，辽宁成大持有广发证券5.46亿股，占总股本27.3%，为广发证券第一大股东；吉林敖东持有广发证券5.43亿股，占总股本27.14%，为广发证券第二大股东。相反的，广发证券持有辽宁成大6 282.11万股，占辽宁成大总股本12.6%；同时持有吉林敖东1 213.69万股，占吉林敖东总股本的4.23%。

2006年6月22日，延边公路发布公告，称接到大股东吉林敖东通知，已于6月20日与深圳国际信托投资公司（以下简称深国投）签署了《股权转让协议书》，以每股1.23元的价格收购深国投手中3 467.52万股延边公路的国有法人股。转让完成后，吉林敖东合计持有延边公司非流通股增加到8 497.79万股，持股比例占到延边公路总股本的46.15%。由广发证券员工发起设立的深圳吉富创业投资公司（简称吉富公司）持有广发证券12%的股份，但是其特殊的股权结构不被监管层所认同（因为《公司法》规定，“股东人数超过200人都属于公开发行公司，需要证监会的审批”）。所以根据证监会要求，在广发证券借壳上市之前，吉富公司须全部出售其所持广发证券股权。稍后，有广发证券相关人士于2006年9月11日透露，吉富公司持有的该部分股权已计划转让给5家非上市公司，转让程序正在审批当中（南方日报，2006）。一天后，即2006年9月12日，有报道称广发证券一位高层透露，吉富公司股权目前已全部转让给数家公司——“这几家企业都不是上市公司，转让后，它们各自所占广发证券的股权不过2%、3%左右”（财经，2006）。截至2006年9月14日，未见任何官方通告说明关于吉富公司持有的12%广发证券股份的去向和转让价格以及方式。只有在清除了所有借壳上市的障碍以及做好完善的铺垫后，广发证券借壳延边公路一案才能进入正式操作阶段。

广发证券借壳延边公路上市流程：根据延边公路于2006年9月11日公告的方案，此次广发证券借壳延边公路上市主要分了两个步骤：一是对吉林敖东手中持有的46.15%延边公路非流通股进行回购，完成股改以及剥离延边公路原有资产；二是延边公路向广发证券定向增发，增发以换股方式进行，广发证券完成向壳公司注资的过程。下面就具体回购以及增发方案进行分析：

1. 回购方案。延边公路以2006年6月30日经审计的全部资产及负债作为对价（其中资产3.8亿元，负债1.5亿元，所有者权益为2.3亿元），回购吉林敖东所持有的46.15%延边公路非流通股（共计8 498万股）并将其注销。按照“人随资产走”的原则，延边公路原有员工和现有业务将随资产（含负债）一并由吉林敖东接收。回购完成后，吉林敖东将组建一家有限责任公司，负责经营延边公路现有业务和安置现有员工。这样，回购完成后的延边公路总股本由原来的1.8411亿股变为0.991亿股（总股本1.8411－回购吉林敖东股份0.8498＝剩余股本0.991），同时由于吉林敖东剥离走了所有资产负债以及人员，延边公路至此成为了一个“净壳”。

2. 定向增发方案。延边公路以换股方式向广发证券定向增发，广发证券董事会讨论通过的换股比例为1∶0.83，即0.83股广发证券股份可换1股延边公路股份，换股前广发证券总股本为20亿股，按照1∶0.83的比率，延边公路向广发证券定向增发24.096亿股（20÷0.83＝24.096）。同时，广发证券将其所有资产注入延边公路净壳中。这样完成增发以后，延边公路的总股本为25.087亿股（新增发股份24.096＋原延边公路回购后剩余股份0.991＝25.087）。

在这两个步骤顺利完成后，延边公路将向证监会提出申请，正式更名为广发证券股份有限公司后复牌，完成整个借壳上市程序。

综上所述，广发证券只有选择借壳上市这种方法才能实现最快速度上市。当然，事实上一个公司选择何种方式上市并不仅仅考虑某一方面，它还必须考虑为此付出的成本以及各方面利益主体所获得的利益。如广发证券借壳上市以后各方面都有所收获。

二、增持广发证券为吉林敖东带来的收益

1. 投资收益。首先分析吉林敖东。吉林敖东按照每股1.23元的价格收购深国投手中3 467.52万股的延边公路非流通股份产生4 265万元成本，该成本由广发证券提供4 000万元作为期间损益补偿给吉林敖东。由于吉林敖东两次受让延边公路非流通股，一共花费不超过1.6亿元，最后以延边公路全部资产负债作为对价获取所有者权益2.3亿元，此次仅投资收益就超过7 000万元（从延边公路获取净资产2.3亿元－支付成本1.6亿元＝投资收益0.7亿元），加上广发证券提供的4 000万元补偿，目前收益已经超过1亿元。另外，吉林敖东所持有原发证券5.43亿股，换股后扣除所承诺的5%员工股权激励部分，变成持有延边公路6.215亿股，占增发后的延边公路总股本24.781%（6.215÷25.087＝24.779%）。虽然并购顺利完成时，此部分的股票复牌后价值几何现在尚不可得出定论，但是相比较以前吉林敖东获取广发证券股权的成本价格，可以肯定这部分股份溢价将为吉林敖东带来不少

收益。

除投资收益外，吉林敖东的股权收益颇丰。广发证券于 2005 年至 2007 年三年的净利润分别为 1 560.00 万元、1 148.65 万元和 1 133.96 万元，这为吉林敖东带来了稳定的股权收益。

2. 股价表现。由于吉林敖东持股广发证券的由来已久，在公司宣布此消息之前，吉林敖东的股价便有一定的升幅，从 2005 年 2 月初的 7.31 元缓慢爬升至 8.4 元左右。吉林敖东在 2005 年 2 月 24 日对外宣布持股广发证券当日，市场反应一般，收盘至 21.28 元，涨幅为 2.54%。以这一天的价格为基点，股价此后的走势令人瞠目：股价于 8 月 4 日升至 29.58 元，涨幅为 39%；股价稍事调整后，于 2006 年 10 月 10 日到达 99.96 元；于 2007 年 1 月 26 日再达到 228.76 元，于 2007 年 10 月 31 日更是达到 965.3 元，涨幅逾 4436.18%。

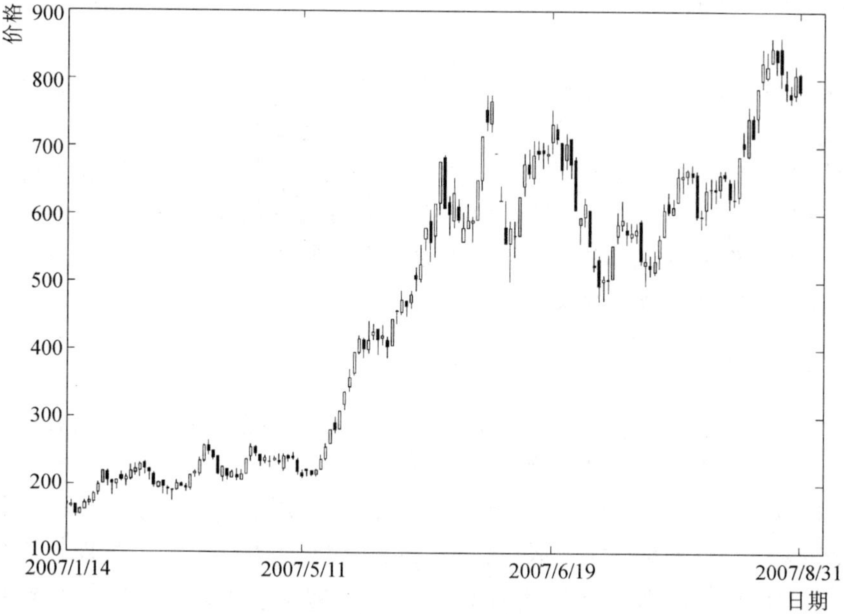

图 10－5　吉林敖东股价走势（复权后价格，2007 年 1 月 4 日～2007 年 8 月 31 日）

这期间，虽然有大盘整体上行的优异表现，但吉林敖东的股价也达到了令人叹为观止的涨幅（见图 10－5）。投资者如果能把握住这次投资机会，收益不菲。

第十一章
收缩型资本运作与选股方略

收购与兼并的浪潮席卷全球。在这样的时代背景下，一个企业如果能够不断地发展壮大，并进入“世界500强”，无疑是众多企业家的梦寐以求的目标。因此，谈论收缩型资本运作，未免有些不合时宜。当然，实际情况并非如此简单。我们必须清楚，“做大”与“做小”不是上市公司发展的终极目标，而是上市公司在不同的市场环境下优化资源配置、谋取长远发展的策略。

“公司紧缩”与公司重组中业务扩张的概念相对应，讲的是上市公司对公司的股本或资产进行重组从而缩减主营业务范围或缩小公司规模的各种资本运作的技巧和方法。它与以收购兼并为代表的公司扩张行为一同构成了公司重组的主题内容。公司紧缩的目的最终是想通过紧缩来调整公司的业务结构，把自己最擅长的业务做大做强，朝着“长寿企业”的方向进军。

公司紧缩技术包括“资本剥离”、“公司分立”、“分拆上市”、“股份回购”、“定向股”和“自愿清算”等。基于我国的实际情况和本书的写作目的，仅对“资本剥离”、“公司分立”、“分拆上市”、“股份回购”进行较为详尽的介绍，讨论如何利用上市公司实施紧缩型资本运营的时机选出优质的股票。

第一节 去粗取精——上市公司资产剥离

一、资产剥离的含义

资产剥离是属于收缩性资本运营的一种形式，大规模的企业资产剥离产生于20世纪60年代的企业混合兼并的浪潮之后，这一时期的兼并多为毫无关联的企业之间的兼并，结果形成了许多无关多元化经营。这使得企业业绩下降，带来产品结构不合理、缺乏核心竞争力、企业负担加重、经营风险加大等一系列问题。具体到我国计划经济时期形成的大部分国有企业，资产剥离成为了企业的战略选择。同时，我国的上市公司大部分是由国有企业改制而来的，这些上市公司由于改制不彻底或盲目多元化，结果产生了很多的不良资产。这些不良资产不仅不能为企业带来多少经济利益，反而成为吞噬上市公司业绩的"黑洞"。因此，绝大部分上市公司都面临着资产剥离的问题，实行与否只是时机选择的问题。

二、判断上市公司资产剥离业务成功与否的六个"有利于"

一般来说，市场投资者并不能总是准确地认识一个上市公司的市场价值，特别是对于实行多元化经营的上市公司。实行多元化经营的上市公司，业务范围往往涉及广泛的领域，市场投资者和证券专业投资人员对其所涉及的复杂业务可能无法做到精确的理解和评价。一项研究表明，投资者往往会根据公司"差"的资产进行定价，由此导致投资者低估股票市场的价值。

（一）是否有利于提高资产的流动性

目的是适应环境的快速的变化的需要，挖掘存量资产的价值。企业通过对其资产按照某种方式进行结构组合，形成各种业务组合，如核心部门和非核心部门、主业务部门和从属业务部门等。甩掉不良资产，即剥离流动性差、回报率低的业务部门。一般来说，发生经营亏损或达不到利润增长预期的子公司或部门，往往会成为剥离方案的首选目标，以避免对整个公司利润增长的潜在负面影响。

不良资产是企业不能通过有效使用达到获利目的的资产，包括收益差的子公司或分公司、亏损的生产线、闲置或半闲置资产等等。如果企业不能通过改进管理、有效开拓市场等措施扭转资产状况，剥离至少可以使企业挽回部分投资，换取现金，寻找新的投资机会。有时改善不良资产需要大量的投资，企业因为无力投资或嫌风险太大也会选择将不良资产剥离。

（二）是否有利于改变公司战略

一个公司为了适应经营环境的变化，其经营方向和战略目标也要随之做出调整和改变，而剥离资产则是实现这一改变的有效手段。企业运用资产剥离手段从一些产业中退出，再将收回的资金用于战略重点，或者进军新产业，或者用于发展剩余核心产业。退出的产业一般是效益比较差或是前景不佳的产业，有的虽然效益不错，但是企业无力继续发展，也会在适当的时机将其剥离，以全身而退。

(三) 是否有利于增加企业的收益

企业剥离资产，不仅可以通过企业内部资源的合理配置给该企业带来效率方面的提升，更主要的是出售资产本身就可以带来经济回报。企业可以用来弥补亏损、增加资金储量，以便于开展新业务等。如果作为某种形式的投资，则可以给企业带来长期的经济效益。

剥离资产能够实现的原因是剥离的资产作为买方企业的资源比作为卖方企业的资源更具有价值。这反映了不同公司对资产的不同的控制能力、不同的战略哲学或不同的预期。对卖方企业来说，不是核心业务的部门，对于买方来说可能就是稀缺资源，因此资产的出售可以给卖方企业带来现金的流入，从而扩充运营资本。一些公司将自己的一些非核心部门或一些弱小的业务剥离后，转为投资于另一家企业的股权，体现了社会资源的合理配置。

(四) 是否有利于分散上市公司经营风险

当企业的部分资产变为不良资产，不能为其带来利润时，这部分资产将会被剥离出去，以挽回部分投资，利用收回现金来盘活这部分资产。企业又可以通过收回的资金去寻找新的有价值的投资项目。企业面对的是一个不确定的、变化迅速的外部环境。企业在参与社会分工，体验规模经济和低成本喜悦的同时，面对的是一个纵横交错的竞争格局，要适应环境的变化，必须分析各种风险因素，降低运营中的高风险，因此一些高风险因素就必须要剥离。

(五) 是否有利于纠正上市公司的战略失误

有些资产剥离意味着企业前期战略的失败和逆转。许多公司在扩张的过程中，由于战略方向错误或者其他失误，导致经济效益下降，资金紧张。其中，盲目多元化是许多公司常犯的错误之一。企业期望通过多元化经营来分散投资风险增加效益，但往往适得其反。还有一些企业因为扩张过快，管理不能跟上而导致效益下降，资金链断裂。这时，企业通常会选择资产剥离来纠正错误。

(六) 是否有利于上市公司应对财务危机

企业在出现财务危机的时候，为了避免破产清算，必然会想到资产剥离这一方式，通过充实公司的现金流来缓解危机。财务危机是企业不能偿付到期债务的情况。引起财务危机的原因很多，包括投资失败、过度扩张或者现金管理混乱等。如果企业不能偿还到期债务，又不能与债权人达成和解，为避免企业破产，往往不得不出售资产以套取现金。

三、资产剥离的类型与我国上市公司资产剥离的特征

（一）资产剥离的类型

资产剥离具有很多的分类方式，不同的分类方式强调单一的角度。事实上，上市公司的某项资产剥离业务从不同角度考虑，会展现出不同的特征。

1. 按剥离企业是否还保有其他经营部门即剥离的程度分为部分剥离和全部剥离。部分剥离是指企业只出售一部分资产或部门或产品线，主要用来对以前收购的某个部门或产品线的“逆收购”。全部剥离是指企业将所有的资产都卖掉（可以整体出售，也可以分开出售），企业法人地位消失，它实际上就是企业清算（包含自愿清算和强制清算）。

2. 按剥离中出售资产的形式分为出售资产、出售产品生产线、出售子公司。出售资产、出售生产线是指将企业的部分资产或与生产某一产品相关的生产线出售给其他企业。出售子公司是指将一个持续经营的实体出售给第三方，包括子公司的所有人、财、物。

3. 按剥离的内容可以将剥离分为经营性资产剥离和非经营性资产剥离。经营性资产剥离是指企业将其用于生产和经营的固定资产和流动资产直接对外出售，它主要是针对那些与本企业主业相关度较小或盈利性差的资产。非经营性资产剥离是指将非经营性资产从企业中剥离出去，剥离后的非经营资产可向社会公开。

4. 按是否与公司层战略或事业层战略相关分为战略性剥离和非战略性剥离。公司层战略是企业最高管理层指导和控制企业的一切行为的最高行动纲领，它主要解决公司应当从事什么样的事业组合；事业层战略是在公司战略指导下，设计怎么在每一种事业领域内竞争。退出某一行业的剥离、回归主业和退出主业的剥离、在某一行业内对公司产品进行重新组合的剥离等一般属于企业战略决策。

（二）我国上市公司资产剥离的特征

我国上市公司资产剥离具有如下几个基本特征：一是进行剥离的上市公司几乎都有政策背景。进行剥离的上市公司其控股股东大都是国家股的持有者，同时也是上市公司的原上级主管或行业主管。虽然也有民营上市公司进行资产剥离的，但为数极少，这就给资产剥离罩上了一层浓重的“官办”光环。二是进行资产剥离的内容包罗万象，既有应收账款、其他应收款、存货等流动资产，也有长期资产和固定资产；既有单项资产，又有整体资产。总之，几乎所有资产科目都可以参与剥离。三是支付方式丰富多彩。除了现金方式以外，还有承担债务方式、债券方式和债券支付等方式。四是剥离中关

联交易盛行。由于我国的证券交易市场正在逐步完善之中，国有股一支独大，再加上资产剥离中寻找合适的购买方和确定合适的价格很困难，交易成本很大。相比而言，与控股股东之间是易于进行的。价格和支付等条件上也能得到控股股东的关照，交易成本相对较低。因此，上市公司的资产剥离有很多都是关联交易。

第二节 多子多福——上市公司分立

一、公司分立的含义及方式

公司分立是指一个公司依照公司法有关规定，通过股东会决定分成两个以上的公司。公司分立可以采取新设分立和派生分立两种形式。

在新设分立条件下，上市公司将原公司法律主体资格取消而新设两个及以上的具有法人资格的公司。采取新设分立的，原公司办理注销等级，并设立两个以上的新公司；分离后各企业的注册资本额之和应为分立前公司的注册资本额。

在派生分立条件下，上市公司原公司法律主体仍然存在，但将其部分业务划出去另设一个新公司。采取派生分立的，存续公司办理变更登记，因分立而新设的公司办理设立登记。派生分立方式，本公司继续存在但注册资本减少。原股东在本公司、新公司的股权比例可以不变。

二、公司分立的特点

公司分立是与公司合并相反的一种经营行为，有着自身突出的特点。一是公司分立的行为，不涉及第三方的公司，只需要本公司的股东会做出决议即可。二是上市公司的分立是把一个公司分成两个或两个以上的公司，分立后的公司是独立的法人，而不是企业内部的一个分支机构。原公司与分离后的公司是母子公司的关系，而不是总公司与分公司的关系。三是上市公司分立必须依照法律程序，必须合乎法定要求进行，否则分立是违法、无效的。四是上市公司分立后的存续形式应分别对待。有限责任公司分立后，新成立的公司仍然为有限责任公司；股份有限公司分立后，新成立的公司可以是股份有限公司，也可以是有限责任公司。判断上市公司分立成功与否的几个标准如下：

1. 能否促进上市公司进行有效的管理激励。对于一个拥有多个子公司的大型公司而言，其内部管理机构的膨胀以及不反映子公司各自业绩状况的合并财务报告，都有可能使不同一级的子公司得不到相应的奖惩。特别是当子公司的情况与母公司很不一致的时候，比如母公司处于成熟产业而子公司处于受管制产业，激励问题会显得更加突出。此时，即使以母公司的股票期权制定激励报酬计划，也可能不会发生作用。这时，公司分立或股权割售可使被分离出去的子公司在上市后有独立的股票价格，从而通过价格直接反映出市场对管理经营的评价，这时再设立其激励作用的报酬计划，管理层与公司业绩就紧密地联系在一起，从而产生良好的激励效果。

2. 上市公司分立后能否适应经营环境的变化。企业的经营环境包括技术进步、产业发展趋势、国家有关法规和税收条例的变化、经济周期的改变等。这些因素经常随着经济形势的发展而变化，一旦这些因素发生变动，企业目前的战略安排就有可能失效。因此，对于规模巨大的企业，由于其运转不如小企业灵活，如果不能随经营环境的变化而适时改变战略安排，可能会带来不可估量的损失。所以，当企业规模超过适度的标准时，采取分立的策略，在保证规模效益的前提下增强企业的灵活性，可以大大提高资本的运营效率。

3. 上市公司分立能否有助于解决内部纠纷问题。公司分立不仅可以应用于大型公司，即使是在规模较小的公司也可得到有效应用。当股东准备结束共同经营而各自经营的时候，当股东之间发生对公司经营权行使纠纷的时候，就可以通过公司分立而完全分立为单个的数个公司。因为小规模公司很难界定市场价格，所以对经营权存在分歧的股东很难继续留在一个公司。此时作为解决公司内部纠分的手段，公司分立就非常有效。

4. 上市公司分立能否有效的反击其他企业的敌意收购策略。并购企业可能因为看好目标公司的某项特定资产实施并购策略。如果目标公司清楚地意识到这一点，就可以通过将这一部分资产甚至某一子公司分立出去的方式避免整个公司被并购的风险。分立公司还可以用来反击敌意收购，作为一种反敌意收购防御手段，从上市公司的角度看，当其多元化经营超过最佳水平，市场价值可能会被严重低估。并容易引起投资集团的收购兴趣，因为投资公司把公司收购后，在进行资产出售、分立或股权割售，可以使公司的整体市场价值得到较大的提高，从而作为收购者获得巨大利益。这迫使实施多元化经营战略的上市公司进行反收购防御时，自己采取公司分立手段，在收购方采取行动之前把力量回缩到主业从而提高自身价值。如英美烟草联合公司成为霍伊雷克集团的敌意收购目标后，通过有效的分立挫败了收购。

5. 分立可以使企业避免反垄断诉讼。在西方国家，也有不少企业的分立是被迫的市场竞争，许多国家都制定有反托拉斯法律。当企业规模达到一定程度、销售额占同行业的比例太大时，就有可能因涉嫌垄断而遭到公众的忌恨，甚至被告上法庭。企业通过分立可以避免触犯反垄断法。

第三节 “1+1>2”的“阳谋”——分拆上市

一、何为分拆上市

分拆上市是指一个母公司通过将其在子公司中所拥有的股份，按比例分配给母公司的股东，从而在法律上和组织上将子公司的经营从母公司的经营中分离出去。分拆上市有广义和狭义之分，广义的分拆上市包括已上市公司或者未上市公司将部分业务从母公司独立出来单独上市；狭义的分拆上市公司将其部分业务或者某个子公司独立出来，另行公开招股上市。分拆上市后，原母公司的股东虽然在持股比例和绝对控股数量上没有任何变化，但是可以按照持股比例享有被投资企业的净利润分成，而且最为重要的是子公司分拆上市成功后，母公司将获得超额的投资收益。

从企业分拆的类型来看，基本上可以分为“横向分拆”、“纵向分拆”和“混合分拆”三类。

“横向分拆”是指对母公司的股权进行分离与分立，分拆出与母公司从事同一种业务的子公司，由此实现子公司的首次公开发行出售。

“纵向分拆”是指由于母公司从事的业务涉及某一行业产业链中的不同环节，例如石油行业有开采、生产、提炼和向最终消费者推销等业务链，将母公司的股权进行分离与分立，分拆出与母公司从事同一行业、但处于产业链中不同业务环节的子公司，把子公司分拆出去并进行公开发售。

“混合分拆”是指由于母公司属于业务经营多元化的企业，其业务范围涉及完全不同的行业或业务类型，使得母公司控制的资产差异性很大，增加了企业经营管理的难度，不利于促进资源的合理有效配置。因此将母公司的业务结构中涉及与其核心业务关联度较弱的某一行业或某一类型的业务分离与分立出去，重新组建一家可以实施计划的公司，以便母公司和子公司可以更好地集中资源优势，做大和做强其核心业务，从而提高核心业务的竞争力。

二、判定分拆上市成功与否的几个参考指标

分拆上市时为了构造分拆上市效应，需要企业决策者将分拆上市的效应以清晰的数量方式刻画出来，从而提高分拆上市决策的准确性。

（一）分拆上市是否有利于股东价值最大化

分拆上市后，证券市场的价值发现功能将使母公司迅速获得超额资本利得和投资收益，带来业绩突变，公司价值增值。这正是 1999 ~ 2000 年许多公司热衷于回归网络投资的主要动力，它们都憧憬通过分拆网络公司上市，取得资本利得改写上市公司的业绩。而对公司原有股东来说，由于可能免费获得分拆上市子公司的股份，或对股份享有优先认购权，它们可以通过股份流通机制变现股份，获取高额回报。而且，母公司很可能将分拆上市所得到的特殊盈利以股息方式送给股东。另外，分拆也可望推动母公司股价上升，从而使股东获得更大回报。

（二）分拆上市能否彰显核心业务和投资概念

当公司业务愈来愈广泛时，往往会存在盈利水平及前景高于企业平均水平的战略业务单位，使其潜在价值不能被市场所充分体现。业务清晰的公司则容易被市场认同。这就是为什么综合型公司市盈率通常会低于专业型公司的重要原因。因此，上市公司通常借助分拆上市来突出优质业务单位的经营业绩和盈利能力来吸引投资者。20 世纪 90 年代中期，长江实业把旗下发展中国业务的长江基建分拆上市就是考虑到，当时投资者习惯把长江实业置于集团旗下，将会忽略这一业务的发展潜力。

（三）分拆上市能否提高公司股票的市场价值

一般来说，市场并不总是能够准确地认识和评价一个上市公司的市场价值，特别是一些实行多元化经营的上市公司，其业务范围往往涉及广泛的领域，使得市场投资者以及证券分析人员对其所涉及的复杂业务可能无法做到正确理解和接受，因此，可能会低估其股票的市场价值。经过分拆后，有关子公司价值的持续公开信息可能会对子公司的经营业绩产生正面的影响；而且，其目前作为一个独立于母公司的经济实体，也可以更容易的对公司的业绩进行评估。公司分拆的全部收益约等于被分离出来的子公司的价值和剥离出的资产的价值。母公司的价值经过重组活动实际上并未改变，而子公司有了自身独立的信贷市场价值。

（四）分拆上市能否实现公司专业化管理和发展

分拆上市在使公司的业务更显清晰的同时，也为业务的专业化管理和发展创造了条件。上实控股是香港证券市场的一家综合性企业，为积极拓展中

药业务，1999 年 12 月成功将旗下 2 家关系企业——上海家化、杭州青春宝分拆，组建上海实业医药科技集团有限公司在香港创业板首批上市，成为专注于中医药现代化与研发、生产、销售的专业中医药公司。

（五）分拆上市能否通过消除“负协同效应”来提高公司价值

公司的经营环境是不断变化的，这些变化包括技术进步、产业发展趋势、国家有关法律法规和税收条件的变化、经济周期的变化等。由于上述因素的变化，母公司和子公司的机会也发生了变化。这样，虽然在过去联合经营可能是最理想的，但目前母公司与子公司之间的安排可能是低效率的联合。因此，把子公司从母公司中分拆出去是更合理的选择。对于一些多元化经营的企业，通过分拆可以为母公司和子公司重新定位，确定母公司和子公司各自的比较优势；另外，公司还可以剥离掉不适合于公司长期发展战略、没有成长潜力或影响公司整体业务发展的部门或产品生产线；通过这样的一系列分拆，可以使他们更加集中于各自的优势业务，从而为公司的股东创造更大的价值。此外，分立还能够创造出一个简洁而有效率的和分权化的公司组织，使公司能够更快地适应经营环境的变化。

（六）分拆上市能否创造资本市场和产品市场的联动效应

在资本市场分拆上市及其配套的推介活动容易引起公众和传媒的极大关注，可以起到先声夺人的作用，从而大大提高企业的知名度。许多跨国公司往往通过分拆其国内业务到海外上市或将其在当地控制的业务就地分拆上市，加深海外市场对其业务和产品的了解与认同，迅速建立品牌效应。上实医药科技在香港分拆上市后，大大提高了正大青春宝及上海家化的知名度，使其系列产品在香港深入民心，树立了很好的品牌价值，为这两家企业在香港开拓产品市场、寻求合作机会打开了窗口。此外，有利于引入新的合作伙伴、分散投资风险、拓宽资产经营的运作空间，同样也是企业退出投资的重要战略。

第四节 该出手时就出手——上市公司股份回购

一、股份回购的含义

所谓股份回购，是指上市公司利用盈余所得后的累计资金，或债务融资以一定的价格购回公司本身已经发行在外的普通股，将其作为“库存股”或进行注销，以达到减资或调整资本结构的目的。公司在股份回购完成后可以将所回购的股份重新注销，但在绝大多数情况下公司将回购的股份作为“库存股”保留，“库存股”日后可移作他用（例如实行员工股票期权计划、发行可转换公司债券等），或在需要资金时将其出售。股份回购的动机在于公司为了规避政府对现金股利的限制，或者是调整公司资本结构以对抗其他公司的敌意收购等等。它是国外成熟市场一种常见的资本运作方式和公司理财行为。

国外对股份回购做了普遍的规定，特别是在成熟资本市场中，股份回购已经成为一项重要的金融活动。我国《公司法》、《股票发行交易管理暂行条例》等法律、法规对相关的内容作了一定规定，但实践中还很少实施。较为典型的实践出现在上市公司减持国有法人股中，如1994年陆家嘴就开始回购国有股；1999年年底，申能股份又成为国有股回购企业，之后，云天化、冰箱压缩、长春高新等也相继以国有股回购方式实施减持。

这样做的反收购效果主要表现在两个方面：一方面减少在外流通的股份，增加买方收购到足额股份的难度；另一方面则可以提高股价，增大收购成本。此外，股份回购也可以增强目标公司或其董事、监事的话语权。当然，股份回购也可能产生另一种结果，即股份回购可能导致收购梦碎、炒作收购概念的投资者因此而失望，由此引发股价回落。

股份回购在实战中往往是作为辅助手段来实施的。如果单纯通过股份回购来达到反收购的效果，往往会使目标公司库存股票过多，一方面不利于公司筹资，另一方面也会影响公司资金的流动性。目标公司财务状况是制约这一手段的最大因素。死亡换股即目标公司发行公司债券、特别股或其组合以收回其股票。着同样起到减少在外流通股和提升股票价格的作用。

二、股份回购的类型

股份回购的基本形式有两种：一是目标公司将可用的现金或公积金分配给股东以换回后者手中持有的股票；二是公司通过发售债券，用募得的款项来购回他自己的股票。

被公司购回的股票在会计上称为“库存股”。股票一旦大量被公司购回，其结果必然使在外流通的股份数量减少，假设回购不影响公司的收益，那么剩余股票的每股收益率会上升，使每股的市价也随之增加。目标公司如果提出以比收购者价格更高的出价来收购其股票，则收购者也不得不提高其收购价格。这样，收购计划就需要更多的资金来支持，从而导致其难度增加。实施股份回购必须考虑到当地国内公司法对回购的态度，美国许多州的公司认为，仅为维持目前的企业管理层对企业的控制权而取得本企业的股票是违法的；但如果是维护企业现行的经营方针而争夺控制权，实质上是为了维护公司的利益，则回购有时可以允许，我国《公司法》明文规定禁止公司收购本公司的股票，但为减少公司资本而注销股份者与持有本公司股票的其他公司合并时除外。

三、股份回购意义

股份回购的意义主要涉及财务效应假说、信号传递假说和委托代理假说。

（一）财务效应假说

1. EPS 假说。该假说认为公司回购减少了流通在外的股票，从而提高了市场对公司每股盈利的（EPS）的预期，这种提高的预期会带来公司股价的上升。

2. 财务杠杆假说。公司通过回购股票降低了所有者权益，从而提高财务杠杆，达到最优资本结构。Vermaelen 认为，当公司借钱进行股票回购时，事实上是以举债代替发行股票。

3. 税差价说。20 世纪 70 年代美国上市公司通过股票回购向股东发放现金规避政府限制。股票回购给股东带来资本利得税率比现金股利税率低，公司如借债回购股票，利息费用可以在所得税前扣除，因此能增加股东财富。

4. 财务灵活性假说。股票回购不具规律性，股利发放是持续的，回购股票的公司有较高的暂时性、非经营性现金流，且现金流动性波动较大。公司为了保证财务上的灵活性，以股票回购代替股利，即避免向股东承诺持续现金流的发放。

（二）信号传递假说

信号传递假说是 20 世纪 70 年代末 80 年代初学术界认同颇多的理论，股票回购被认为是公司管理层向股东传递信号的一种方式。该假说的重点在于，当企业股票市值被市场严重低估时，企业可以通过公开市场回购一部分股票，引导市场投资者重新评估该企业。Ikenberry，Lakonisshok 和 Vermaelen 研究中验证了这一假说。Vermaelen 建立一个标准的信号模型证明，股份回购可以被用作传递信息的可信信号，原因是差公司模仿好公司进行股份回购的成本很高。

（三）委托代理价说

随着股份回购的理论发展，研究者们的目光开始转向更为广泛的利益群体与更加深层次的原因。给予委托代理关系的假说包括如下四个方面。

1. 财富重新分配假说。财富在不同的证券所有者之间和在股东之间转移是股票回购的动机。公司股份回购在某种程度上相当于将一部分资产清偿给股东，这一行为的直接受害者是债权人。同时股票回购必须向股东支付一定的溢价，但并非所有股东都参与回购，财富在股东之间也存在转移。

2. 控制权市场假说。公司管理层为了维持自己对公司的控制权，反对敌意收购，以股票回购的形式收回一部分股权。20 世纪 80 年代中期敌意收购活动极为频繁的时候，回购股票的公司空前增多，为控制权市场假说提供了有力证据。

3. 经理人股票期权假说。股票期权假说是随着 20 世纪 90 年代股票期权的兴起而产生的。该假说认为公司回购股票是为了实施股票期权计划。Jolls 发现，如果管理层持有较多的股票期权，他们就更愿意进行股票回购操作。

4. 自由现金流假说。Jensen（1986）提出了自由现金流假说，为了降低自由现金流量带来的代理成本，管理层应该将这些过量的现金发还给股东，因而股票回购被认为是基于这一目的发放现金的方式。

四、判断上市公司股份回购成功与否的参考依据

1. 股份回购是否有利于上市公司的高效、有序运作。股份回购是公司实施反收购策略的有力工具和常规武器，有利于稳定和维护公司股价。股份回购在西方发达国家被普遍运用，是成熟资本市场上实施反收购策略的重要工具和常规武器。其作用机理就是通过股份回购提高公司的负债率，增强杠杆效应，有利于公司的未来盈利预期；通过提升公司股价，增加对方进行收购的成本，抬高收购的门槛；由于股份回购需要大量的现金，通过股份回购减少了现金的持有量，降低了现金的充裕性，减少了被收购的可能性。

2. 股份回购能否抑制过度投机行为，熨平股价的大起大落，促进上市公司的稳健运营。股份回购有利于形成上市公司和股东的“双赢”格局。对上市公司来说，通过股份回购可以调整和改善公司的股权结构，为公司的长远发展奠定良好的基础；优化资本结构，适当提高资产负债率，更有效的发挥财务杠杆作用；股份回购作为一种较为特殊的股利政策，不会对公司产生未来的派现压力；股票市值被低估时，由于常会被理解为公司在向市场传递其认为自己股票被市场低估的信息，市场会对此做出积极的反应。

3. 股份回购能否提高股东的回报。对于股东们来说，采用股份回购的方式可以使需要公司派现的股东获得现金股利，而不需要现金股利的股东则可以继续持有股票，并通过股份回购派发股利可能得以合法避税。当然，这在我国现行法律是不允许派现的名义进行股份回购的；对于国有股和法人股占

比较大的上市公司而言，通过股份回购收回国有股和法人股的一部分投资，以增加这些股份的流动性，提高其变现能力；若公司存在大量的闲置资金，现金流比较充裕，不仅可以通过股份回购减少被收购的可能性，而且不至于在股份回购后出现现金流严重不足、资产负债率过高、营运资产明显减少等对公司业绩有直接影响的不利因素，相反将可以增加公司每股盈利，提高股票市值，有利于维护社会公众股股东的合法权益。

当然是有利必有害，股份回购的措施也有其不利的一方面。股份回购由于缩减权益资本，扩大了债务资本承担的风险，债权人的利益受到股东权益保障的程度降低；股份回购容易误导投资者，造成市场运行秩序紊乱；影响公司的长期发展潜力，助长内幕交易和投机等。因此，对于公司股份的回购要进行综合判断，如果对上市公司股份回购的条件作出了严格规定，就有可能抑制其负面作用，而有效发挥其积极作用。

第五节 收缩型资本运作选股案例分析：子公司分拆上市迎来股价冲天——同方股份

一、独特的孵化器经营模式

同方股份是由清华控股有限责任公司控股的高科技公司，于 1997 年 6 月 27 日在上海证券交易所挂牌交易。同方股份的企业结构有些特殊，它以自主核心技术为基础，紧密依托清华大学的人才和技术优势，逐步形成了“技术先导，资本驱动”为核心的独特的“创新孵化”模式，从事科技成果的商品化和产业化以及用高新技术对传统工业进行改造。同方股份在信息和能源环境两大产业方向上不断探索创新，形成了以计算机、数字城市、物联网应用、微电子与射频技术、多媒体、半导体与照明、知识网络、军工、数字电视、环境科技等十大主干产业为核心的组织架构及发展格局。经过十多年的耕耘，公司旗下孵化并培育了 100 家左右的优质高科技公司，其中超过半数盈利状况可观，相当一批公司的成长性和盈利能力甚至超过创业板和中小板中的优秀公司。

证监会鼓励上市公司实现分拆上市的管理办法颁布后，同方股份旗下的部分公司已经直接或间接上市：2007 年 1 月 11 日，同方股份分拆出的旗下的百视通借壳广电信息成功上市；2007 年 1 月 24 日，子公司同方微电子通过注入晶源电子实现 A 股上市；2011 年 7 月 20 日，证监会已同意公司下属的新加坡科诺威德有限公司在境外发行股票。

以新加坡科诺威德（简称 Technovator）为例，这家公司于 2005 年 5 月 25 日在新加坡注册成立，现有总股本 908 万美元（每股面值 1 美元），同方股份对其合并持股 47.36%，其中公司直接持股 25.33%，公司全资子公司 Resuccess Investments Limited 持股 22.03%。Technovator 主要从事楼宇自动控制产品设计、生产、销售、安装、运营及相关服务，业务主要分布在包括中国在内的亚洲、北美洲及欧洲。根据 2009 年该公司的实现销售收入 3.47 亿元，实现净利润为 3 764 万元进行推算，公司 2010 年净利润在 5 500 万元左右，归属于同方股份约在 2 700 万元左右。据海通证券的评估，该公司最终完成在联交所上市的时间应该在 2011 年下半年，根据公司所处的行业和公司的财报数据估算，Technovator 上市的市值在 40 亿元左右，同方股份会因该公司上市增加权益 10 亿 ~20 亿元。

二、“多子多福”，未来前景看好

在 2010 年 5 月，同方股份开始调整了企业的组织架构，将原有横向“管理型本部”变为纵向“产业型本部”，即“10 +2”模式：十个产业本部是数字城市，物联网，数字电视，计算机，微电子，知网，半导体照明，多媒体，军工，环境，另外两个公司是泰豪（人环）和威视股份。这项举措，无疑说明同方股份本身已经明确了战略定位，纵向的管理将会把母公司从简单的管理层上的“总公司”的角度改变到战略管理和战略投资的“智囊团”角色。我们可以看到，未来的同方股份不再是一些简单的科技公司的集合，而是掌握着国家重大产业发展大动脉的决策机构。

由于目前创业板上市公司普遍拥有巨大的估值溢价，一旦主板上市公司拥有的大量优质企业股权实现分拆上市，无论分拆的子公司还是母公司都存在巨大的估值提升空间。而同方股份由于有依托高校的背景，具有技术水平高、项目和子公司数量较多的特点，未来分拆想象空间巨大。同方股份旗下多家子公司均符合分拆上市的条件，预期公司将会有步骤地通过分拆上市，而一旦子公司上市，同方股份会获得巨额的投资收益。

东海证券的报告称，当前，同方旗下在 2011 ~2012 年有上市预期的子公司就多达 11 家，如同方威视、同方知网、同方工业有限公司、同方环境工程公司等，这些企业都具有高科技且高成长性的特征，未来两三年可为同方股份带来 400 多亿元的巨额重估空间。Technovator 的海外上市仅仅是 2011

年同方股份分拆上市的一个序幕，未来 1～2 年内同方股份依然能分享分拆上市的盛宴。

此外，即便是子公司暂不上市，子公司的价值也会在未来几年逐渐显现：一来是因为前几年同方投资的很多公司还处于初创期，这几年大批公司进入高速发展阶段，业绩会逐渐体现；二是恰逢国家“十二五”发展规划，政策扶持、市场振兴等时机会给很多公司带来难得的发展机遇。同方股份旗下的很多公司质量都远超目前的中小板和创业板的上市公司，同方股份作为清华控股下最具代表性的上市公司，必将在下一个百年中承载起将清华的科技研发成果转换为生产力的重任。我们有理由相信公司未来发展的空间是非常广阔的。

三、股价表现

2010 年 4 月份，自从二级市场出现了“分拆上市概念”之后，主板上市公司终于体验到了“多子多福”的道理。同方股份（600100. SH）就是这样一家公司，该公司旗下有数十家子公司，其中更有多家子公司可能符合分拆上市的要求。再加上公司本身也有意实现子公司分拆上市，所以就使得同方股份成为近期分拆上市概念中的“宠儿”。

4 月 1 日，同方股份的开盘价仅为 21.2 元，到 4 月 22 日停牌前，公司的股价为 27.87 元。一个月不到，股价就上涨了 31.46%，见图 11－1。

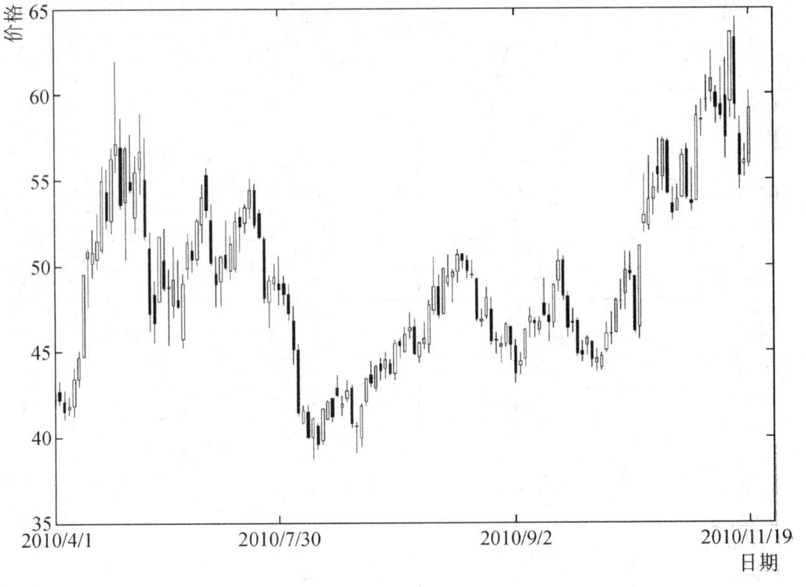

图 11－1　同方股份股价走势（复权后价格，2010 年 4 月 1 日～2010 年 11 月 19 日）

附录：资本运作选股50强

置身于资本市场，上市公司不仅要在经营、管理、技术等方面保持竞争优势，在资本运作方面也要形成独树一帜的风格，服务于企业的发展目标。资本运作是整合资源的法宝，为企业发展壮大提供了捷径，有助于企业快速实现自身价值。资本市场具有将未来的潜力转变为现实的能力，把梦想变为现实这一重要功能。如百度2005年上市，一下子就有几十个亿的资源，在一瞬间把企业的潜力转变成真金白银。投资者也会借此获取超额的回报。当然资本运作可能成为企业管理失败、企业财务危机的导火线，像中国的德隆，所以资本运作是一把双刃剑，做得好让企业发展壮大，做得不好前功尽弃，企业家的资本运作能力对企业的发展有重大意义。

表11－1　　资本运作选股50强

代码	名称	代码	名称
600550	天威保变	600409	三友化工
600271	航天信息	002211	宏达新材
600588	用友软件	600686	金龙汽车
600690	青岛海尔	600230	沧州大化
000541	佛山照明	000553	沙隆达A
600350	山东高速	600085	同仁堂
600895	张江高科	000538	云南白药
000999	华润三九	000423	东阿阿胶
600289	亿阳信通	600436	片仔癀
002096	南岭民爆	600528	中铁二局
601766	中国南车	000012	南玻A
601299	中国北车	002139	拓邦股份
600893	航空动力	002151	北斗星通
600031	三一重工	002197	证通电子
600015	华夏银行	002445	中南重工
600016	民生银行	002403	爱仕达
600036	招商银行	002222	福晶科技
000002	万科A	002223	鱼跃医疗
000024	招商地产	002138	顺络电子
600048	保利地产	300014	亿纬锂能
600495	晋西车轴	300015	爱尔眼科
000157	中联重科	300027	华谊兄弟
600519	贵州茅台	300024	机器人
000858	五粮液	300070	碧水源
600779	水井坊	300022	吉峰农机

表 11－1 中 50 只股票的选出，遵循了如下的逻辑。首先，上市公司经营的主业要符合我国产业结构调整的方向。我国未来十几年社会发展的几个关键词是城市化、网络化、老龄化等，围绕这些概念的几个重点产业包括可再生能源、生物、医药、房地产、高端装备、高铁等众多行业会迎来较大的发展机会。其次，上市公司要在自身所处领域中具备较强的竞争优势。满足这两个条件之后才能考虑上市公司资本运作的能力。

资本运作选股 50 强中的上市公司除具备广阔的发展前景、较强的行业竞争力外，均在资本运作方面展现出过人的智慧。如万科 A，在肇始于美国的金融危机席卷全球之前，于 2007 年增发 A 股募集资金 100 亿元，为应对"寒冬"提前进行储备，反映出高超的应对风险的能力；如贵州茅台，为了将闲置的货币资金增值、满足产能与销售收入扩张的计划，提升金融投资、资本运作能力，专门成立财务公司，实施专业化、规模化运作。如青岛海尔，为实现整体上市加速自身资本运作，与其全资子公司海尔股份有限公司使用现金收购海尔集团以及全资子公司海尔电器第一控股有限公司所持 10 家公司股权，被收购的 10 家公司主要涉及家电上游配套资产，收购总金额达 18.8 亿元。同时，积极实施海外战略，2011 年 3 月，海尔与美国陶氏、欧洲 BEST、新西兰斐雪派克（FPA）三大国际巨子签订协议，配合研发绿色家电解决方案。如上的 50 只股票，均具备广阔的产业发展前景、较强的行业竞争优势与高超的资本运作能力，这是上市公司具备高成长性的基础，也是为投资者带来高回报的保证。

第四篇

政策导向思路选股

资本运作的对象肯定是资本，这一点毋庸多疑。而要说清楚什么资本，却不是一件容易的事情。因为这需要好好的理清资本与资产、产品之间的区别。鉴于我们在本篇所关注的问题是如何根据企业的资本运作进行选股，在不至于混淆概念的前提下，我们接受资本一个常见的定义：从整个经济的角度看，资本是能够给其所有者带来可预期的未来经济收益的能力。这一概念虽然简单，但也阐释清楚了资本的一些本质特征。

首先，资本的收益是面向未来的，具有一定的预期性质。与此相适应，资本运营与不确定性、风险性等概念结下了不解之缘。这明显的区别于产品运营中的确定性。资本的价值是逐步区别于此，产品运营这一特征明显的区别于产品的运营概念，因为产品的效用或者收益是当期的。

其次，资本的价值受到信息对称程度的影响。资本的价值上未来现金流的折现，随着时间的不断推移，关于资本价值的信息会不断的出现和增加，对资本现金流的估计和判断会不断变化和修正。资本价值也需要不断进行调整和修正。因此，信息不对称程度对资本市场运营的影响要远远大于对产品市场的影响，资本市场对诚信的要求也更高。

第十二章
财政政策导向与选股方略

第一节 财政政策与投资概述

财政政策是政府根据客观经济规律的要求，为达到一定的目的而制定的指导财政工作和处理财政关系的一系列方针、准则和措施的总称。相对于货币政策透明度差、政策认知时滞长而决策时滞短的弱点，财政政策具有透明度高、政策认知时滞短、可控性高的优点。财政政策目前通常分为扩张性财政政策、紧缩性财政政策和中性财政政策。总的来说，扩张性财政政策刺激经济发展，股市未来走强；而紧缩性财政政策使过热的经济受到控制，股市即将走弱；中性的财政政策则对股市影响不甚明显。

扩张性财政政策对证券市场的影响表现为：(1) 减少税收，降低税率，扩大减免税范围。其对股市的影响为：增加人们的收入，并同时增加他们的投资需求和消费支出。前者直接引起股票市场价格上涨，后者则使得社会总需求增加。同时，企业税后利润增加，也将刺激企业扩大生产规模，进一步增加利润总额，从而使得股票价格上涨。扩大财政支出，加大财政赤字。其政策效应是：扩大社会总需求，从而刺激投资，扩大就业。政府通过购买和公共支出增加商品和劳务需求，激励企业增加投入，提高产出水平，于是企业利润增加，经营风险降低，由此使得股价上升。同时居民在经济复苏中增加了收入，持有货币增加，景气的趋势更增加了投资者的信心，买气增强，股市活跃，价格自然上扬。特别是与政府购买和支出相关的企业将最先最直接从财政政策中获益，因而有关企业的股价将率先上涨。(2) 减少国债发行(或回购部分短期国债)，其政策效应是扩大货币流通量，以扩大社会总需求，从而刺激生产。这首先将直接对债市特别是国债产生影响。由于债券供给规模缩小，价格上扬，继而由于货币供给效应和证券联动效应，整个股票市场价格将会上扬。需要指出的是，用于定向支出的国债发行，则应视其支出方向来分析对股票市场的影响。如果发行国债的收入用于引导投资和消费，以刺激经济的增长，则会促使股票价格的上扬。（3）增加财政补贴。财政补贴往往使财政支出扩大，其政策效应是扩大社会总需求和刺激供给增加。紧缩性财政政策的经济效应及其对股票市场的影响则与上述分析相反。

目前，我国的财政政策主要通过以下几方面来影响股票市场：经济萧条时，政府往往会采取积极的财政政策以扩大国内需求，这些积极的财政政策通常会落实到铁路、公路、机场等重大基础设施以及保障性“安居工程”的建设上。政府的投资政策导向将决定某一行业板块股票的走势表现，而政府投资的松紧程度以及投资方向往往与宏观经济所处的位势、各经济结构的具体情况有着莫大的关联。

第二节 政府投资政策

2013 年，支持中国经济过去 30 年高增长的一些因素正在发生着重大变化，过去的发展战略正面临系统性重估和调整：（1）拉动中国经济高速成长的“三大红利”，即人口红利、市场红利和全球化红利虽然继续存在，但效应开始衰减；（2）此前由“投资—出口”这个外循环拉动的高增长不可持续，但要从外循环转为“投资—消费”形成的内循环需要一段时间，并且这个动力的切换能否顺利，尚需要时间的进一步验证；（3）当前，全球经济面临再平衡挑战，国内生产要素成本上升以及资源环境压力不断增大，出口导向型发展战略面临重估和调整。总体来看，包括 2013 年在内的未来若干年，我国经济发展的有利因素和不利因素并存，中国经济将进入一个 7% 左右的中速增长期。

中央在十八大报告中提出全面建成小康社会，全面深化改革开放，加快完善社会主义市场经济体制，加快转变经济发展方式。坚持走中国特色新型工业化、信息化、城镇化、农业现代化道路，推动信息化和工业化深度融合、工业化和城镇化良性互动、城镇化和农业现代化相互协调，促进工业化、信息化、城镇化、农业现代化同步发展，到下一个十年基本实现工业化，信息化水平大幅提升，城镇化质量明显提高，农业现代化和社会主义新农村建设成效显著，区域协调发展机制基本形成。2013 年，经济工作的基调是稳健的高质量增长，财政政策仍将保持积极。上半年政府投资的政策空间相对较大，将迎来一波密集的投资潮，下半年随着通胀的反弹，政府的政策空间将逐步缩小，财政政策和货币政策将以稳健为主。

围绕着新一届中央政府的“四化”建设，未来政府的投资方向将主要围绕“四化”进行，即城镇化中的保障房、安居工程等房地产项目、农业机械、城市交通、水利建设等板块，新型工业化板块中的战略性新兴产业、节能降耗产业等板块；信息化发展中的现代信息技术板块；农业现代化中的现代农业种业等板块。

一、房地产

城镇化是我国现代化建设的历史任务，也是扩大内需的最大潜力所在。中央政府提出要积极稳妥推进城镇化，着力提高城镇化质量。要构建科学合理的城市格局，大中小城市和小城镇、城市群要科学布局，与区域经济发展和产业布局紧密衔接，与资源环境承载能力相适应。要把有序推进农业转移人口市民化作为重要任务抓实抓好。可以说，中国经济萌发“质变”，城镇化是我国最具潜力的内需所在。有测算表明，一个农民转化为市民，消费需求将增加 1 万多元。然而，目前近 7 亿城镇人口中有 2 亿多进城农民工还没有“市民化”。城镇化不等于盖高楼、建广场，只有让农民工住上廉租房、获得医疗保障、孩子受到和城里孩子一样的教育，他们才不会勒紧腰带，才会释放出可观的消费需求。从这一点来说，未来城镇化离不开廉租房的建设，廉租房的建设是城镇化得以持续推进的必要前提，城镇化将支撑房地产市场进一步稳定增长。

城镇化布局既要遵循经济规律，也要考虑国家安全。应在中西部一些发展条件较好的地区，加快培育新的城市群、形成新的增长极，值得认真谋划和推进。积极找出有效的办法，积极挖掘现有中小城市发展潜力，更好发展小城镇，把有条件的东部地区中心镇、中西部地区县城和重要边境口岸逐步发展成为中小城市。另外，国内越来越大的居民收入差距也需要通过城镇化进程来弥合，而收入差距最大的主要在中西部地区，这就决定了我国城镇化的侧重点应放在中西部。在城镇化进程中，要把加强中小城市和小城镇建设作为重点。在中西部地区，以县城为基础积极发展中小城市。从区域的角度，重庆、武汉、长沙、西安等城市有望成为中西部的核心城市；从类别的角度来看，除了住宅以外，工业地产、旅游地产、城市化综合体开发商也将从中受益。

除了农民进城以外，建设新市镇是城市化的另一条道路。在农村转变为市镇的过程中，土地价值将大幅提升。率先进入的开发商将从中受益。城镇化过程中，各地将因地制宜发展各自的优势产业，建设工业园区，这可能为专业的工业地产商提供商机。城镇化将带动服务业（包括零售业）的发展，这也将为相关的开发商提供机会。因此，从三类相关收益点来看，与住宅开发相关的房地产公司主要有金科股份，该公司定位于二三四线城市的住宅开发，60%的业务布局在大西南（包括重庆、成都等）；与工业地产相关的房地产公司主要有华夏幸福，该公司受益于承接产业转移，属于工业地产，盈利模式独特，锁定业绩高；与商业地产相关的房地产公司主要有南国置业，该公司主要受益于为城镇化服务，区域布局在武汉及湖北二线城市的商业地产，商业地产开发、经营能力强。

2012 年数据显示，支撑房地产市场复苏的动力主要来源于刚需，而库存正逐步被消化。结构性特点越发明显，小户型自住型产品供不应求，大户型投资型产品去库存化艰难。展望 2013 年，在经济企稳回升的背景下，房地产调控政策稳定，货币投放仍将在较高水平，将带动全国商品房销售增速继续提高，开发投资增速企稳，新开工“止跌回升”。2013 年房地产市场走势主要取决于货币政策、城镇化政策和房地产市场调控三大政策的效果。未来房地产调控政策将管理好两端：一方面，必须一如既往地抑制投资投机性需求，要坚持调控方向不动摇；另一方面，也要满足合理住房需求（见图 12－1 至图 12－3）。

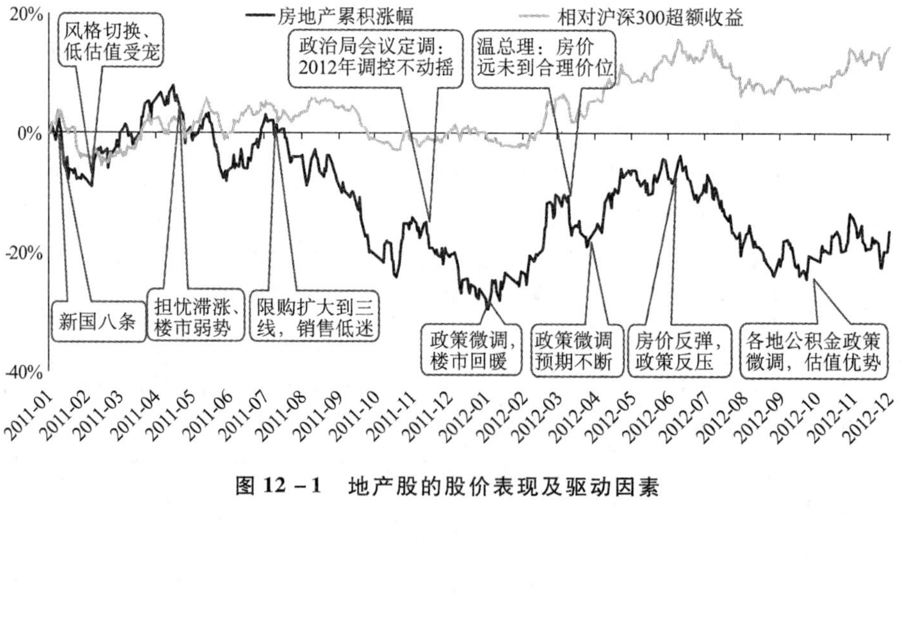

图 12－1　地产股的股价表现及驱动因素

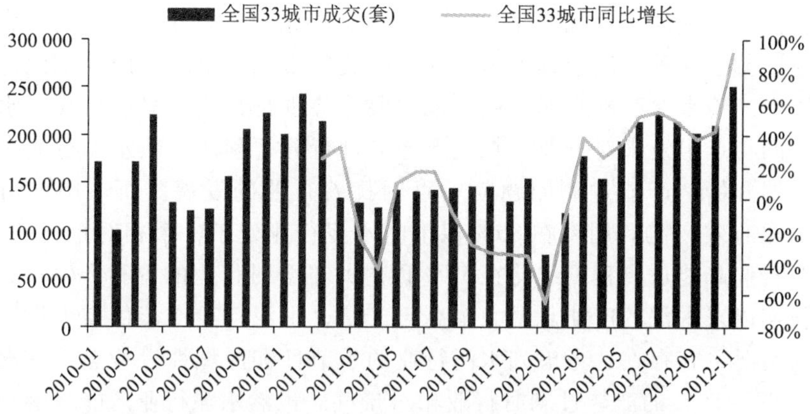

图 12－2　住宅销量创新高，楼市重回上升趋势

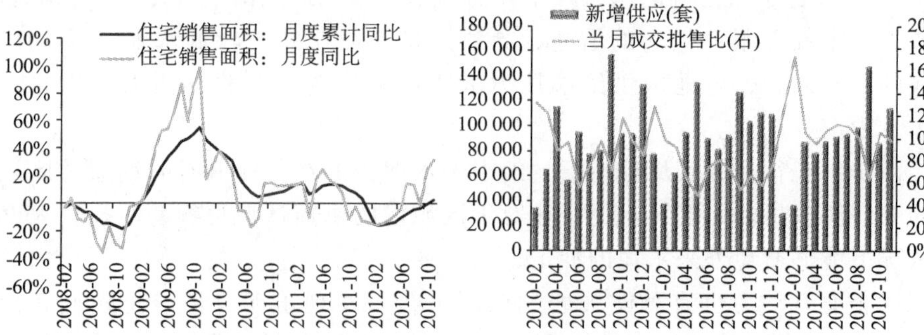

图 12－3　十大城市住宅新增可售与成交批售比

在 2013 年楼市将呈现温和复苏的态势下，赚取开发利润的高周转模式仍旧是最佳的选择；另一方面，区域和产品分化的特点也将更加突出。因此，从板块配置的角度，销售好、周转快、业绩增速高的全国性开发商和二三线开发商，包括保利地产、万科、荣盛发展、中南建设、阳光城等将是较好的选择。

二、水泥

过去十年里伴随着中国经济的高速发展，水泥行业的规模不断扩大，当前中国水泥产量和人均水泥产量均为全球之首。当前，我国共有水泥企业 3 899 家，从业人数超过 93 万人。2011 年我国水泥年产量已经超过 20 亿吨，最近十年的年复合增长率为 12.74%，增长速度超过世界平均水平。在我国目前投资驱动经济模式下，水泥产量一直处于持续较好的增长态势，即使在 2008 年全球金融危机的大环境下仍然保持了正增长。

目前，我国的城镇化率才刚超过 50%，尚未步入发达国家行列。我国水泥行业形成了一种有别于其他国家的独特发展模式，很难以国外水泥行业发展的历史经验来对我国水泥行业未来发展趋势进行预测，只能从我国水泥行业自身的特点出发来对行业未来发展趋势进行分析预测。从水泥行业步入高速发展期开始，产能过剩问题就一直困扰着行业的发展。而从历史情况来看，水泥有效产能利用率在 85% 以上时水泥行业处于一个相对景气的区间，这说明行业产能过剩程度维持在 15% 以内并不会对行业的盈利产生较大的压力。长期以来水泥的产能总是大幅高于产量，水泥行业产能供需失衡，产能过剩的情况一直存在，考虑到水泥行业的季节性和区域性等特点，一般来说存在 10% ~15% 的产能过剩时行业相对景气。虽然水泥行业产能过剩的现象非常严重，各地区内供给的压力却不尽相同。如东北地区的产量产能比超过了 90%，来自于供给端的压力较小，而西南和西北地区由于近几年产能增速较快，需求没有跟上供给的增速，导致产量产能比处于较低水平。以 2011 年底的数据来看，各地区供给端压力大小的顺序为：西北 > 西南 > 华北 > 华东 > 中南 > 东北。

由于水泥行业的区域性特点，给予了水泥企业在行业低谷时期通过区域协同来缓解危机的可能。水泥企业对于区域内的供需情况更容易掌控，大部分情况下能够避免外来水泥的冲击，当行业处于盈利低点的时候，区域内的水泥的企业有动力也有可能去通过控制供给来实现水泥价格的止跌或者回升，避免行业长期徘徊在底部区域。目前国内大型水泥企业的生产线一般都有配套的矿山资源，上游原材料被牢牢的掌控在水泥企业手中，基于此原因水泥企业盈利水平相对于水泥价格的弹性是非常大的，水泥市场价格上涨带来的收益除去增值税和企业所得税全都转换成为水泥企业的净利润。而下游需求对于产品价格不敏感。以普通住宅建筑为例，普通高层建筑每平方米混凝土的用量约为 0.36 立方米，常规 C20 混凝土每立方米水泥用量为 343 千克，以当前高标水泥每吨 350 元的价格计算，每平方米建安成本中包含的水泥成本为仅为 43 元，而当前普通高层建筑每平方米的建安成本大约在 2 000 元左右，其中水泥成本每平方米占比仅为 2% 左右。可见水泥价格的变动对于水泥需求基本没有影响，导致水泥价格在上涨的过程中不必面临需求减少的压力，提价更容易实现。

从大多数发达国家的历史经验来看，在城镇化率到达 70% 以前水泥需求的增长将会持续。我国人均水泥年消耗量接近 1.6 吨，目前城市化率已经超过 50%，但距离城市化率 70% 还有较远的距离，从城市化率的角度来考虑，我国水泥需求峰值近期内还不会出现，未来几年内水泥需求的增长还会持续。从水泥人均累计消费量的角度来考虑，1949 年以来我国水泥人均累计消费量已经超过 15 吨，并以每年 10% 左右的增速不断增长，虽然现在离美国水泥人均累计消费量 20 吨还有差距，但是按现在的增长速率发展下去水泥人均累计消费量超过美国是毫无疑问的（见图 12－4）。

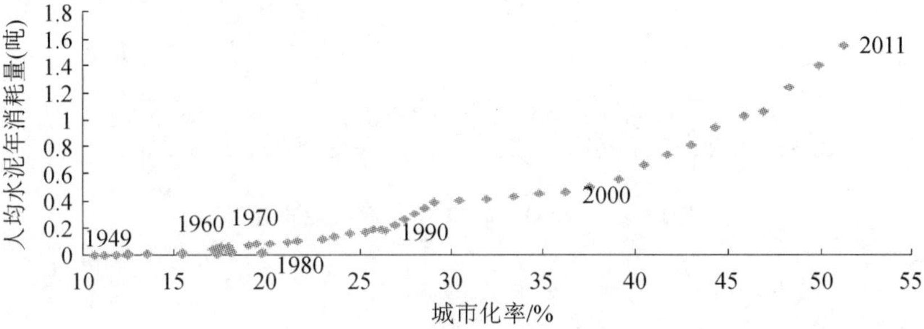

图 12－4　城市化率与人均水泥年消耗量

对于我国水泥需求峰值的推测，可以从固定资产投资增长支撑需求极限和 70% 城市化率到达需求极限两个角度来进行。假设一种极端的情况，固定资产投资和 GDP 增速维持 2011 年水平发展下去，5 年后固定资产投资占 GDP 的比例将近 90%，达到投资推动增长的瓶颈，那么以 2011 年水泥产量保持 10% 增速增长 5 年推断水泥需求的极限，约为 33.2 亿吨；假设城市化率从 50% 增长到 70% 区间人均水泥年消耗量增速和 30% 增长到 50% 区间的相同，那么当城市化率到达 70% 时人均水泥年消耗量约为 2.6 吨，对应的水泥需求极限为 33.8 亿吨。基于以上原因，认为在水泥行业需求见顶之前，行业发展随着宏观经济的变化呈现周期性的波动，不会长期处于盈利低谷，整个水泥行业仍然会充满机遇。

水泥行业整体的市盈率和市净率如图 12－5 和图 12－6 所示，整个行业的最低估值出现在 2005 年，市盈率和市净率分别为 12.55 倍和 1.03 倍。水泥行业估值的最高点出现在 2007 年，行业市盈率为 76.82 倍，市净率为 10.03 倍。目前水泥行业处于估值低位。

2011 年大多数水泥企业盈利达到一个高点，但是整个行业的基本面从 2011 年下半年开始就出现了下滑的趋势，价格开始明显回调，产量同比增速也有所下降，行业净利润同比增速从高点逐月回落。2012 年行业整体净利润呈现负增长状态，截至 9 月份的行业数据显示累计净利润同比下滑 51.33%。

近一年多以来水泥市场由于需求增速放缓，而供给增速维持高位导致水泥价格大幅下跌，水泥企业盈利能力明显下降。在行业处于底部的同时，行业的整体的估值水平也处于低位，水泥行业具有较高的配置价值。水泥作为

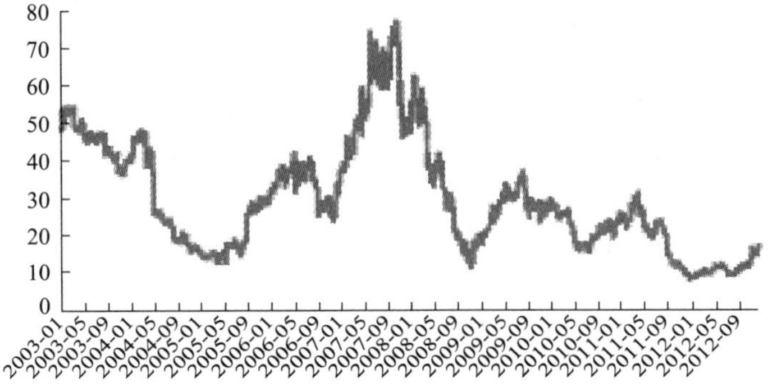

图 12－5　2003～2012 年水泥行业市盈率

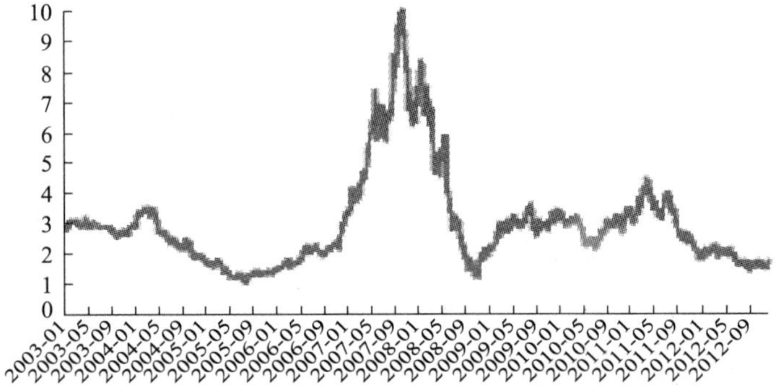

图 12－6　2003～2012 年水泥行业市净率

周期品种，未来短期内行业市盈率会受制于 2012 年水泥企业业绩大幅下滑的影响而明显上升，一般来说二级市场机会也蕴含在这一轮市盈率上涨的过程之中。

在行业集中度不断提升的大环境下，水泥板块行业龙头企业凭借其对市场的准确把握和优秀的管理能力，未来成长的稳定性更高，建议重点关注冀东水泥、华新水泥、海螺水泥、天山股份、金隅股份、亚太股份、宁夏建材、祁连山和同力水泥。对部分位于需求高增长地区的水泥公司也建议重点关注，例如位于西北地区的天山股份和祁连山。另外产品大量销往农村市场，受益于城镇化建设较为明显的同力水泥也建议重点关注。

三、机械

将 2000～2012 年的 12 年间按大约 4 年一个经济周期分成 3 个经济阶段，在这 3 个 4 年的经济阶段中，国内主要经济先导部房地产、汽车的规模实现了快速扩张，并进而带动主要工业领域如机械、电力、钢铁、水泥、煤炭等行业的规模扩张。在2004～2008年的经济周期中，国内经济主导部门房地产和汽车对机械行业的拉动作用明显增强，而在随后的2008～2012年经济周期中，房地产和汽车对机械行业的拉动作用趋弱（见图12－7和图12－8）。

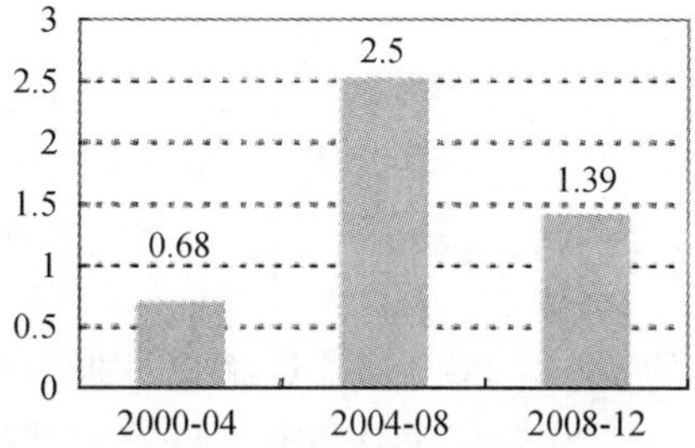

图12－7　房地产对机械行业的拉动

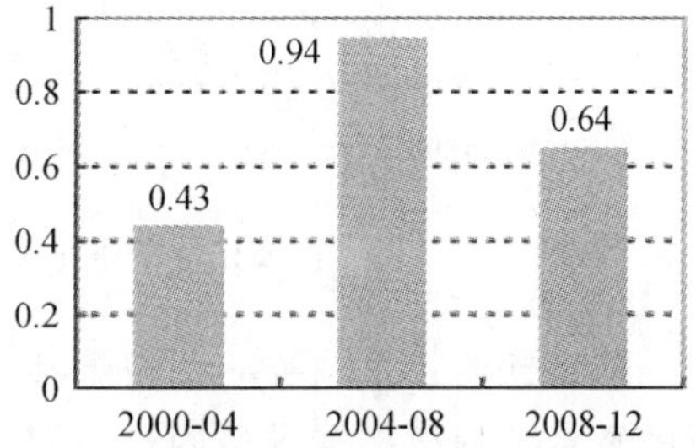

图12－8　汽车对机械行业的拉动

历史数据显示，国内机械行业（按照统计局数据，指通用机械＋专用设备＋电器机械）收入与国内城镇固定资产投资额密切相关，相关系数高达0.82，据此预计机械行业2013年收入同比增长在15%左右，将略高于2012年的10%左右的增速。考虑到整体经济对机械行业的拉动趋弱，全年机械行业收入将呈现缓慢回升的态势。机械行业子行业中受经济周期影响较大的工程机械、机床、工业用电气设备、主要用于工业领域的节能减排设备等将有不同程度的恢复，这些也将成为在2013年的关注重点（见图12－9和图12－10）。

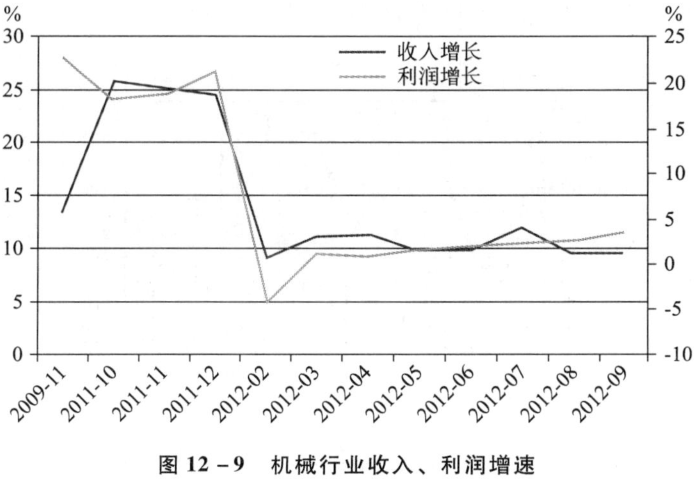

图12－9　机械行业收入、利润增速

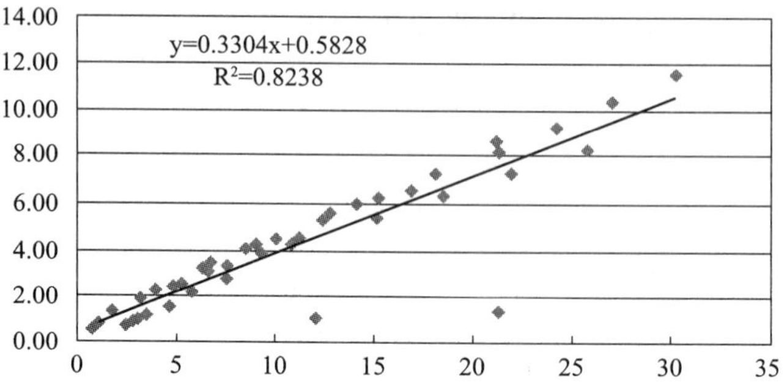

图 12－10　机械收入与城镇固定资产投资相关性

随着铁路、水利等一批重大基建项目的重启，国内基础设施建设投资逐渐恢复，工程机械需求最困难时期已经过去。2012 年 8 月份起，铁路基建投资实现单月正增长，并在 8～11 月期间持续快速恢复，铁道部预计 2013 年国内铁路基建投资为 5 300 亿元，较 2012 年增长 3% 左右，经历了 2011 年的高铁事故和 2012 年的恢复后，预计未来铁路年基建投资额将稳定在 5 000 亿～6 000 亿元之间。2012 年 9 月 5 日，国家发改委网站公布了 19 个城市 25 个地铁项目，总投资超过 7 000 亿，预计地铁车辆需求在 7 000 辆左右，按 500 万元/辆估算，总金额在 350 亿元左右。国家发改委还陆续批复北京地铁中长期规划和乌鲁木齐地铁中长期规划，此外还有一些省市的零星地铁项目，其中北京市未来 4 年地铁建设投资额预计为 2 000 亿元左右。未来随着我国新型城镇化的发展，地铁建设将较长时间内保持较高投资水平。在铁路建设恢复和地铁项目建设的拉动下，预计 2013 年铁路设备板块将延续当前的增长恢复走势（见图 12－11 和图 12－12）。

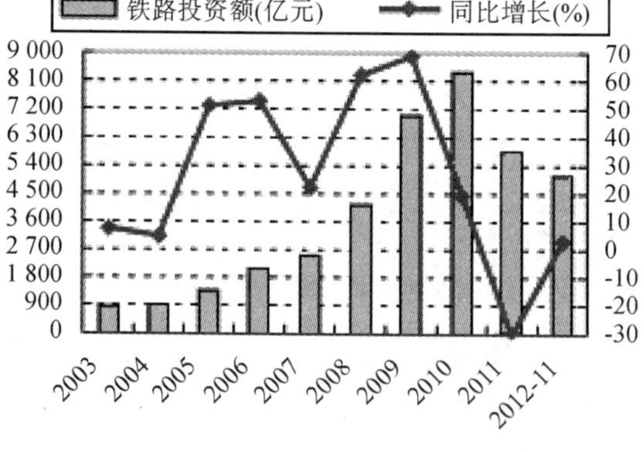

图 12－11　2003～2012 年铁路投资额及增速

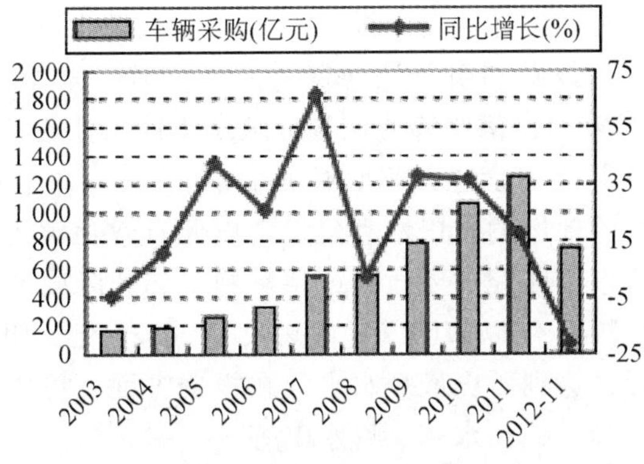

图 12－12　2003～2012 年铁路车辆采购额及增速

根据上述趋势，预计 2013 年铁路设备的收入和利润将重新回到正增长，中国南车、中国北车值得关注。预计 2013 年工程机械也将转为正增长，持续看好中联重科。

四、农林水利投资

“十二五”水利投资规模大幅增长。此前，水利部已就落实中央“一号文件”和中央水利工作会议提出的“到 2020 年完成水利投资达 4 万亿元”的政策目标形成初步思路，明确到 2015 年，全国水利投资累计总额将达 1.8 万亿元，其中农田水利建设资金将占 20%。相较“十一五”期间的 7 000 亿元，投资规模出现大幅增长，年均增速也由“十一五”期间 18% 提速到 20% 以上。

2013 年中央和省将加大对农业基础设施的支持力度，特别是小型农田水利设施建设和高效节水灌溉项目，加快推进小型农田水利重点县建设，大力支持中小河流治理、病险水库除险加固；大力支持基层农业推广体系改革与建设项目、测土配方施肥项目、农村沼气工程、动植物疫病防控、农业产业化开发经营项目、优势农产品生产基地项目、省级现代农业示范园区、蔬菜标准园创建项目、蔬菜生产监测项目、农产品质量监管、现代农业发展等支农资金的投入。

水利建设仍是投资的重点领域。水利部、发改委、财政部等部门联合出席，正如水利部部长陈雷强调“各地、各有关部门把水利摆在更加突出的位置、作为优先保障的领域，推动各项水利工作取得重大进展，防汛抗旱成效显著，水利投入再创新高，水利建设加速推进。”预计随着政策的逐步落实，水利建设进程有望逐渐加快。水利建设资金来源有望更为均衡。一方面，水利部将全面落实从土地出让收益中提取10%用于农田水利建设的政策，继续完善各项扶持政策，鼓励和引导社会资金进入；另一方面，从2012年1月起，中央财政按20%的比例统筹使用各地区从土地出让收益中计提的农田水利建设资金，重点支持粮食主产区、中西部地区和革命老区、少数民族地区、边疆地区、贫困地区的农田水利建设，以此有效化解土地出让收益和农田水利建设资金需求不匹配的矛盾，或将有利于部分区域水利建设的提速。

财政部表示，2012年以来已安排中央投资908.5亿元用于水利建设，较上年增加208亿元，达到历史最高水平。在投资方面，可以关注区域水利建设龙头，如安徽水利、钱江水利、粤水电等。

第三节 政府转移支付政策

转移支付是指政府或企业的一种不以购买本年的商品和劳务而作的支付，即政府或企业无偿地支付给个人或下级政府，以增加其收入和购买力的费用，它是一种收入再分配的形式。转移支付主要包括养老金、失业救济金、退伍军人补助金、农产品价格补贴、公债利息等政府与企业支出，我们集中分析养老保险和农产品价格补贴政策对投资的影响。

一、养老保险

养老保险是社会保障制度的重要组成部分，是社会保险五大险种中最重要的险种之一。所谓养老保险是国家和社会根据一定的法律和法规，为解决劳动者在达到国家规定的解除劳动义务的劳动年龄界限，或因年老丧失劳动能力退出劳动岗位后的基本生活而建立的一种社会保险制度。

美世咨询最新发布了《墨尔本美世全球养老金指数2010》研究报告，对中国、美国、德国、法国等14个国家的全球养老金指数做了具体排名与分析。报告指出，中国的指数排名为14个国家中最后一名，指数为40.3，这一指数值比2009年的指数值48.0还要低，而这一指数下降的主要原因在于其基本养老金体系目前尚未覆盖全部就业人口。养老金指数是对养老金体系的一个调查评价数据，这一数据包括国家养老系统的充足性、可持续性和完整全面性三大指标体系，每个体系所占总指数的比例为40%、35%和25%。充足性是指一个国家的养老福利水平、储蓄率水平、国家有无相关政策鼓励养老的税收机制等。可持续性这一指标包含了补充养老计划覆盖人群比例、养老金资产占 GDP 的比例以及国家人口方面的要素，比如平均寿命与法定退休年龄等。养老金资产占 GDP 的比例，中国目前这一比例还远低于 10%。很多发达国家，养老金资产规模已经占到 GDP 很高的比重。全球金融危机导致的资产价值下降以及政府债务的增加威胁到公共及私人养老金体系的可持续性，加拿大、英国以及美国的得分明显地反映了这一特点。

我国的养老保险由三个部分组成：基本养老保险，即按国家统一的法规政策强制建立和实施的社会保险制度。企业和职工依法缴纳养老保险费，在职工达到国家规定的退休年龄或因其他原因而退出劳动岗位并办理退休手续后，社会保险经办机构向退休职工支付基本养老保险金（也称“退休金”）；企业补充养老保险，即由企业根据自身经济实力，在国家规定的实施政策和实施条件下为本企业职工所建立的一种辅助性的养老保险。它居于多层次的养老保险体系中的第二层次，由国家宏观指导、企业内部决策执行；个人储蓄性养老保险，是由职工自愿参加、自愿选择经办机构的一种补充保险形式。由于国情的问题，我国养老保险尚存在一定的问题，主要表现在“养老保险双轨制”的歧视性退休制度以及养老保险的充足率不足等问题。

自 1992 年起至今，我国实行的是“养老保险双轨制”的歧视性退休制度：即企业职工实行由企业和职工本人按一定标准缴纳的“缴费型”统筹制度；机关和事业单位工作时不仅不需要缴纳养老保险费用，而且退休金由国家财政统一发放。两种制度具体讲表现为三个不同：一是统筹的办法不一样即企业人员是单位和职工本人按一定标准缴纳，机关事业单位的则由财政统一筹资；二是支付的渠道不一样即企业人员由自筹账户上支付，而机关事业单位则由财政统一支付；三是享受的标准不一样即机关事业单位的养老保险标准远远高于企业退休人员，目前差距大概是 300% ~500%。中国养老金指数落后的现状已引起政府的高度关注与重视。党的十七届五中全会关于“十二五”规划的建议里提出，我国农民养老在“十二五”期间将达到全覆盖，实现基础养老金全国统筹。

养老金的覆盖面的扩大，意味着未来养老金的规模会越来越大，一方面，农村新增养老保险的发放将增加居民的可支配收入，促进日常消费，将对消费类股票有一定的刺激作用；另一方面，庞大的养老金必然涉及一个资产增值管理的问题，政府将会鼓励养老金等资产进入股市投资，这些增量资金有望对股市有一个显著的拉升作用。

养老金入市后投资的股票类型是最值得投资者深思的问题。要分析养老金买什么股，首先要分析养老金的投资特点。从过往社保资金的投资行为看，首先追求的是安全性，其次才是收益性，然后还有流动性，三者之间的逻辑关系和次序极为重要。对于养命钱而言，安全性永远排在第一位，之后才是考虑能否赚更多的钱，并且方便进出变现。以目前的市场状况分析，在分红新政指引下，高分红、低估值，大市值的品种将是养老金的首先投资标的。从2012年年报来看，社保持有或新进个股的质地来看，大多股票属于"物美价廉"，其市盈率多在10～30倍之间，且年报业绩多为增长，符合这一投资要求的基本上为银行股、医药股、零售股等，这也较为契合社保基金价值投资的风格。目前上证指数估值水平处于历史低位，养老金入市后的选股难度并不算高。

需要思考的是：养老金入市会不会关注股价和业绩弹性较大的创业板和中小板呢？如果参照安全性、收益性、流动性的指标看，中小板和创业板目前估值水平距离历史底部尚有15%～20%空间，不具备比较优势，如果目前养老金入市显然不会大规模进入这个群体。但是，以创业板为例，一旦创业板指数跌到500点一线，整体估值降低到25倍左右，则其安全性和收益性将得到体现，养老金也会对这个群体加以关注。另外，当创业板和中小板股票具有投资价值，但又限于其流动性不足的难题，养老金可以通过相关指数的ETF进行间接投资以化解流动性因素的影响，而并非一定要直接投资股票。

二、农产品补助

农产品产地初加工，主要包括产后净化、分类分级、干燥、预冷、储藏、保鲜、包装等环节。多年来，由农户和专业合作组织自行完成的比重超过农产品产量的一半，有的品种甚至高达80%以上。由于设施简陋、方法原始、工艺落后，导致农产品产后损失严重，品质下降。据专家测算，我国粮食、马铃薯、水果、蔬菜的产后损失率分别为7%～11%、15%～20%、15%～20%和20%～25%，远高于发达国家的平均损失率，折算经济损失达3 000亿元以上，相当于1亿多亩耕地的投入和产出被浪费掉。大量的产后损失，不仅严重侵蚀了农业增效、农民增收的基础，也给农产品的有效供给和质量安全带来了压力和隐患。特别是产后损失大的农产品主产区，多为我国中西部经济基础相对薄弱、农民增收困难的地区，解决这个问题的需要显得尤为迫切。

为切实解决我国农产品产后损失严重的问题，实现减损增供、均衡上市、稳定价格、提高质量、促进增收的目标，2012年中央财政安排专项资金，补助农产品产地初加工项目，推广普及科学适用的初加工设施，大幅度减少农产品产后损失，进一步提升农产品有效供给水平。2012 年 4 月，农业部、财政部联合印发了《2012 年农产品产地初加工补助项目实施指导意见》，今年中央财政安排 5 亿元资金，专门用于农产品产地初加工补助项目的实施。

2012 年补助项目的实施区域是河北、内蒙古、辽宁、吉林、河南、四川、云南、陕西、甘肃、宁夏、新疆等 11 个省区和新疆生产建设兵团。奖补对象为农户和专业合作社。奖补范围是当年新建的马铃薯贮藏窖、果蔬贮藏库和果蔬烘干等三类设施，共 18 个具体规格。根据该指导意见，大北农、新希望、隆平高科等上市公司将会受益。此外，北大荒和登海种业作为农产品行业中的活跃股份，也十分值得关注。

三、其他转移支付

在政府转移支付中，社会福利、贫困救济和补助等方面的支出是几个重要的构成部分，它通过政府将收入在不同社会成员之间进行再分配而实现。失业救济金和各种福利支出都有一定的发放标准，失业救济金的发放多少主要取决于失业的人数多少。在萧条时期，失业人数增多，这样失业救济金的发放就自动地增加了。失业救济金的增加就是转移支付的增加，这样有利于抑制消费的减少。在膨胀时期，失业人数减少，这样失业救济金的发放就自动减少了。失业救济金的减少同样是转移支付的减少，这样有利于抑制消费的增加。另外，在中国军队人员福利保障的费用大幅度增加，也属于转移支付的一部分。转移支付的增加对消费类商品的股票而言是利好。

由于转移支付基本上是针对低消费人群，因此当转移支付明显增加时，普通消费产品的消费量有望增长，而其中商场百货类股票涨幅获益最大。在当前销售渠道多样化的今天，作为商场消费量股票，应优先选择那些在当地具有行业垄断性的个股，比如合肥的合肥百货，武汉的中百集团、鄂武商，南宁的南宁百货，重庆的重庆百货，以及西安的西安民生等。

第四节 政府税收政策

税收政策对股票市场的影响，主要表现在三个方面：(1) 通过整个经济范围内的增税或减税，对宏观经济总量产生影响，造成经济扩张或收缩，进而影响证券市场。(2)税负的加重或减轻直接改变一部分企业和个人的利润分配及投资资金的来源。一方面提高了上市公司的利润，提升了股票的内在价值；另一方面，使企业和个人有更多的余钱从事股票投资。(3)直接课征于证券和证券投资收益的税收，其政策变化直接影响到股票市场。

一、企业税收

为了缓冲经济下滑速度，国务院相关部门出台了多项政策为业减税，减轻企业负担，主要包括小型微利企业所得税政策改革和交通运输业和部分现代服务业营业税改征增值税试点两项政策。

为了进一步支持小型微利企业发展，国务院批准，自2012年1月1日至2015年12月31日，对年应纳税所得额低于6万元（含6万元）的小型微利企业，其所得减按50%计入应纳税所得额，按20%的税率缴纳企业所得税。小型微利企业，是指符合《中华人民共和国企业所得税法》及其实施条例，以及相关税收政策规定的小型微利企业。根据《关于国家中小企业公共技术服务示范平台适用科技开发用品进口税收政策的通知》，经认定可享受科技开发用品进口税收优惠政策的示范平台，在2015年12月31日前，在合理数量范围内进口国内不能生产或者性能不能满足需要的科技开发用品，免征进口关税和进口环节增值税、消费税。免税进口科技开发用品的具体范围及相关规定，按照《科技开发用品免征进口税收暂行规定》的相关规定执行。

经国务院批准，在上海市开展交通运输业和部分现代服务业营业税改征增值税试点，明确从2012年1月1日起，在上海市交通运输业和部分现代服务业开展营业税改征增值税试点。改革试点的主要内容包括：在现行增值税17%和13%两档税率的基础上，新增设11%和6%两档低税率，交通运输业适用11%的税率，研发和技术服务、文化创意、物流辅助和鉴证咨询等现代服务业适用6%的税率；试点纳税人原享受的技术转让等营业税减免税政策，调整为增值税免税或即征即退；现行增值税一般纳税人向试点纳税人购买服务，可抵扣进项税额；试点纳税人原适用的营业税差额征税政策，试点期间可以延续；原归属试点地区的营业税收入，改征增值税后仍归属试点地区。

上述两项企业所得税改革办法，凸现宏观经济政策“减税”内涵，这将从宏观、中观和微观三个层面对经济产生积极影响：

从宏观面分析，出台《办法》附件，减免部分企业所得税，也可视作政府新一轮税制改革的“铺路之作”，同样凸显其“减税”之内涵，这将有利于扩大国内需求，改善我国的经济增长结构，以摆脱经济增长过分依赖外需拉动的不稳定局面。

从产业的角度看，所得税优惠惠及物流交通、信息产业的软件开发、集成电路设计、环保、林业和渔业等产业。信息产业属高科技产业，是国家实现科技强国的重要产业；而其他产业多为国家的基础产业，基础薄弱，是需要加快发展的，在国家财力投入有限的情况下，通过实行所得税优惠，将增强上述行业自主发展的能力，促进其自我发展，也有利于社会资本投资这些产业，从而从根本上改善我国的产业结构。另外，相关科研机构、高校和中央机关后勤实体等部门和单位也直接受惠于所得税减免，这些部门多需要国家财力的扶持，在享受减免税待遇后，将增强自我发展的能力，从而也减轻国家的财政负担。

从微观层面分析，具有物流交通、物流软件开发、集成电路设计、相关林业和渔业企业及相关上市公司是最大的受益者。若按33%的所得税税率计算，实行免征所得税后，从理论上讲，企业净利润将提升近50%；若减按15%税率计算，享受减税后，企业净利润将提高24.9%。具体来说，物流行业中的中储股份、仓储物流行业的保税科技、央企控股的大型软件企业中国软件、集成电路设计类的国民技术、欧比特、晶源电子、上海贝岭和士兰微等公司值得关注。

二、股票印花税调整

股票交易印花税是从普通印花税发展而来的，是专门针对股票交易发生额征收的一种税。中国税法规定，对证券市场上买卖、继承、赠与所确立的股权转让依据，按确立时实际市场价格计算的金额征收印花税。股票交易印花税以发行股票的有限公司为纳税人，主要包括有限保险公司和有限银行公司。股票印花税以股票的票面价值为计税依据。由于股票可以溢价发行，因而还规定，如果股票的实际发行价格高于其票面价值，则按实际发行价格计税。为方便计算，增加透明度，采取比例税率，一般税负都比较轻。

股票交易印花税增加了投资者的成本，这既是政府增加税收收入的一个手段，更是政府调控市场的工具。深圳市政府在开征股票交易印花税后半年不到的时间内，改单向征收买卖双向征收6‰的交易印花税，以平抑暴涨的股价。

当财政部和国家税务总局对证券交易所、期货交易所、证券公司、期货经纪公司减征有关印花税，必将对股市构成重大利好。印花税是广大投资者最为关心的问题，印花税下调将有效提升投资者信心，刺激深沪大盘走强。按照《财政部　国家税务总局关于资本市场有关营业税政策的通知》的历史规定，通常会从四个环节减征资本市场有关营业税：准许上海、深圳证券交易所代收的证券交易监管费从其营业税计税营业额中扣除。准许上海、深圳、大连期货交易所代收的期货市场监管费从其营业税计税营业额中扣除。准许证券公司代收的三项费用从其营业税计税营业额中扣除。同时，印花税减税方案目前已由国家税务总局相关法规的制定部门拟定。

当股票交易印花税下调后，券商板块将率先受益，一方面是因为其自身直接因为税收降低而受益，另一方面也因为市场信心增强后交易量上升带来的交易佣金上升。股票交易印花税下调后，前景最为看好的主要为国内的券商龙头，包括中信证券、广发证券、海通证券。

第五节 案例分析：高铁时代为轨道交通装备制造业插上腾飞的翅膀——中国北车

目前，我国铁路建设虽然进入了建设后期，但铁路设备行业的景气高峰存在时滞，车辆子行业才刚进入高增长期，未来 3 年国内需求将推动公司收入再上一台阶。预计“十二五”计划中的车辆购置计划将至少超过 20%，达到年均 600 亿元以上（见表 12 – 1 和图 12 – 13）。

表 12 – 1　　“十一五”期间铁路建设进入大发展阶段

		单位	“九五”计划	“十五”计划	“十一五”计划
全国铁路营业里程	期末总计	万公里	6.87	7.50	9.00
	年均增加	公里	1 252	1 400	3 000
复线	期末总计	万公里	2.14	2.50	4.05
	年均增加	公里	900	1 000	3 100
电气化	期末总计	万公里	1.49	2.0	4.05
	年均增加	公里	1 032	1020	4 100
国家铁路机车车辆购置	期末总计	亿元	600	950	2 500
	年均采购额	亿元	120	190	500

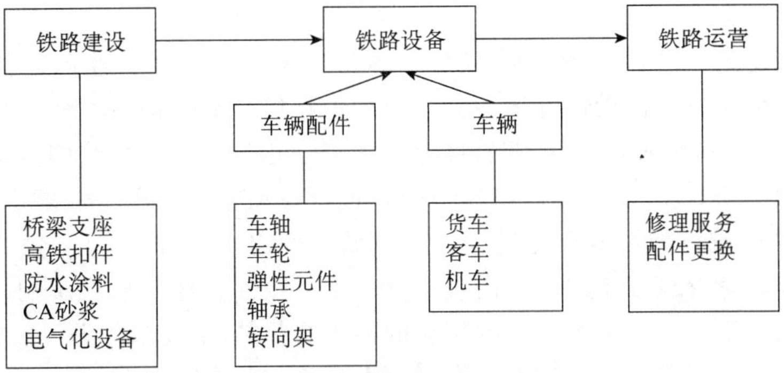

图 12－13　铁路投资受益链条

中国北车主要从事铁路机车、城市轨道车辆相关部件等产品的开发设计、制造、修理及技术服务、设备租赁等业务。公司是中国产品系列最齐全、技术水平最先进、研发制造能力最强的轨道交通装备制造业领军企业，也是全球规模最大的轨道交通装备制造商之一。公司65%以上的收入来自新造机车、客车、货车和机、客、货车的修理，另外近20%的收入来自工程机械等机电产品，其中铁路设备产品中机车产品和货车产品占公司收入比重最高，分别为25%和18%（见图12－14）。

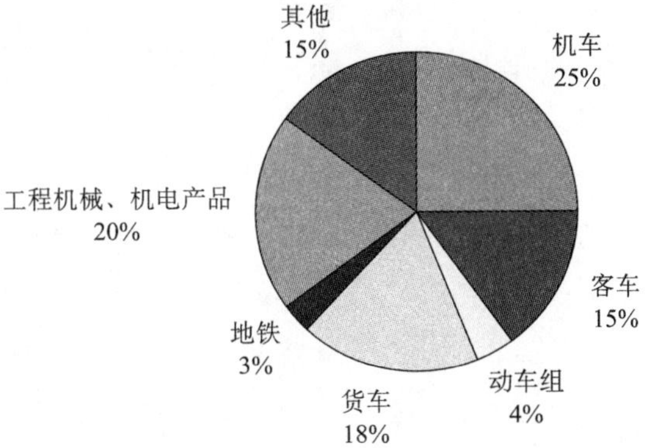

图 12－14　中国北车公司各项业务收入占比

中国北车在其战略规划中提出了“三步走”的发展目标：第一步，三年再造一个北车，通过内部提高公司运作效率，外部市场开拓，实现销售收入再翻一番。第二步，到2015年，通过兼并收购和国际化的战略，迅速做大做强，成为国际知名的以轨道交通装备为核心的机械装备制造企业。第三步，2020年前进入世界500强，成为具有国际先进水平的以轨道交通装备为核心的机械装备制造企业。

公司主要产品以铁路设备行业中的整车子行业为主，在国内需求超预期、出口增长空间巨大的环境中，公司的可持续性发展前景看好，预计至少5年内都将维持增长：（1）随着线路完工以及运行频率的加快国内动车组需求将超预期；（2）电气化铁路建设的完成将拉动电力机车的需求快速增长；（3）高铁建成将加速城市化进程，推动城轨的需求上升；（4）铁路运营里程增长和客货分离带来的货车需求增量。预计今年受经济危机影响，货车需求出现较大下滑，但未来5年内货车的需求将呈持续上升阶段，一方面是线路增长带来的需求，另一方面是客货分离带来的新增需求。

另外，从全球范围看，未来高铁市场增长较快的将在以下几个地区和国家：美国远景规划是建立一个长度达1.7万英里的先进高铁网络，并分期执行。欧洲的西班牙、英国、法国和瑞典修建长度累计超过1万亿公里的高速铁路。亚洲其他国家将有总计1 000亿美元的高速铁路建设，中东地区的沙特、阿联酋和卡塔尔等国也将有累计1 000亿美元的高铁建设项目。加上高铁技术在我国的成功推广，高速铁路建设带来的效益将在全球得到重视。而我国无疑在这一市场中抢得先机，公司作为行业双寡头之一无疑也将受益于这一进程的推进。

第十三章
货币政策导向与选股方略

货币政策是中央银行根据客观经济形势采取适当的政策措施调控货币供应量和信用规模，实现对宏观经济进行全方位的调控，是国家宏观经济政策的重要组成部分。我国现行的货币政策工具主要有银行存贷款利率、法定存款准备金率、公开市场操作、中央银行外汇操作、再贴现等。1996 年以前，我国宏观经济的调控手段基本依靠现金投放和信贷规模控制，而目前调控的主要中介目标是货币供应量。按照流动性的大小，货币供应量又可分为流通中的现金、狭义货币供应量、广义货币供应量。

从经济学原理上来说，货币供应量的变化会通过一定的传导机制影响到股票市场。假定中央银行要通过购买或销售债券来调整银行储备，并调整货币供应量，它最初会作用于政府债券市场，然后影响到公司债券和普通股票市场，最后才影响到实物市场。这意味着货币供应量的变化首先影响到金融市场，然后影响到实体经济，这样就会出现先有货币供应量的变化后有股票价格变化的现象。当货币供应量增加时，人们持有更多的货币，货币的边际收益下降，从而提高股票的预期收益，这样就会促使人们购买股票，引起股票价格上升。反之，当货币供应量减少时，则引起股票价格下降。从现实看来，货币供应量对股票市场的影响有三种具体表现：（1）货币供应量增加可以促进生产，扶持物价水平，阻止商品利润的下降，使人们对股票的需求增加，促进股票市场的繁荣。（2）货币供应量增加引起商品价格上涨，股份公司的销售收入及利润相应增加，从而使得以货币形式表现的股票的名义收益会有一定幅度的上升，使股票价格相应上涨。（3）货币供应量的持续增加引起通货膨胀，带来虚假的市场繁荣，造成企业利润普遍上升的假象，保值意识使人们倾向于将货币投向贵重金属、不动产和短期债券，股票需求量也会增加，从而使股票价格上涨。

第一节 数量型货币工具对股市的影响

一、货币供应量

中央银行可以通过存款准备金率和再贴现政策调节货币供应量，从而影响货币市场和资本市场的资金供求，进而影响股票市场。法定存款准备金政策是中央银行规定商业银行必须将其吸收存款的一部分交纳给中央银行，不得私自动用的制度，交纳金额占吸收存款的比率叫做法定存款准备金率。再贴现是指中央银行买入商业银行没有到期的商业票据做抵押向中央银行进行的短期融资。

如果中央银行提高存款准备金率，这在很大程度上限制了商业银行体系创造派生存款的能力，就等于冻结了一部分商业银行的超额准备。如果中央银行提高存款准备金率，这在很大程度上限制了商业银行体系创造派生存款的能力，就等于冻结了一部分商业银行的超额准备。由于法定存款准备金率对应着数额庞大的存款总量，并通过货币乘数的作用使货币供应量更大幅度的减少，股票市场价格便趋于下跌。同样，如果中央银行提高再贴现率，对再贴现资格加以严格审查，商业银行资金成本增加，市场贴现利率上升，社会信用收缩，股票证券市场的资金供应减少，使股市行情走势趋软。反之，如果中央银行降低存款准备金率或降低再贴现率，通常都会导致股票市场行情上扬。

二、金融机构贷款额

在银行贷款与其他金融资产（如债券）不可完全替代的情况下，特定类型的借款人的融资需求只能通过银行贷款得到满足，从而货币政策可以通过银行贷款的增减变化来影响国民产出，同时也对股市产生影响。当中央银行实行紧缩的货币政策时，中央银行上调存款准备金率，银行的准备金减少，可贷资金下降，贷款随之收缩，那些依赖银行贷款的借款人被迫要减少投资支出，最终不但引起产量下降，也会影响股市资金供给，股市价格必然以下降作为回应。反之，当中央银行实行宽松的货币政策时，中央银行下调存款准备金率，从而银行的准备金增多，银行有更多的贷款贷给企业和个人，从而扩大生产规模和投资，不但增加了企业的产量也增加了股市的资金供给，引起股价的上升。

央行进行货币数量扩张时，整个股票市场通常有一个较好的涨幅。不同板块的股票对货币数量的敏感性存在不同的差异，那些对信贷扩张比较敏感的行业将会受益更多，其中尤其以工程机械和银行业为最。工程机械行业是典型的资金密集型，技术密集型和劳动密集型行业。工程机械行业对国家信贷等相关宏观调控政策敏感度比较高。首先，从工程机械行业的研发和制造上来看，工程机械行业属于资金和技术高度密集型，其产品本身的研发和制造需要大额的配套资金，对国家信贷政策特别是利率的降低和上升比较敏感。其次，从工程机械产品的销售方式上来看，工程机械行业广泛流行的按揭销售模式，也直接决定了对国家存贷款利率等相关宏观政策的高度敏感性。另外，从工程机械下游的需求方面来看，工程机械属于典型的投资驱动型行业，能够带动工程机械设备销售的工程项目投资方，施工方等也对银行信贷政策高度依赖，同样影响到工程机械行业对信贷政策的高度依赖性。

工程机械行业可以重点关注三一重工、徐工机械、柳工、厦工股份、中联重科、山推股份、振华重工等。三一重工主要从事工程机械的研发、制造、销售，产品包括建筑机械、筑路机械、起重机械等 25 大类 120 多个品种，主导产品有液压砖机，制砖机，免烧砖机设备；混凝土输送泵、混凝土输送泵车、混凝土搅拌站、沥青搅拌站、压路机、摊铺机、平地机、履带起重机、汽车起重机、港口机械等。目前，三一混凝土输送机械、履带起重机械、旋挖钻机已成为国内第一品牌，混凝土输送泵车、混凝土输送泵和全液压压路机市场占有率居国内首位，泵车产量居世界首位，是全球最大的长臂架、大排量泵车制造企业。

在过去 5～10 年，国内工程机械行业已经形成了典型的“雁型”发展矩阵，公司处于领头雁的位置，引领国内工程机械行业的发展。在未来 5～10 年国内工程机械行业发展趋缓的背景下，公司拥有其他竞争对手难以复制的核心竞争力，有望获取更大的竞争优势，拉开与其他竞争对手的差距，行业龙头地位更加突出。这就表现在去年行业销售额急剧下滑，业内其他企业纷纷出现业绩下滑、现金流为负等不利局面，公司仍然取得了营收增长 49.54%，净利润增长 54.02%，经营性现金流为 22.79 亿元的亮丽业绩。

2012 年 1 月 30 日，三一重工与世界混凝土巨头德国普茨迈斯特日前在德国共同宣布，两家公司已达成正式合并协议。公司已经基本完成全球研发和生产基地布局，在美国、德国、印度、巴西和印尼都有在建或拟建产业园，规划总投资额超过 40 亿元。印度、巴西和印尼等发展中国家也存在巨大的潜在市场，因此，率先完成国际化战略布局的三一重工将迎来海外市场的重大利好。

第二节 价格型货币工具对股市的影响

理论上，股票价格等于未来预期收益的总和，未来预期收益包括股利收益和未来特定时间出售该股票的价格之和。根据此理论可知，利率上升，股价下降；利率下降，股价上升。

利率变动对股票市场的影响主要反映在三个层面：（1）上市公司的层面。利率下降有利于企业适时适度地运用财务杠杆，降低资金成本，缩减财务费用，有利于公司业绩的上升和股价的提高。反之亦然。（2）对股票市场资金流量影响的层面。存款利率的下调，会使储蓄资金分流，正常情况下，其中相当部分进入股市，从而加速资金向股票市场的流动，而股市的繁荣。（3）投资者情绪的层面。利率下降将大大促进人们的消费热情和企业的投资欲望，从而激活市场和需求，使企业库存减少，销售增加，盈利能力增强，对股市都是利好。而加息往往意味着央行对股市过热的担忧。

另外，降息还意味着人民币汇率的贬值，这有助于提高我国企业的出口竞争力，对于我国出口导向型的经济而言，具有显著的刺激作用。而我国出口在国民经济增长中占据较大的比重，出口的增长预期有望带动国内经济增长，利好股市繁荣。当然，降息能对股票市场带来多大的提振效应，还要看具体的宏观经济环境。降息往往是宏观经济比较糟糕的时候，此时降息往往意味着经济增长极度糟糕，降息会在短期内刺激市场神经，激发投资者的投资热情。但中长期来看，可能是经济持续下滑的一个暗示，从而对股市形成一定的利空。

央行下调基准利率时，整个股票市场通常有一个较好的涨幅。不同板块的股票对资金利率的敏感性存在不同的差异，那些对资金利率比较敏感的行业将会受益更多，其中尤其以房地产行业为最。

对于房地产行业来说，央行通过下调基准利率意味着信贷环境亦将有所宽松，市场放松的流动性可以通过各种直接的、间接的渠道进入房地产领域。宽松的货币政策对房地产的影响包括供给和需求两个方面，供给方面是指房地产开发商的融资环境好转，财务成本降低，并有助于企业按照自身的销售策略和现金流进行合理安排，避免因现金流紧张导致的价格战对公司业绩造成的负面影响。需求方面是指宽松货币政策对刚需购房者和投机购房者而言，资金利率下调有助于降低消费者和投资者的购房成本，推动需求上升，促进房地产市场繁荣。

房地产市场上的需求者可以分为两类，消费型需求者和投资型需求者。按照经济学的理论，贷款利率的下调降低了购房者的还款负担，从而有利于提升“刚性住房需求”购买者购房需求。对于投资型需求者来说，投资决策主要取决于对未来收益的预期。实行适度宽松的货币政策除了会降低投资者的成本，提高投资收益率，更重要的是还会改变投资型消费者的预期。需求理论表明，消费者对未来的预期是影响需求的一个重要因素。当前，我国股市低迷，金市、基金、人民币理财产品的收益也都不甚理想，居民没有好的投资渠道实现资产的保值增值。一旦央行开始下调基准利率，将意味着逢国家鼓励住房消费，房地产市场又将出现反弹，房价居高不下，一些经济上比较富裕的人群又开始进行房产投资。

以 2012 年 6 月份的降息为例，货币市场政策变动对房地产市场影响最大的是会改变市场之预期。央行减息向市场发出一个强烈的信号，即不仅政府会力保经济增长在一个它所规划的水平上，如果没有达到这个水平，政府还可能进一步对货币政策放松。央行减息不仅降低了房地产企业及购买住房者个人融资成本，增加银行资金进入房地产的机会，更为重要的是将改变当前房地产市场之预期。也就是说，央行降息可以让房地产开发商、地方政府、住房投机炒作者意识到中央政府对住房市场宏观调整政策将会如 2008 年下半年那样出现逆转，当前的房地产宏观调控难以为继，否则会影响国内 GDP 的增长。而要保证 GDP 增长在一定的水平，政府就得保住房市场投资增长，就得把当前的房价稳定在一定的水平。在这种预期下，经过两年多的住房市场宏观调整有可能戛然而止，或房地产企业又开始惜盘，不把手中的住房拿出来销售，更莫说是降价销售；地方政府又会不断地出台所谓的“软性托市”政策，让本地的住房价格稳定在他们所需求的水平上；而对于住房投机炒作者更是会随风起浪，逐渐地来推高房价；对于住房消费者来说，当看到整个国内房地产宏观调控失败时，他们或是会涌入住房市场抢购房子，或是无能力购买住房再远离住房市场等。

地产板块方面，招商地产、保利地产、金地集团、万科 A 是行业龙头，通常具有领涨整个地产板块的表现。此外一线城市中北京、上海、广州、天津、重庆、杭州等地的房地产价格由于地缘原因，房产的刚性需求要远远高于其他地区，相应的北京城建、新黄浦、天房发展、重庆实业和滨江集团等上市公司股票都值得关注。

第三节 汇率工具对股市的影响

汇率的高低直接影响到企业产品在国际市场上的价格竞争力，因此，汇率变化将影响与进出口贸易相关的上市公司进出口产品数量，而这一变化又必然体现在企业尤其是上市公司的具体业务中，使上市公司的利润增加或减少，从而使公司的股票价格产生波动。例如一国本币升值，本国产品在国际市场上的竞争能力减弱，则可能导致贸易额减少，出口型企业出口减少，利润减少，股价下跌；进口型企业成本减少，利润增加，股票价格上涨。反之，本币贬值短期内可刺激出口，限制进口。

汇率的变动还会通过外资产生复杂的宏观效应，如因贸易条件改变使进口产品价格上升而引起本国通货膨胀，从而影响到一国经济，进而使证券市场价格受到影响。

人民币升值时，食品行业、房地产业、商业贸易行业、医药生物行业将受益，而纺织服装、交运仓储行业将受到负面冲击；反之，当人民币汇率贬值时，交运仓储行业和纺织服装行业将受益，而食品行业、房地产业、商业贸易行业、生物医药行业将受到负面冲击。

一、食品行业

人民币升值对食品行业企业的影响主要是通过进出口这个链条传递，进出口依存度越大的企业，对人民币汇率的变化越敏感。基于国内庞大的消费市场规模，以及大多数公司市场化与国际化时间均较短，目前食品企业消费市场主要在国内，为此人民币升值对产品出口的负面效应在食品产业整体影响不明显，而升值对降低原料进口价格，提高企业利润却有着明显的作用。也就是说，人民币汇率升值后食品饮料行业板块指数总体会呈现上升的趋势。

在食品饮料的众多子行业中：（1）原料进口型行业会有所受益，主要包括大麦、小麦、大豆等行业。由于这些行业每年均需要进口相关的原材料，因此人民币升值将使得这些行业的成本有一定程度的下降。具体来看，中国每年进口大豆约2 000万吨，占国内总需求的60%；受国内消费升级步伐加快和国内玉米种植面积下降双重因素的影响，中国已是玉米的净进口国；中国是世界第一啤酒生产国和啤酒原料进口大国，2/3 的原料依赖进口，每年大麦进口数量在280万吨至300万吨；中国每年进口奶粉约为15万吨，相当于国产奶粉总产量的20%。（2）进口型食品价格更具竞争力，这其中主要包括食用油和葡萄酒等行业。国内食用油市场需求旺盛，豆油、棕榈油国际市场价格偏低。2005 年开始，棕榈油、豆油进口数量已经分别达到 310 万吨、350 万吨，菜籽油 120 万吨。中国每年进口葡萄酒约为 5 万吨，占国内市场的 10%。

二、房地产业

房地产行业在人民币升值时，一方面将享受到地产估价增加和由于货币供应量增加（外汇占款带来的货币供应量增加）刺激投资需求下的房地产需求增加的双重好处。在人民币升值预期下，资产价格要面临重估，另外在升值预期下，国际资本流入对资产价格（例如房地产价格）有利好作用。由于大量的外资流入中国市场并换成人民币，对于房地产市场，在供给不变的情况下，需求的上升自然引起价格的上涨。房地产市场作为外资进入中国市场后转换成人民币资产的天然媒介，成为外资追捧的对象，外资通过持有房产享受房价上涨和汇率上升的双重收益。外资投资房地产，就算价格不涨，人民币汇率上涨也能实现资本保值升值的目的。另一方面，收入效应及财富效应导致国内房地产需求增加。升值导致物价变得更便宜，用于购房的可支配收入增加，购房能力的提高导致需求增加。因此总体来看，人民币汇率升值将导致房地产行业指数上涨。

但鉴于中国当前房地产资产泡沫过大，政府也开始陆续出台一系列遏制措施，因此未来即便人民币汇率显著升值，房地产行业板块走势也将不会显著受此影响，而更多的是受相关的行业发展政策和差异性货币政策的影响。

三、商业贸易行业

人民币升值将间接提升我国居民资产和可支配收入，激发居民消费热情并带动居民消费支出，有利于降低零售商国际采购的成本，提升零售商的收入和业绩水平。商业零售行业上市公司尤其是百货上市公司所处地段为繁华地段，人民币升值将间接提升资产价值。人民币升值的间接后果是推动我国出口商品价格的相对上升，削弱我国出口产品价格的竞争优势，由此造成我国出口产品竞争压力增大。出口主导型外贸公司将面临汇率升值造成的业务萎缩的不利后果。但与此相反，人民币汇率升值将使得进口产品价格的相对下降，从而带动进口产品数量增加，这对于进口主导型的企业将带来利好。从前文的实证分析结果来看，总体上，人民币汇率升值会推动商业贸易业板块指数上涨。

四、生物医药行业

我国医药产业大致可分为：原料药及化学制剂、中药、生物生化、医药流通（批发、零售）、医疗器械、制药机械工业、医药国际贸易（进出口）等7个子行业。人民币升值，基于价格竞争优势的低端医药产品（化学原料药、中草药材的出口，低端医疗器械、医用原敷料）及所有出口医药产品都将因为成本提高而逐步抵消前期的价格优势，粗放型、低附加值医药产品将面临重大挑战。但从事医药国际进口的企业将生意红火，而传统的中药行业受影响不大。具体来看：

1. 化学原料药行业。化学原料药出口比重较大，价格由国际供需决定，人民币升值降低其收入的记账价值。若人民币升值，将直接引起产品出口产品价格上扬，进而降低出口产品的竞争力，从出口的产品结构看，化学原料药约占医药产品贸易总额的一半，因而化学原料药子行业受的负面影响比较大。特别是大宗原料药（VC、青霉素盐等）和特色原料药的销售在很大程度上都是以国外市场为主，人民币升值使得产品竞争力下降，该类药品的生产企业会受到较大打击。原料药上市公司产品的原料药来自国内，但产成品大都用于出口，因此人民币升值将降低出口产品的竞争力，对其产生不利影响。

2. 化学制剂药、生物药品和中药。化学制剂药和生物药品：国外新特药的进口价格将会下降，间接压缩了国内仿制药的盈利空间，国内企业产品的价格会略有降低，但总体影响不大。中药行业：原材料的采购及成药的销售绝大部分以国内市场为主，汇率的变化对其基本没有影响。从长期看，人民币升值将影响经济的增长速度和增长模式，消费品将取代投资品成为促进经济增长的第一推动力。中药在我国有很好的消费基础，特别是那些资源有限、垄断性较强的中药品种，受进口商品的替代作用影响较小，在居民收入水平提高的推动下，具有持续稳定增长的特点。

五、交运仓储行业

人民币升值对交通运输行业的影响可从以下几方面分析：（1）资产结构方面，无论是港口、航运还是公路，基本上都是以人民币计价，今后的资产扩张上也是以人民币资产为主，因此，人民币升值对行业及上市公司的资产基本没有影响。负债结构方面，港口和航运企业有少许美元或港币负债，但金额都不大，所占负债比例也不高，因此，尽管人民币升值有利于减少企业的财务费用，但对净利润的影响甚微。(2) 收入结构方面，以远洋运输为主的航运企业超过 90% 以美元结算，以内贸为主的也有少许外币收入，因此，升值将直接影响公司的收入。港口企业也有近一半的收入以美元或港币结算，不可避免的受到负面影响。成本结构方面，除了远洋运输有超过 50% 的以美元计算外，其他行业基本以人民币为主，因此，升值对远洋运输企业减少成本有利。(3) 企业议价能力方面，尽管港口企业有较强的议价能力，但由于行业特点和业务惯性，收入和成本结构不会发生大的变化。远洋航运企业在成本和收入的结构方面有调整的余地。(4) 进口产品的替代性方面，由于交通基础设施具有一定的地域性和垄断性，因此人民币升值对港口、公路等提供交通运输服务的行业没有直接影响，而航运企业会受到外资船队的竞争压力。另外，从人民币升值对我国进出口贸易的影响看，有利于进口而不利于出口，因此对港口吞吐量总体没有大的影响，对进出口货种结构有影响，而我国集装箱吞吐量以出口为主，因此集装箱港口可能会受到负面影响。

第十四章
产业政策导向与选股方略

第一节 战略性产业规划

一、战略性产业涵义与分类

战略性新兴产业是指建立在重大前沿科技突破基础上，代表未来科技和产业发展新方向，体现当今世界知识经济、循环经济、低碳经济发展潮流，目前尚处于成长初期、未来发展潜力巨大，对经济社会具有全局带动和重大引领作用的产业。

根据战略性新兴产业的特征，立足我国国情和科技、产业基础，现阶段我国战略性新兴产业主要包括节能环保、新一代信息技术、生物、高端装备制造、新能源、新材料、新能源汽车等产业（见图 14－1）。

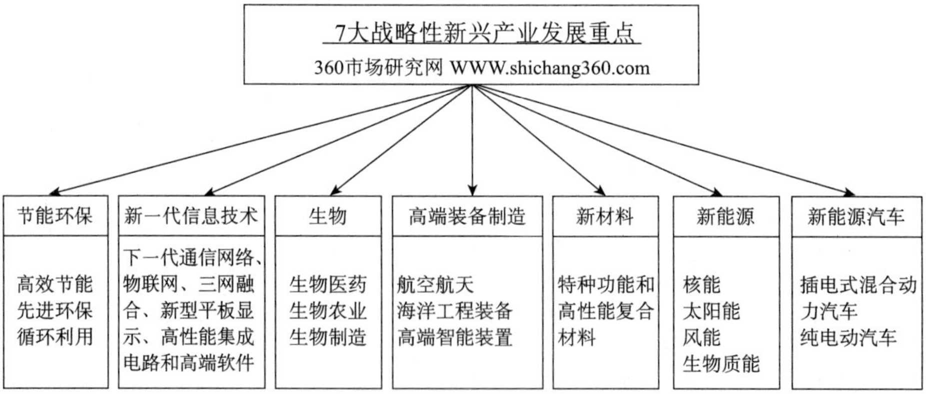

图 14－1 战略性新兴产业分类

（一）节能环保产业

重点开发推广高效节能技术装备及产品，实现重点领域关键技术突破，带动能效整体水平的提高。加快资源循环利用关键共性技术研发和产业化示范，提高资源综合利用水平和再制造产业化水平。示范推广先进环保技术装备及产品，提升污染防治水平。推进市场化节能环保服务体系建设。加快建立以先进技术为支撑的废旧商品回收利用体系，积极推进煤炭清洁利用、海水综合利用。

（二）新一代信息技术产业

加快建设宽带、泛在、融合、安全的信息网络基础设施，推动新一代移动通信、下一代互联网核心设备和智能终端的研发及产业化，加快推进三网融合，促进物联网、云计算的研发和示范应用。着力发展集成电路、新型显示、高端软件、高端服务器等核心基础产业。提升软件服务、网络增值服务等信息服务能力，加快重要基础设施智能化改造。大力发展数字虚拟等技术，促进文化创意产业发展。

（三）生物产业

大力发展用于重大疾病防治的生物技术药物、新型疫苗和诊断试剂、化学药物、现代中药等创新药物大品种，提升生物医药产业水平。加快先进医疗设备、医用材料等生物医学工程产品的研发和产业化，促进规模化发展。着力培育生物育种产业，积极推广绿色农用生物产品，促进生物农业加快发展。推进生物制造关键技术开发、示范与应用。加快海洋生物技术及产品的研发和产业化。

（四）高端装备制造产业

重点发展以干支线飞机和通用飞机为主的航空装备，做大做强航空产业。积极推进空间基础设施建设，促进卫星及其应用产业发展。依托客运专线和城市轨道交通等重点工程建设，大力发展轨道交通装备。面向海洋资源开发，大力发展海洋工程装备。强化基础配套能力，积极发展以数字化、柔性化及系统集成技术为核心的智能制造装备。

（五）新材料产业

大力发展稀土功能材料、高性能膜材料、特种玻璃、功能陶瓷、半导体照明材料等新型功能材料。积极发展高品质特殊钢、新型合金材料、工程塑料等先进结构材料。提升碳纤维、芳纶、超高分子量聚乙烯纤维等高性能纤维及其复合材料发展水平。开展纳米、超导、智能等共性基础材料研究。

（六）新能源产业

积极研发新一代核能技术和先进反应堆，发展核能产业。加快太阳能热利用技术推广应用，开拓多元化的太阳能光伏光热发电市场。提高风电技术装备水平，有序推进风电规模化发展，加快适应新能源发展的智能电网及运行体系建设。因地制宜开发利用生物质能。

（七）新能源汽车产业

着力突破动力电池、驱动电机和电子控制领域关键核心技术，推进插电式混合动力汽车、纯电动汽车推广应用和产业化。同时，开展燃料电池汽车相关前沿技术研发，大力推进高能效、低排放节能汽车发展。

二、战略性产业发展前景

（一）节能环保产业

1. 节能减排方面。由于我国的经济发展模式和所处的工业化阶段，节能减排将成为我国的长期任务和基本国策。目前节能减排主要有两种政策措施：一是关停和淘汰落后产能，对高耗能行业制定相应的能效标准，限制技术水平低的高耗能企业；二是鼓励各种节能技术和产品的研发、推广和使用。“十二五”规划中将节能减排作为一项重大专项规划，研究建立节能减排倒逼机制和长效机制。

节能主要涉及四个环节：工业节能、建筑节能、交通运输节能和公共机构节能。

（1）工业节能的政策方向：节能技术的推广。目前我国工业能源消费约占全部能源消费的70%，工业节能减排对我国节能减排事业意义重大。目前我国淘汰落后产能是工业节能的重要方式，但是可以预计未来将越来越依靠节能技术的推广。

2006年我国颁布了《中国节能技术政策大纲2006》，将能源资源优化开发利用与合理配置技术、重点生产工艺节能技术、生产过程余热、余压、余能利用技术、高效节能设备、节能新技术、节能新材料列为节能技术重点投资方向。其中，高效节能设备主要包括工业锅炉、工业窑炉、各种电动机、风机、泵、压缩机、气体分离设备、电力变压器等。

2006年3月16日发布的《国民经济和社会发展十一五年规划纲要》提出了实施十大重点节能工程，其中包括锅炉窑炉改造、区域热点联产、余热余压利用、节约和替代石油、电机系统节能等。2010年5月公布的《国务院关于确保实现十一五节能减排目标通知》提出我国将加快实施节能减排重点工程。

（2）建筑节能的政策方向：节能标准不断提高。我国是世界上每年新建建筑量最大的国家，平均每年要建20亿平方米左右的新建筑。2010年5月公布的《国务院关于确保实现十一五节能减排目标通知》提出：到2010年底，全国城镇新建建筑执行节能强制性标准的比例达到95%以上。

据估算，目前我国既有建筑面积约460亿平方米。截至2009年底，全国城镇累计建成节能建筑面积40.8亿平方米，节能建筑占城镇建筑面积的比例为21.7%。可以说市场潜力巨大。另一方面，近年来国家提高了建筑节能标准，2005～2010年，全面启动建筑节能和推广绿色建筑，平均节能率达到50%；2010～2020年，进一步提高建筑节能标准，平均节能率要达到65%。随着节能标准的不断提高，建筑节能将具有广阔的市场前景。

（3）合同能源管理：直接受益于国家的补贴政策。合同能源管理项目主要应用于工业节能，比如变压器节能改造，工业余热回收利用节能改造、工业余热回收利用节能改造等方面。

根据《2009年中国节能服务产业发展报告》，我国节能服务产业的总产值由2008年的417.3亿元增长到2009年的587.68亿元，同比增长40.83%；综合节能投资从2008年的253.2亿元增长到2009年的360.37亿元，同比增长42.33%。我国合同能源管理项目投资从2008年的116.7亿元增长到2009年的195.32亿元，同比增长67.37%。据中国节能协会节能服务产业委员会估算，中国节能服务产业未来市场容量高达4 000亿元。

目前我国不断加大对合同能源管理的支持力度，除了在《节约能源法》中已明确鼓励发展外，2010年还分别出台了《关于加快推行合同能源管理促进节能服务产业发展的意见》和《合同能源管理项目财政奖励资金管理暂行办法》。预计未来合同能源管理将进入快速发展阶段。

（4）半导体照明（LED）面临发展机遇。LED被称为第四代照明光源或绿色光源，具有节能、环保、安全、寿命长等优点，可以广泛应用于各种指示、显示、装饰、背光源、普通照明和城市夜景等领域。半导体照明是继白炽灯、荧光灯之后照明光源的又一次革命，被各国公认为最有发展前景的高效照明产业。

2009年10月国家发布《半导体照明节能产业发展意见》，提出“到2015年，半导体照明节能产业产值年均增长率在30%左右；产品市场占有率逐年提高，功能性照明达到20%左右，液晶背光源达到50%以上，景观装饰等产品市场占有率达到70%以上”等目标。国家将加大在LED产业的技术创新资金投入、税收、补贴、政府采购等支持力度。

目前LED下游的需求逐渐扩散并呈现急剧增长的态势，今后5年将是LED产业爆发式增长的黄金期。全球LED产业将成为万亿元的产业，近两年主要看背光源市场渗透率的提高，未来随着照明市场的启动将维持快速增长的态势。

2. 环保方面。近年来我国环保产业保持高速增长，国家投资规模不断加大。在水污染方面，“十五”期间投资规模为2 700亿元，“十一五”期间为6 400亿元，增长了137%。大气污染方面，“十五”期间投资规模为2 800亿元，“十一五”期间为6 000亿元，增长了114%。固废处理方面，“十五”期间投资规模仅为900亿元，“十一五”期间达到2 100亿元，增长了133%，年均增速为18.5%。“十二五”期间，环境保护将在总量控制、质量改善和环境风险防范上着力。“十二五”期间，环保工作将以污染防治为主，燃煤电厂和工业炉窑脱硫脱硝、污水处理厂升级改造和中小城镇污水处理、重金属污染防治、污水污泥处置、土壤修复、农村环境保护、颗粒物等大气复合污染防治等作为重点。

（1）未来几年环保产业仍将维持高速增长。到2015年，中国节能环保产业总产值将达到GDP的7%～8%，成为新的支柱产业。国家环境保护“十二五”规划初步确定，“十二五”期间中国环保投资将达3.1万亿，较“十一五”期间1.54万亿元的投资额上升121%。

（2）中央投资5 000亿元，固废处理将获得广泛发展。“十二五”期间，我国固废处理行业将达到8 000亿元，较“十一五”期间翻两番，在2020年之前，固废投资的年均复合增长率将保持在18%以上。此外，“十二五”期间，中央财政将投入超过5 000亿元用于固废处理，其中1 000亿元用于生活垃圾处理，1 000亿元用于自来水厂的污泥处理，3 000亿元用于流域污泥治理。

（3）氮氧化物将作为约束性指标纳入总量控制范畴。近年来，我国总颗粒物排放量基本得到控制，二氧化硫排放量有所下降，但氮氧化物排放量随着我国能源消费和机动车保有量的快速增长而迅速上升。氮氧化物除了作为一次污染物伤害人体健康外，还会产生多种二次污染。氮氧化物是生成臭氧的重要前体物之一，也是形成区域细粒子污染和灰霾的重要原因。2008年全国氮氧化物排放量达到2 000万吨，成为世界第一氮氧化物排放国。若无控制，氮氧化物排放量在2020年将达到3 000万吨，给我国大气环境带来巨大的威胁。2010年，国家颁布《火电厂氮氧化物防治技术政策》，规定低氮燃烧技术应作为燃煤电厂氮氧化物控制的首选技术。当采用低氮燃烧技术后，氮氧化物排放浓度不达标或不满足总量控制要求时，应建设烟气脱硝设施。“十二五”期间，氮氧化物将作为约束性指标纳入总量控制范畴，相关设备制造商将会受益。

（4）环保价格机制的进一步完善将持续推动环保产业的发展。从环保行业发展历程看，每一次价格机制的完善都将促进行业爆发性增长，并加大社会资本投入比例。比如，在污水处理方面，2006 年开始国家明确污水处理费全面征收并逐渐提高至 0.8 元/吨水平，社会资本投入比例开始迅速提升。在大气污染治理方面，1.5 分/千瓦时加价催生脱硫行业。未来环保价格机制完善将呈现出以下特点：倾向价格机制的改革，价格会更加合理；价格上涨将更加全面，即涵盖更多子行业，包括供水、污水处理、固废处理、脱硝等；各子行业涨幅不同，垃圾处理费涨幅最大。

（二）新兴信息产业

信息技术是当今世界经济和社会发展的重要驱动力，信息产业已成为我国全面建设小康社会的战略性、基础性和先导性支柱产业。未来随着数字化、网络化技术不断成熟并广泛应用，产业融合趋势将更加明显，新兴信息产业将是满足经济社会发展和信息化建设需求的必然要求。目前所指的新兴信息产业主要涉及：下一代通信网络、物联网、三网融合、新型平板显示、高性能集成电路和高端软件。

政策的支持给我国的信息化水平带来了巨大的提升，目前，我国的信息化水平已经超过了世界的平均水平，基本上达到了世界中等发达国家的水平。2009 年末，我国光缆线路长度达到 826.7 万公里，已经形成了世界上最大的传输网络。我国农业和农村信息化程度也在提高，中国开通互联网的乡镇比重提高到 99.3%，开通互联网的行政村比重提高到 91.5%。全国网民达到 3.84 亿人，农村网民达到 1.07 亿人，占网民总数的 27.8%。未来，为了进一步提高我国的信息化水平，国家将继续出台相关政策，重点扶持三网融合、物联网、新型平板显示和高端集成电路等新兴信息产业。

1. 三网融合。三网融合是指有线电视网、电信网和互联网三大网络通过技术改造，提供包括视频、语音和数据等综合多媒体业务，真正实现包括网络、业务和监管三个层次的融合。三网融合的产业链包括：上游的设备提供商、中游的广电运营商和电信运营商，下游的内容和服务提供商。上游的设备提供商包括：光纤光缆、电子元器件、机顶盒、手机、固定电话、电脑、电视等设备。

早在 1997 年在深圳召开的全国信息化工作会议上，国内就首次在政策层面提出三网融合的概念，此后连续被列入国家“十五”、“十一五”规划。随着“三网融合”的不断深入，广电和电信的行业壁垒将被打破，业务融合和创新力度将不断加大，三网融合并不仅仅是简单的电信网、广电网和互联网的融合，它将给信息产业带来巨大的变革，未来的通信网络、移动终端、IPTV 和 3G 手机将会有非常大的发展，还将促进文化产业、传统制造业和其他现代服务业的发展。同时，三网融合将给人们的生活方式带来巨大改变，用电视遥控器打电话，在手机上看电视剧，随需选择网络和终端等。所以，三网融合的影响和积极意义是全方位的，将为中国经济的发展注入新的动力。

依据三网融合阶段性目标，2013～2015年将总结推广试点经验，全面实现三网融合发展，普及应用融合业务。届时随着有线电视网络数字化和双向化升级改造的完成，通信基础设施和设备的完善，网络将具备承载大容量信息的交互能力，内容和服务提供商在为用户提供丰富多彩、更多种类的内容和服务的同时，也给自己带来广阔的发展前景。

2. 物联网。物联网代表了未来的发展方向，被称为继计算机、互联网之后世界信息产业第三次浪潮，其应用范围几乎覆盖了各行各业，必将带动相关行业的技术进步和快速发展，比如传感设备、网络设备、有线网、无限通信、广电网、智能交通、智能城市、安全、监控、工业、农业、医疗、分布式计算等。从产业链结构看，物联网分三个环节，即上游的传感器、通信设备，中游的有线网、无线通信、广电网等网络层，下游的监控、智能交通、智能城市、安全、医疗等应用领域。国家政策的支持将有利于加强产业链上下游的协作，协同开展物联网重大技术攻关和应用集成创新，形成更多更好的具有自主知识产权的产品和技术品牌。同时，智能物流产业的发展将起到良好的示范作用，有利于积累技术发展、产业应用、经营管理、政策实施等方面的经验，推动其他重点业务应用的开展，促进整个物联网应用领域的快速发展。

2009年8月7日，国务院总理温家宝到无锡微纳传感网工程技术研发中心视察，拉开了中国全面关注和研究传感网的序幕。此后，2010年政府工作报告指出今后要大力培育战略性新兴产业，加快物联网的研发应用，工信部也在多个场合强调建设物联网的重要性，表明国家对推进物联网建设的决心和力度，物联网已上升为国家战略。

未来，国家将在多方面给予政策支持。在“十二五”期间，我国将制定和推广应用我国自主编码体系，突破核心技术和重大关键共性技术，初步形成从传感器、芯片、软件、终端，整机、网络到业务应用的完整产业链，培育一批具有较强国际竞争力的物联网产业领军企业。同时重点推动以物联网为特征的智能物流产业的发展，2013～2015年逐步形成物流信息化的体系，2015年初步建立起与国家现代物流体系相适应的协调发展的物流信息化体系。

3. 新型平板显示。近年来，国务院、发改委、工信部相继出台鼓励和扶持平板显示的相关政策，促进了平板显示、液晶显示技术取得重大突破，平板显示产业呈现高速发展态势。尤其是《电子信息产业调整和振兴规划》明确提出“突破集成电路、新型显示器件、软件等核心产业的关键技术”，体现了国家对这个产业的高度重视和支持。

新型平板显示产业链包括：上游的材料和设备，中游的面板和模组，下游的电视、笔记本、手机、显示屏等应用。上游的材料和设备包括：玻璃基板、彩色滤光片、偏光片、液晶和其他材料。中国电子视像协会统计显示，2009 年中国液晶电视产量 6 780 万台，同比增长 65.8%。据 Display Search 预测，2015 年 TFT－LCD 总产值有望超过 1 300 亿美元，占整个平板显示产业的 91%。从上游液晶显示材料来看，国内液晶面板生产的扩张，也带动了国内企业纷纷介入上游材料行业，已经在玻璃基板、液晶、偏光片等环节取得了技术突破。

在国家政策的支持和下游强劲需求的带动下，TFT－LCD 将是未来 10 年平板显示的主流，国内液晶面板投资也将快速增长，预计到 2012 年中国大陆面板产能将比 2009 年增长 6.4 倍，占全球产能的比例从 5.5% 跃升到 32%。中国作为全球液晶显示产品重要的生产基地，就近配套有利于减少成本，提升竞争力。因此，国内液晶显示企业将面临难得的发展机遇。

未来，在产业布局方面，国家将合理规划产业布局，逐步形成以昆山、南京为核心发展极的华东区，以北京为核心发展极的华北区，以广州、深圳为核心发展极的华南区，以成都、绵阳为核心发展极的西南区，同时支持本土企业资产整合，选择 5～8 家企业作为龙头，通过并购、组建战略联盟等方式，推动企业规模迅速壮大，迅速形成包括核心材料、元件、部件、装备、模组和整机的紧密型企业集团，形成平板显示产业的核心骨干企业。

4. 高性能集成电路。集成电路产业是关系国民经济和社会发展全局的基础性、先导性和战略性产业，是信息产业发展的核心和关键。国家着力培育核心竞争力，突破关键技术，给予税收支持，将有利于提升集成电路产业水平，从而带动整个信息产业和装备制造业的发展。自 2000 年 6 月，国务院发布《鼓励软件产业和集成电路产业发展的若干政策》，到 2009 年，国家科技重大专项“极大规模集成电路制造装备及成套工艺”进入全面实施阶段，我国不断出台政策支持集成电路产业的发展，旨在开发集成电路关键制造装备，掌握具有自主知识产权的成套先进工艺及相关新材料技术，打破我国高端集成电路制造装备与工艺完全依赖进口的状况，带动相关产业的技术提升和结构调整。

目前，以集成电路为核心的电子信息产业超过了以汽车、石油、钢铁为代表的传统工业成为第一大产业，成为改造和拉动传统产业迈向数字时代的强大引擎和雄厚基石。未来，国家将把集成电路和软件产业真正放到同等重要的位置上，从而解决集成电路整个产业链覆盖面不够的问题，目标是培育核心竞争力、完善产业链、改善市场环境，并将产业政策覆盖到产业链上更多的环节，明确增值税即征即退期限，使得增值税更具有操作性。同时将相关材料、装备、仪器和仪表等纳入到扶持政策中，使得在集成电路的设计、制造、加工、封装、测试等环节都能有所突破，从而有利于集成电路业的快速发展。

未来，消费电子类集成电路仍将是主要产品领域，但所占比例将逐步下降。与此相对应，网络通信领域成为国内集成电路设计业发展最为迅速的领域与主要拉动力量，智能卡芯片市场需求也将有所回升，此外，工业电子、汽车电子等其他领域将成为国内集成电路设计行业新的增长点。

（三）生物产业

生物产业包括生物医药、生物农业、生物能源、生物制造、生物环保等，主要关注生物医药和生物农业，生物农业中国家重点支持的领域包括生物良种、林业新品种、绿色农用生物产品和海洋生物资源开发。生物能源作为生物质能在新能源中进行讨论。生物医药产业链中属于国家重点支持的领域主要包括疫苗与诊断制剂、创新药物、现代中药和生物医学工程。

2006 年颁布的《国家中长期科学和技术发展规划纲要（2006—2020）》将生物技术列为我国优先发展的前沿技术之一。2007 年公布的《生物产业“十一五”规划》是我国第一次将生物产业作为国民经济和社会发展的一个重要战略产业进行整体规划部署，其提出的发展目标是：2010 年，生物产业增加值达到 5 000 亿元以上，约占当年 GDP 的 2%。到 2020 年，全国生物产业增加值突破 2 万亿元，占 GDP 比重达到 4% 以上，成为高技术领域的支柱产业和国民经济的主导产业。2009 年 6 月发布的《促进生物产业加快发展若干政策的通知》提出，必须抓住世界生物科技革命和产业革命的机遇，将生物产业培育成为我国高技术领域的支柱产业。以生物医药、生物农业、生物能源、生物制造和生物环保产业为重点，大力发展现代生物产业。

今后我国生物科技与产业发展的八个重点包括：（1）加强生命科学前沿技术的研究；（2）加速推进农业生物技术，培育转基因动植物新品种，特别是培育抗旱、抗盐碱的植物新品种，大幅度提高农作物的材质、质量品质，开发生物肥料、生物农药、可降解地膜、新型食品与饲料添加剂等新产品。（3）大力发展生物医药技术，重点支持疾病预防、疾病诊断、新药研制、基因治疗、试管移植等技术，为全面提高人民健康水平提供有力的支撑。（4）

大力发展工业生物技术，发展现代发酵、生物催化等新技术，促进传统产业的升级改造，推进绿色制造业发展。（5）是加速发展生物质能，缓解能源短缺的压力。（6）加速环境生物技术的研究与应用，不断改善生态环境。（7）加强生物资源的深度开发，培育一批新的生物产业。（8）加强生物安全研究，确保国家生物安全。为实现这一目标，将实行“三步走”战略：第一步，技术积累阶段，到2010年左右，形成5 000亿~8 000亿元规模的生物技术产业；第二步，产业崛起阶段，到2015年左右，生物产业总产值力争达到1.5亿元，其中现代生物产业产值达到8 000亿元；第三步，持续发展阶段，到2020年左右，生物产业总产值达到2.5万亿~3万亿元，成为国民经济的支柱产业之一。

生物医药方面，在全球医药产业转移过程中，中国医药产业升级的战略性机遇显现。经过20年发展，中国目前已是全球最大的原料药生产国和出口国，可以说，全球原料药向发展中国家的产业转移过程已基本完成。未来10年，由于药品专利纷纷到期、新药研发更趋困难、发达国家迫于医疗费用压力而鼓励仿制药的使用，这促使新一轮全球成品药的产业转移趋势形成。中国已拥有良好的原料药基础，而制剂产能过剩，因此面临分享规范市场制剂的高容量和高盈利、实现向全球通用名药企业的转型的巨大机遇。我们认为海正药业、华海药业、恒瑞医药转型之路已渐行渐近，转折点即将来临，前期的投入终将收获丰硕的果实。

生物农业方面，种子行业在国家良种政策的扶持下已经出现了明显的拐点，种子企业最先受益，预计未来2~3年内行业的盈利能力和企业的集中度都会发生较大的变化。动物疫苗行业在过去5年一直保持高速增长，ROE也较为稳定。在中国畜牧养殖规模化进程的快速推进中，规范化的养殖企业市场占比越大，规范、科技养殖占比越高，对各类动物保健品的需求就越大。此外，随着国家强制免疫范围的进一步扩大，我国动物疫苗行业前景广阔。

新医改方面，新医改将形成四位一体的基本医疗卫生制度：覆盖城乡居民的公共卫生服务体系、医疗服务体系、医疗保障体系、药品供应保障体系。四大体系建设使医药企业先后受益：（1）疫苗企业直接受益于国家对公共卫生服务体系的率先投入。（2）医疗器械受益于先期国家对基层医疗服务体系建设。（3）当医疗资源下沉、医保低覆盖后，品牌普药企业显著受益。（4）当医药工业竞争秩序理顺后，医药商业企业加速整合与发展。（5）科技创新型企业（细分领域龙头）全程受益。

（四）高端装备制造业

高端制造产业的发展决定了我国能否实现从制造大国向制造业强国的战

略转型。高端装备制造业的发展重点在于重大成套装备制造技术，主要包括大飞机项目、北斗系列导航卫星及新一代运载火箭、海洋工程装备等。

1. 大飞机项目。大飞机一般是指起飞总重超过 100 吨的运输类飞机，包括军用、民用大型运输机，也包括 150 座以上的干线客机。世界上最大的飞机是空客 380，其起飞重量已达到 560 吨，而当前我国仍无力制造起飞重量在 100 吨以上的飞机。

大飞机项目自 2007 年起正式启动，作为我国中长期发展（2006 ~ 2020 年）的 16 个重大专项之一，包含了大型运输机和大型客机两大项目。其中大型运输机项目由中航工业承揽，而大型客机项目则由中国商用飞机公司负责。大飞机项目仅研发试制的投入就高达 500 亿元，该项目将跨越三个五年计划：“十一五”期间工作重点是开展大飞机项目前期准备、关键技术攻关和概念设计；“十二五”期间开展大飞机型号设计试验、试制并完成首飞，此外军用大型运输机有望交付使用；“十三五”期间取得大型客机 C919 的适航取证，并开始投放市场。当前中航工业的大型运输机预计将于 2013 年首飞，2014 年交付使用；中国商飞的 C919 将于 2014 年首飞，2016 年将交付客户使用。

无论是军需还是民用，大飞机未来的市场空间非常广阔：预计 2020 年前未来大型军用运输机的需求将超过 500 架份，销售收入有望超千亿元；考虑到我国民用航空市场的需求，C919 未来的销售至少为 1 000 架份，销售收入将超过 2 500 亿元。

2. 卫星产业。我国的航天工业所涉及的领域非常广泛，所涉及的航天重大科技工程有载人航天、探月工程、北斗卫星系统、新一代运载火箭和高分辨率对地观测系统共五项，此外还包括战略导弹、防空导弹及系统等防御领域。而上述领域中，与民生高度相关并且当前能够实现产业化的新型战略领域主要为北斗卫星导航系统，以及与其发射相关运载火箭工程。

根据《中国的航天》2000 年和 2006 年两个版本白皮书的规划内容，我国航天发展的策略是优先安排应用卫星和卫星应用的发展，适度发展载人航天和月球探测，积极支持空间科学探索，无疑将卫星的发展次序放在了其他航天重大科技工程之首。随后的政策与白皮书的规划大方向上基本保持一致，但是内容上更具操作性。2007 年的《航天发展“十一五”规划》提出卫星应用由试验应用型向业务服务型转变。同年（2007 年）《关于促进卫星应用产业发展的若干意见》中提出了卫星产业的发展具体目标：“到 2020 年，完成应用卫星从试验应用型向业务服务型转变，地面设备国产化率达 80%，建立比较完善的卫星应用产业体系，促进卫星应用综合业务的发展，形成卫星通信广播和卫星导航规模化发展、卫星遥感业务化服务的产业局面；使卫星应用产业产值年均增速达到25%以上，成为高技术产业新的增长点。”

根据规划，我国北斗卫星导航系统将分为“三步走”：第一步，从2000～2003年，建成由3颗卫星组成的北斗卫星导航试验系统，成为世界上第三个拥有自主卫星导航系统的国家；第二步，到2012年发射10多颗卫星建设北斗卫星导航系统，形成中国及周边地区覆盖能力；第三步，2020年左右，建成由5颗静止轨道卫星和30颗非静止轨道卫星形成全球覆盖能力的全球卫星导航系统。

卫星产业链主要分为卫星制造、卫星发射、地面设备和卫星应用四个方面。“十二五”前期，我国将陆续发射十来颗北斗二代卫星，后期将开始北斗三代的组网，未来十年将是北斗二代和北斗三代组网的高峰期。随着北斗二代组网完成，北斗将全面覆盖中国及周边地区，预计2012年后国家将会推出更为具体的北斗卫星应用产业化方面的扶持和鼓励政策，未来政策将会侧重地面设备的推广和卫星应用的鼓励。

伴随我国在轨卫星数量提升，我国卫星运营和应用将迎来新的转折点。全球卫星运营应用产业主要包括卫星通信、遥感和导航三大类业务。当前我国卫星导航已处于产业化转折的关键时期，卫星遥感应用正在探索商业化发展的道路，卫星通信广播应用产业已初具规模。而卫星导航从运营、导航终端至应用系统，甚至电子导航地图行业都将迎来飞速发展。

3. 海洋工程。广义的海洋工程是指以开发、利用、保护、恢复海洋资源为目的，并且工程主体位于海岸线向海一侧的新建、改建、扩建工程，可分为海岸工程、近海工程和深海工程等三大类。而狭义的海洋工程装备则主要指海洋油气开发所需的海洋钻井平台、海洋采油平台和海洋工程船舶等三类装备的制造。我国是海洋石油开发的大国，但当前海洋工程市场占有率仍不足10%。随着技术攻关和政策扶持带来的未来国产化率进一步提升，产业链上下相关的企业都将获益。

海洋工程在学科上分级上隶属于船舶工程，而船舶制造工业的发展是海洋工程获得突破的大前提。2009年的工信部出台的《船舶工业调整和振兴规划》曾明确海洋工程装备技术发展重点，针对海洋油气资源勘探、开发、加工、储运等方面的装备需求，主要内容包括海洋移动钻井平台（船舶）、浮式生产系统、海洋工程作业船和辅助船等三类装备及其关键配套设备和系统，到2012年关键技术要求全面突破。工信部单独针对海洋工程发布《海洋工程装备科研项目指南（第一批）》规划了三年内首批具体的项目。

海洋工程装备的发展代表国家对海洋资源开发上的利益，目前对于该领域的发展已经提升到国家战略的高度。国家扶持将会从多方面入手，通过建立研发中心和划拨科研经费等方式来增强我国的技术实力，此外还通过税收和贷款的优惠来减轻企业的负担。我国是海洋工程装备的需求大国，未来还有望通过设备国产化率的要求帮助国内企业进一步扩大市场份额。因此国内海洋工程装备业在技术、资金和市场三方面将大大受益于政策的扶持。

（五）新材料产业

新材料是指那些新出现或已在发展中的、具有传统材料所不具备的优异性能和特殊功能的材料。根据 2006 年发布的高新技术产品目录，新材料分为金属材料、无机非金属材料、有机高分子材料、精细化工四类。作为高新技术的基础和先导，新材料的应用范围极其广泛，不仅仅应用于传统行业，而且越来越多地应用于高科技行业，比如：电脑、手机、电动汽车、医药、航空航天等领域。

“十一五”期间，国家将新材料作为高技术产业工程重大专项，重点发展特种功能材料、高性能结构材料、纳米材料、复合材料、环保节能材料等产业群。“十二五”期间新材料总体发展目标为：大力推进钢铁、有色、石化、轻工、纺织、建材等基础性原材料重点产业由大变强；奋力抢占光电子与微电子、环境与能源、智能与特种功能、超导、纳米、高性能结构等新兴材料制高点；切实推进半导体照明、新型显示、稀土材料、多晶硅、储能材料等高成长、高带动性战略性材料产业实现技术上的重点超越和产业上的重点跨越，最终形成若干产值超千亿元的材料产业链。建立完善材料设计、制备加工和服役行为的共性技术，努力搭建寓军于民、军民融合的材料研发体系，为我国经济社会发展提供强有力的材料支撑。

国家一系列政策的出台和扶持，带动了该产业的快速发展。近几年，我国新材料产品的市场增长率基本维持在 10% 以上，一些重要的新材料品种市场增长率甚至超过 20%。我国的材料行业在国民经济中占有重要的地位，整个材料行业的产值约占全国 GDP 的 28%，从材料产业的布局来看，我国在不同的区域形成了多个材料产业的聚集区。未来随着国家对物联网、三网融合、新能源等领域政策支持的不断加大，以及未来我国航空航天的快速发展，电子信息材料、新能源材料、复合材料和新型金属材料将获得难得的发展机遇。

1. 电子信息材料。电子信息材料是新材料产业的重要领域，2009 年产值达 1 300 亿元，我国已成为中小尺寸硅单晶最大的生产国，印刷电路板、覆铜板、磁性材料、有机薄膜等材料的产量连续 3 年位居世界第一，并形成了浙江、安徽、山东、广东等多个电子信息材料聚集发展的产业基地。电子信息材料广泛应用于智能电网、物联网、汽车电子、半导体照明等领域，在这些应用领域的需求带动下，电子信息材料将迎来巨大的市场空间。

2. 新能源材料。新能源包括太阳能、生物质能、核能、风能、地热、海洋能等一次能源以及二次电源中的氢能等。新能源材料则是指实现新能源的转化和利用以及发展新能源技术中所要用到的关键材料。主要包括储氢电极合金材料为代表的镍氢电池材料、嵌锂碳负极和 LiCoO2 正极为代表的锂离子电池材料、燃料电池材料、Si 半导体材料为代表的太阳能电池材料以及铀、氘、氚为代表的反应堆核能材料等。在国家把新能源材料作为“十二五”重点发展领域，以及加强电池隔膜、正负极材料等新材料技术研发等政策前提下，锂电池和太阳能电池材料值得期待。

3. 复合材料。复合材料是由两种或多种性质不同的材料通过物理和化学复合，组成具有两个或两个以上相态结构的材料。先进复合材料是战略性新材料，在飞机、导弹、运载火箭、飞船和卫星飞行器上发挥着不可替代的作用，国外一些军用、民用飞机的复合材料应用量不断提升，同时在民用领域也得到广泛应用，如文体休闲制品、建筑补强、风力发电、深井采油、高速交通等高新技术领域，其市场规模不断扩大。

4. 新型金属材料。中国的稀土产量占世界产量的 95% 左右，作为全球最大稀土生产国和出口国，由于产能分散，长期缺乏国际定价权。认为在国家政策的支持下，随着未来企业的整合，以及统一定价的确立，将提升我国稀土在国际上的定价权，有利于稀土行业步入长久、健康的发展轨道。

（六）新能源产业

我国“新兴能源产业发展规划”的规划期为 2011～2020 年，不仅包含核电、风能、太阳能和生物质能等领域的开发利用，还包括洁净煤、智能电网、分布式能源、车用新能源等对传统能源升级，将采取有效措施加大节能力度，提高传统能源清洁化利用水平，同时推进替代产业发展，加大天然气等清洁能源利用规模。随着规划实施，未来 10 年将累计直接增加投资 5 万亿元，每年增加产值 1.5 万亿元。

预计到 2015 年，天然气利用规模将达到 2 600 亿立方米，在能源消费结构中的比例预计将从目前的 3.9% 提高到 8.3% 左右。水电利用规模将达到 2.5 亿千瓦，核电利用规模将达到 3 900 万千瓦。水电和核电在一次能源消费中的占比将提高 1.5%，达到 9%。其他非水能可再生能源利用规模也将达到 1.1 亿吨标准煤，占一次能源消费总量的比重提高 1.8%，达到 2.6% 左右。到 2015 年，我国非化石能源占一次能源的消费比重将有望达到 11% 左右，而煤炭在一次能源消费中的比重则会从2009年的70%左右下降到63%左右。

1. 风电。近年来，国家不断出台政策支持风电建设和发展。2007年发改委颁布的《可再生能源中长期发展规划》提出，到2020年全国风电总装机容量达到3 000万千瓦，该目标于2010年即可完成，预计2015年全国风电规划装机为9 000万千瓦（含海上风电500万千瓦），2020年全国风电规划装机1.5亿千瓦（含海上风电3 000万千瓦）。同时到2015年，我国非化石能源占一次能源的消费比重达到11%左右，到2020年比重达到15%，其中风能和太阳能等可再生能源为2%左右。

据中国气象局风能太阳能资源评估中心最新测算，中国陆地和海上风电的潜在开发量分别为23.8亿千瓦和2亿千瓦。2009年底国内装机容量为2 580.5万千瓦，风能利用率约为1%。未来，在国家绿色政策的支持下，风电将风光无限，未来风电的市场空间将不断释放，为风电相关企业提供了广阔的盈利和发展空间。

海上风电的开发对风电行业提出了更高的要求，将会推动国内风电行业的技术提升和产业升级。同时随着未来风电并网技术标准的出台，将有利于促进风力发电产业健康、持续的发展，从而带动整个风电产业的良性发展。

2. 核电。近年来，国家不断出台政策支持核电建设和发展。2007年，发改委发布的《核电中长期发展规划（2005～2020年）》，标志着中国核电发展进入了新的时期，明确提出了我国核电发展的指导思想、方针和目标，指出到2020年，核电运行装机容量争取达到4 000万千瓦，核电年发电量达到2 600亿～2 800亿千瓦时，2020年末在建核电容量应保持1 800万千瓦左右。2010年7月5日，为深入实施西部大开发战略，促进西部地区又好又快发展，国家计划2010年西部大开发新开工23项重点工程（包括广西防城港核电一期工程），投资总规模为6 822亿元。

推进核电技术装备国产化是国家战略，今后国家能源局将进一步加强AP1000核电技术装备国产化的组织协调，加强产业政策的引导、国产化依存工程管理、进出口政策的调整、科研攻关组织，加大重要技改资金支持力度。加强核电产业和制造企业发展的科学规划，统筹国内制造能力的提升，实现核电建设与设备制造的协调发展。国家鼓励加快核电自主化建设，有利于推广应用高新技术，促进技术创新和科技进步，提升我国装备制造业水平，对提高我国制造业整体工艺、材料和加工水平将发挥重要作用。

核电运营成本在三种新能源中最低，发电成本接近甚至低于火电的成本。国家将加大核电支持力度，提高核电装机占比，未来5年将迎来核电建设的高峰。核电设备国产化率不断提高的要求，给国内核电设备供应商提供了发展的机遇。而且核电主要设备技术门槛非常高，不会出现大量企业挤进来竞争的情况。核电设备占核电站总投资的50%左右，将受益最大。

预计未来我国将继续加快沿海地区的核电发展，同时推动内陆核电项目，形成东中部核电带。到2015年，核电利用规模将达到3 900万千瓦，水电和核电在一次能源消费中的占比将提高1.5%，达到9%。到2020年核电规模至少达到8 000万千瓦以上，此后核电将进一步发展，到2030年装机容量将达到2亿千瓦。

3. 太阳能。目前由于太阳能发电相对其他新能源发电方式来说成本高、技术效率低，因此政策的规划引导和补贴成为太阳能产业发展的重要动力。为了推进国内太阳能产业的发展，目前我国产业支持政策主要包括两个方面：

一是通过财政补贴的方式推动太阳能光伏技术的应用与推广。2009年我国分别推出了太阳能屋顶计划和金太阳示范工程，对国内的光伏电站投资提供补贴。太阳能屋顶计划是对太阳能建筑进行补贴，标准为20元/Wp。据测算，这样的补贴标准大约可以覆盖相关企业生产成本的30%～50%，大大降低了太阳能光伏发电成本。“金太阳”示范工程提出对并网光伏发电项目原则上按光伏发电系统及其配套输配电工程总投资的50%给予补助，偏远无电地区的独立光伏发电系统按总投资的70%给予补助。对光伏发电关键技术产业化和产业基础能力建设项目，给予适当贴息或补助。

二是通过并网太阳能发电示范工程带动相关产业配套生产体系的发展，为实现太阳能发电技术的规模化应用奠定技术基础。2009年3月国家第一批敦煌10兆瓦光伏并网发电特许权示范项目招标，2010年7月第二批光伏电站特许权项目招标，其总建设规模为280兆瓦，建设规模大大提高。2010年3月，内蒙古采取特许权招标方式建设50兆瓦级槽式太阳能热发电示范项目。

受政府推出的“金太阳”工程和建筑屋顶光伏项目推动，国内光伏内需市场开始启动，到2015年，国内光伏装机要达500万千瓦；到2020年，光伏装机达2 000万千瓦。也就是说，5年后国内光伏装机容量将是目前的10倍。

4. 智能电网。我国拟建设的智能电网是以特高压电网为骨干网架、各级电网协调发展的坚强网架为基础，以通信信息平台为支撑，具有信息化、自动化、互动化特征，包含电力系统的发电、输电、变电、配电、用电和调度各个环节，覆盖所有电压等级，实现“电力流、信息流、业务流”的高度一体化融合的现代电网。智能电网可以适应并促进风能、太阳能等清洁能源的开发利用，为清洁能源开发利用提供坚强的电网支撑；能够提升电网运行效率，促进电网节能减排潜力的发挥，同时提高用户需求侧的电能使用效率、促进节能减排，实现我国电力及能源工业的可持续发展。

我国的智能电网产业扶持政策主要包括建设规划和关键技术标准两个方面。

在建设规划方面，智能电网建设目标和总体规划是：到 2015 年：在关键技术和设备上实现重大突破和广泛应用；到 2020 年：全面建成统一坚强智能电网，使电网的资源配置能力、安全水平、运行效率，以及电网与电源、用户之间的互动性显著提高。从投资规划规模来看，第一阶段 2009 ~ 2010 年的电网总投资为 5 510 亿元，其中特高压投资 830 亿元，占比为 15.1%，智能化投资 341 亿元，占比为 6.2%；第二阶段 2011 ~ 2015（“十二五”期间）的电网总投资 15 000 亿元，其中特高压投资 3 000 亿元，占比为 20%，智能化投资 1 750 亿元，占 11.7%；第三阶段 2016 ~ 2020 年（“十三五”期间）的电网总投资 14 000 亿元，其中特高压投资 2 500 亿元，占比为 17.9%，智能化投资为 1 750 亿元，占比为 12.5%。2011 ~ 2015 年我国将进入智能电网的全面建设阶段。进入全面建设阶段后，电网投资将出现井喷式增长，大约为第一阶段投资规模的 3 倍左右。第三阶段投资额维持在相同水平，略低于第二阶段。电网投资在未来 10 年的大幅增长将为相关行业带来广阔的市场前景。

在技术标准方面，2010 年 6 月我国公布了《智能电网技术标准体系规划》和《智能电网关键设备（系统）研制规划》。《智能电网关键设备（系统）研制规划》在中国首次系统地提出了包括 7 个技术领域、28 个技术专题和 137 项关键设备的研制规划。该规划是关键设备研制工作的行动纲领，可作为科研、制造企业的设备研制指南，同时也可作为制定相关产业化发展规划的指导依据。《智能电网技术标准体系规划》在中国首次系统地提出了包括 8 个专业分支、26 个技术领域、92 个标准系列的智能电网技术标准体系，该规划是用于指导公司智能电网企业标准编制工作的纲领性文件和技术指南。认为这两个规划是智能电网进入全面建设阶段的前提，有利于相关产业的发展。

（七）新能源汽车产业

汽车是工业能耗大户，我国每年新增石油需求的 2/3 用于交通运输业。当前汽车产业支持政策有两个方面：一是鼓励节能环保和小排量汽车，减少现有汽车能源消耗和排放。二是鼓励新能源汽车发展。主要补助插电式混合动力车和纯电动车。

具体的支持政策走向是：

1. 扩大补贴范围，从公交、公务、市政、邮政等政府采购的补贴向私人购买新能源汽车进行补贴。2009 年 1 月，国家启动“十城千车”节能与新能源汽车示范推广试点，计划用 3 年左右的时间，每年发展 10 个城市，每个城市推出 1 000 辆新能源汽车，首批列入了 13 个城市。2009 年底试点城市由 13 个扩大到 20 个，选择 5 个城市对私人购买节能与新能源汽车给予补贴试点。2010 年 5 月，政府在全国范围内开展“节能产品惠民工程”，消费者在 6 月 18 日之后，每购买的一辆节能型汽车，将获得 3 000 元的补贴。6 月，出台对于私人购买新能源汽车补贴办法，对满足支持条件的新能源汽车，按 3 000 元/千瓦时给予补助。插电式混合动力乘用车最高补助 5 万元/辆；纯电动乘用车最高补助 6 万元/辆。

2. 通过补贴扶持和引导新能源汽车产业链整体的发展，并重点支持关键环节。新能源汽车的补贴政策通过规定补助范围、对象，并需要满足一系列的支持条件，来引导试点城市建立相关配套设施和示范推广工作。通过《推荐车型目录》和国家标准，来引导申请补助的汽车生产企业及其新能源汽车产品，提高和保证产品性能参数，重点扶持具备一定的产能规模和完善的售后服务体系，具有自主知识产权的企业。

第二节 产业政策调整与选股思路

一、产业结构调整规划的背景与内涵

区域产业结构调整，表现为新的主导产业对原有主导产业不断替代的过程。由于产品生命周期规律的作用，主导产业呈现出周期性变化，按照其成长过程一般可分为形成阶段、扩张阶段、成熟阶段和衰退阶段。正是主导产业的新陈代谢，才导致了区域产业结构的不断升级换代，使区域经济保持着旺盛的活力与持久的增长。处于产业结构调整核心的主导产业，要形成竞争优势，不一定需要资源优势。从理论上讲，如果某一区域的产业能够形成集群，从而发挥产业集聚效应，则该地区的主导产业往往就可以诞生了。当然，从实际情况看，一个区域很难让所有的产业都能够按照集群发展。但一

旦该区域某一产业能够形成集群来发展，往往还是可以作为主导产业来选择的。

主导产业发展通过产业转移来实现。根据产业转移的方向将产业转移分为两种方式，一种转移是在主导产业进入了衰退期，集群内大规模的企业外移出去；另一种是某一区域外的产业（企业）转移进入已经形成了的产业集群所在地，从而不断强化产业集群，产业集群的强化又将吸引更多的企业进入。

近年来，我国区域经济发展格局正在发生深刻调整。长三角、珠三角、环渤海等东部沿海地区资本相对饱和，而广大的中西部地区基础设施逐步完善，推动东部沿海地区产业加快向中西部地区梯度转移，形成更加合理有效的区域产业分工格局，已成为促进区域协调发展的政策取向和重要任务。

2010 年 9 月 6 日，国务院发布关于中西部地区承接产业转移的指导意见。指导意见指出，要依托中西部地区产业基础和劳动力、资源等优势，推动重点产业承接发展，进一步壮大产业规模，加快产业结构调整，培育产业发展新优势，构建现代产业体系。指导意见列出的重点产业包括，发展劳动密集型产业，承接、改造和发展纺织、服装、玩具、家电等劳动密集型产业，充分发挥其吸纳就业的作用。引进具有自主研发能力和先进技术工艺的企业，吸引内外资参与企业改制改组改造。发展能源矿产开发和加工业。积极吸引国内外有实力的企业，大力发展能源矿产资源开发和精深加工产业，加快淘汰落后产能。在有条件的地区适当承接发展技术水平先进的高载能产业。加强资源开发整合，允许资源富集地区以参股等形式分享资源开发收益。此外，发展农产品加工业，发挥农产品资源丰富的优势，积极引进龙头企业和产业资本，承接发展农产品加工业、生态农业和旅游观光农业。发展装备制造业，引进优质资本和先进技术，加快企业兼并重组，发展壮大一批装备制造企业。发展现代服务业，适应新型工业化和居民消费结构升级的新形势，大力承接发展商贸、物流、文化、旅游等产业。发展高技术产业，发挥国家级经济技术开发区、高新技术产业开发区的示范带动作用，承接发展电子信息、生物、航空航天、新材料、新能源等战略性新兴产业。鼓励有条件的地方加强与东部沿海地区创新要素对接，大力发展总部经济和研发中心，支持建立高新技术产业化基地和产业“孵化园”，促进创新成果转化。

指导意见从财税、金融、产业与投资、土地、商贸、科教文化 6 个方面明确了若干支持政策。比如：在财税政策方面，强调对中西部地区符合条件的国家级经济技术开发区和高新技术开发区公共基础设施项目贷款实施财政贴息；在产业和投资政策方面，提出要修订产业结构调整指导目录和政府核准投资项目目录；在土地政策方面，强调要优先安排产业园区建设用地指标，探索工业用地弹性出让和年租制度；在商贸政策方面，提出支持在条件成熟的地区设立与经济发展水平相适应的海关特殊监管区域或保税监管场所，培育和建设一批加工贸易梯度转移重点承接地；在科教政策方面，明确要加大对产业园区技术创新体系建设、知识产权运用以及自主知识产权产业化的支持力度等。

产业结构调整和区域结构调整将带来巨大的投资机会，区域结构调整方面东部地区往中西部地区的产业转移，会带来中西部产业的崛起，包括安徽、陕西、重庆、广西等多个地区将获得发展良机，从而产生一些投资机会。当然，中西部承接产业转移将会带来一些结构性而非系统性的投资机会，政策会更多惠及经济最为落后的地区，因此西藏、新疆等地区的公司受益将更多。

二、产业结构调整中的新经济区及其投资机会

（一）天津滨海新区：高端产业聚集，自主创新领航

随着中国政府的战略重心由“钱源”向“资源”转移，以招商引资为主的加工业逐渐转向资源能源的开发建设，区域重点也从东南沿海向北部和中部地区倾斜。天津滨海新区因为可以辐射三北地区和东北亚地区的区位优势，被选中作为国家战略进行开发。

2009 年 11 月 9 日，国务院批复同意天津市调整滨海新区行政区划，标志着滨海新区行政管理体制改革全面启动。国务院同意撤销天津市塘沽区、汉沽区、大港区，设立天津市滨海新区，以原塘沽区、汉沽区、大港区的行政区域为滨海新区的行政区域。国务院要求，上述行政区划调整涉及的各类机构要按照“精简、统一、效能”的原则设置，涉及的行政区域界线要按规定及时勘定，所需人员编制和经费由天津市自行解决。严格执行中央关于厉行节约的规定和国家土地管理法规政策，加大区域资源整合力度，优化总体布局，促进区域经济社会协调健康发展。此前滨海新区下辖 3 个行政区、3 个功能区以及东丽区等，塘沽、汉沽、大港 3 个传统行政区的区政府拥有完备的组织系统，它们在土地、人事等重大问题上都可自主决策，经常与管委会形成了“双向”的决策机制。此次调整天津市滨海新区行政区划，是实施国家发展战略，推动滨海新区管理体制改革的重大部署，对于进一步加快滨海新区开发开放有重要意义。

滨海新区的定位是“高水平的现代制造和研发转化基地、北方国际航运中心和国际物流中心、宜居的生态城区”。这完全符合中国当前技术化、服

务化的产业升级需求。从深圳的劳动密集型到上海的劳动技术密集型，再到天津的技术密集型，这样的产业定位将会使滨海新区在中国产业升级的过程中得到超常规的经济增长。

中央政府给予滨海新区先行先试的优惠政策已经超过了深圳和浦东，一系列国家大项目都将陆续落户天津，规划中的八大经济功能区大都有国家部委的项目坐镇，短期内交通能源地产是发展的重点。滨海新区的功能定位、产业布局、研发力量、资源储备和目前的工业发展基础都好于深圳和浦东开发初期的情况，但金融服务的劣势比较明显。根据上海浦东新区的开发经验，新区内房地产企业和各种基础设施供应商将会随着整体经济规模的扩张而首先受益。此外，滨海新区国际生物医药科技园等科技基地的建设，将会促进天士力等有技术优势的先进制造业企业的成长。因此，伴随着新区经济的高速成长，可关注天士力、天津港、泰达股份、津滨发展、天房发展、滨海能源、海泰发展、中储股份、天药股份等上市公司。

（二）重庆两江新区：引擎西部，发轫两江

国务院于2009年2月5日下发了《国务院关于推进重庆市统筹城乡改革和发展的若干意见》，对重庆提出了新的定位、新的使命和新的要求。将重庆改革发展提升到事关全国改革开放、区域协调发展、西部大开发和生态安全等国家战略的重要层面。对于两江地区特别重要的说明在于，该文件进一步对重庆作出了长江上游地区综合交通枢纽和国际贸易大通道、内陆出口加工基地和扩大对外开放的先行区、国家重要的现代制造业基地、长江上游的科技创新中心和科研成果产业化基地等重要定位；明确了长江上游生态文明示范区、“会展之都”、“购物之都”、“美食之都”、区域商贸会展中心、中西部地区循环经济发展示范区、旅游集散地枢纽等特色定位。因此，国务院在文件中特别提出“认真研究设立两江新区问题”，由此两江地区才引起资本市场的广泛关注。

两江新区将是重庆现代服务业和先进制造业的聚集地，而《国务院关于推进重庆市统筹城乡改革和发展的若干意见》也指出，要求重庆“着力构建特色优势产业集群，充分发挥现有工业基础优势，培育发展新兴产业，增强主导产业的优势和活力。发展壮大汽车摩托车、装备制造、石油天然气化工、材料工业和电子信息五大支柱产业，形成实力雄厚、关联性强的优势产业集群”。所以就重庆的第二产业而言，未来发展方向已经十分明确，主要是围绕上述五大产业进行。两江新区的定位与其正好吻合，所以两江新区未来将率先发展工业，这点与浦东新区和滨海新区略有区别。上海浦东新区的定位在于服务业，而滨海新区更注重综合功能的开发，第二产业、第三产业发展较为平衡；重庆的两江新区在定位上预计第二产业会超过第三产业，因其第三产业主要是为第二产业服务的。

两江新区的设立之所以引起这么广泛的关注，在于新区开发属于一项重大工程建设，其首要任务就是先进行基础设施建设，这是政府投资拉动经济的一种有效方式。同时新区成立后会有相关配套的制度和措施来支持其建设和发展，相关企业将会受益。正如上海浦东新区和天津滨海新区的建设一样，但从规划面积上来看，重庆两江地区要超过浦东新区近一倍。

考虑到新区开发需要大规模的基础设施建设，因此受益的首先是当地基建类企业，包括路桥类建设企业，如重庆路桥、四川路桥。其次是房地产开发企业，参考上海浦东新区模式，两江新区开发后将带动其土地价格升值，在渝具有土地储备尤其是两江地区土地储备的公司将会受益，如渝开发、迪马股份、广宇发展、东方银星。第三是新区在建成运营后，其主要产业将会受益于政府扶持而所给的优惠政策，虽然这些政策目前尚不明朗，所以无论是五大产业还是重庆市政府重点扶持的九大产业，都需要重点关注。

三、产业结构调整中的传统大型经济区及其投资机会

（一）长三角经济区：区域经济龙头

20 世纪 90 年代初，以浦东开发为龙头，以集体经济和私营经济为主的“苏南模式”和“温州模式”，带动整个长三角地区上了一个新台阶。长江三角洲经济区是指由沪、苏、浙三省市中包括上海、南京、杭州、苏州、无锡、扬州、南通、镇江、湖州、宁波、绍兴、舟山、温州、嘉兴、常州等 15 个地级以上城市组成的区域。上海作为长三角的核心城市，成为国内外投资者关注的热土，特别是跨国资本正大举向长三角地区转移，身处中心的上海市日益发展成为大公司、大银行总部和研发中心的所在地，并加快朝向国际经济、金融、贸易和航运四大中心迈进，对周边城市起到了较强的辐射和拉动作用。

由于地缘因素，长三角资源型企业较少而制造型企业优势比较明显，自主创新型企业较多；随着产业结构的不断调整，金融、物流等服务型企业的发展提速，产业结构将呈现“三、二、一”的发展格局。

长三角现代服务业的发展，离不开金融业的带动。长三角目前拥有 9 家金融类上市公司。这 9 家公司范围较广，涵盖银行、证券、信托、保险等领域，从而为长三角未来发展奠定基础，如上海的交通银行、海通证券、中国太保、浦发银行，江苏的南京银行、浙江的宁波银行等，因快速发展备受外界关注。

由于低端生产企业密集、土地资源捉襟见肘，加之劳动力成本显著提高，长三角制造业转型成为必然。长三角制造业上市公司中，以传统行业的公司居多，它们的转型将主要以提高技术含量、发展完善产业链及服务渠道为突破口。作为转型的代表，东方市场的发展轨迹非常说明问题。

在现代制造业方面，灵活性高、产业能级高的产业备受推崇。这方面的典型是申能股份、复星医药等老牌制造型企业，它们通过开发新能源，推行行业整合等方式不断提高创新能力和国际化程度，以实现业绩快速增长。

最后是电视、广播、出版业、创意产业等面向民生的服务行业。面向民生的服务业侧重于向公众提供物质消费服务——以新业态和新的服务方式来创造需求，引导消费；以高附加值、高层次、知识型的生产和生活服务，指导民生。随着政策规划措施的逐步规划落实，相关长三角上市公司如中视传媒、陆家嘴、东方明珠、百联股份等长期发展前景都值得期待。

（二）珠三角经济区：新起点带来新机遇

2009 年 1 月国务院召开常务会议，审议并原则通过《珠江三角洲地区改革发展规划纲要（2008—2020）》，赋予珠三角新的战略定位：探索科学发展模式的试验区、深化改革的先行区、扩大开放的重要国际门户、世界先进制造业和现代服务业基地、全国重要的经济中心。泛珠三角地区以广东省的广州、深圳、珠海、佛山、江门、东莞、中山、惠州和肇庆市为主体，辐射泛珠江三角洲区域，并将与港澳紧密合作的相关内容纳入规划。

珠三角未来产业发展方向是“促进信息化与工业化相融合，优先发展现代服务业，加快发展先进制造业，大力发展高技术产业，改造提升优势传统产业，积极发展现代农业，建设以现代服务业和先进制造业双轮驱动的主体产业群。

珠三角将在珠港澳大桥建成后打造一个“三小时经济圈”。随着珠海由过去地理位置上的交通终点，转变为珠三角西部诸市乃至大西南桂、云、黔、川与香港往来的交通枢纽，珠海方面的制造业也有望迎来巨大的发展。在珠海设有生产基地的珠海中富、盾安环境、海鸥卫浴、方正科技、万利达、长园集团、粤富华、格力电器、丽珠集团、维维股份、东信和平、远光软件、力合股份、蓉胜超微等上市公司也将受益于珠港澳大桥。珠港澳大桥还将使江门、中山、顺德、东莞等城市受到香港经济的强辐射，并影响珠三角和桂、云、黔、川等地的经济发展。因此，地处江门、中山等地的上市公司也有望得到市场的追捧。

（三）京津冀经济区：经济增长第三级

《京津冀都市圈区域规划》在 2007 年就基本编制完成，形成以北京—天津一滨海新区为发展轴，以京津冀为核心区、以辽东、山东半岛为两翼的环渤海区域经济的共同发展大格局。该区域的整体定位是以我国首都为中枢，具有京津双核结构特征和较高区域和谐发展水平的新型国际化大都市圈；以技术、信息、金融、客货交流枢纽为依托，是我国北方地区最具影响力和控制力的门户地区。

京津冀都市圈发展具备六大优势：

1. 具有重要的地缘战略地位，是首都所在地。其地缘经济地位在国际经济格局中表现为辐射东北亚，连接欧亚大陆桥；在国内是北方核心经济区的重要组成部分，占据环渤海城市群的中心地位。

2. 中国科技教育文化的中心，是全国智力资源最富集的地区。其中北京是全国高科技人才密集、高科技创新能力最强的省市之一。

3. 丰富的资源为京津冀都市圈的发展提供了有力的保证。天津滨海新区有1214平方公里的滩涂，曹妃甸有310多平方公里的可开发空间；有大港油田等油气资源和丰富的海盐资源；京津冀旅游资源十分丰富。此外，河北省在土地资源、海岸线、劳动力资源、生态旅游资源等方面有明显优势；铁矿、黄金等资源在全国占有一定优势；农业优势突出，是全国重要的粮、棉、油、蔬、果、畜、禽、鱼等生产基地。

4. 具有发达的交通运输条件，是中国北方最大的“海洋经济”与“大陆经济”的连接枢纽。交通便利，沿“C”字形的海岸线密集分布着大中小型各具特色的现代化港口群；铁路网是贯通南北东西的枢纽，铁路货运年周转量占全国的比重大于30%；是全国公路最稠密的地区。

5. 产业基础雄厚，是我国北方最大的经济中心，居于北方经济发展的中心地位。北京中关村科技园区、天津滨海新区、河北唐山市的曹妃甸港区将成为京津冀都市圈快速发展的增长极。

6. 初步具备世界城市与发展总部经济的条件。在全球122座城市中，北京属于首三级的世界城市，北京作为一个发展中的国际化大都市，“总部经济”的雏形初步显现，一些“总部经济”的发展条件也正趋于完善。

最终京津冀将联合打造城市群，促进区域经济一体化，未来还将注重培育发展四大产业区。可关注以下上市公司：环京津装备制造区的新兴铸管、河北宣工、鼎盛天工、经纬纺机、天威保变等；渤海湾重化产业区的一汽夏利、海油工程、中海油服等；冀中南轻工商贸产业区的渤海物流、晶源电子、宝石A、常山股份、三友化工、沧州大化、乐凯胶片等；张承环京生态经济区的承德露露、北京旅游、王府井、首旅股份等。

四、产业结构调整中的中西部开发经济区及其投资机会

（一）中部经济区：追赶与崛起并行

改革开放以来，沿海地区迅猛发展、东北老工业区的振兴以及西部大开发，让中部和周边地区的差距渐渐拉开，因此对中部区域崛起的呼声越来越强烈。但是，中部地区以独特的区位、资源、基础产业等优势在我国经济格局中占重要的地位，是全国最大的商品粮食基地、重要的能源和原材料基地。

中部地区经济发展要充分发挥其能源、矿产资源丰富的优势，在目前原材料产业和制造业良好发展的基础上，进一步促进工业结构的调整。中部地区的内延式发展方式有望成为区域增长的新亮点。国务院批准武汉城市圈为全国资源节约型和环境友好型社会建设综合配套改革试验区，同时获批准的还有长株潭城市群，这是国家促进中部崛起，推动东中西地区协调发展，加快建设资源节约型和环境友好型社会的重大决策，其无疑为武汉城市圈和长株潭城市群改革发展提供了前所未有的契机。

武汉城市圈和长株潭城市群方案均以“两型社会综改试验区”为主题，从远期目标上，必然要发展高新技术产业和生产性服务业，实现产业的根本转型，从近期手段看，要着力改造高消耗、高污染的企业，对重化工业进行传统技术改造和升级，因此整个区域经济的产业升级将是以环境保护和减少能耗为目标带动的，这在今年以来国家加大对能耗限制的政策倾向下，区域内产业发展速度将会快于全国增长的平均速度。湖北省在实施“促进中部崛起”战略中地位举足轻重，而从区域经济特点来看，武汉“1+8”城市圈在中部地区的经济地位优势明显，武汉地区具有成长为全国又一经济增长极的潜力。城市圈定位将加快周边城市建设，而随着现代服务业发展加快，第三产业将成为新增长点。

从区域经济发展的行业轮动周期可以看到，行业受益于区域经济发展的先后顺序是存在的。首先在基础设施方面会产生旺盛的需求，为经济的起步打下坚实的基础，然后是相应的配套服务性行业，如仓储物流港口机场，为基础设施建设中的资源配提供便利，再次是商品零售行业，随着居民收入增长和产品交换需要勃然兴起，房地产行业也会随房价由中心向周边辐射而加快增速，最后是工业企业在基础设施和服务业的支持下通过企业重组和产业升级逐步步入高速增长轨道。

目前各省均已出台多项旨在拉动内需、扩大投资的发展计划。今后可从两条线索来寻找投资机会：一条是以“追赶”为主题的基建投资，涉及钢

铁、水泥、机械设备等行业，重点关注太原重工、三一重工、中联重科、华新水泥、太钢不锈、华菱钢铁等；另一条是有望成为“崛起”新生力量的高新产业集群，涉及光电信息、生物工程、精细化工，重点关注烽火通信、武汉光谷。

（二）广西北部湾经济区：连接东盟新丝绸之路

北部湾经济区地处华南经济圈、西南经济圈和东盟经济圈的结合部，是我国西部大开发地区唯一的沿海区域，也是我国与东盟十国既有海上通道、又有陆地接壤的区域，区位优势明显，战略地位突出。2008 年 2 月 21 日，国家发展和改革委员会下发《广西北部湾经济区发展规划》，正式将北部湾发展纳入国家发展战略规划。

该区域的功能定位是立足北部湾、服务“三南”（西南、华南和中南），充分发挥连接多区域的重要通道、交流桥梁和合作平台作用，努力建成中国—东盟开放合作的物流、基地、加工制造基地和信息交流中心，成为带动、支撑西部大开发的战略高地和开放度高、辐射力强的重要国际区域经济合作区。与以往不同的是，迄今我国批准实施的所有新区、经济区和试验区中，北部湾是被明确赋予“重要国际区域经济合作区”功能的。

国家给予新特区多项政策优惠。首先是关于投资的资金：在《广西北部湾经济区发展规划》中明确表示国家支持在北部湾地区设立地方性银行，探索设立产业投资基金和创业投资企业，扩大企业债券发行规模，支持符合条件的企业发行企业债券；其次是关于税收优惠：《规划》中明确指出国家支持北部湾经济区在符合条件的地区设立保税港区、综合保税区和保税物流中心，拓展出口加工区保税物流功能；再次是关于项目审批：《规划》中表示国家在有关规划、重大项目布局及项目审批、核准、备案等方面，给予北部湾经济区必要的支持；另外，北部湾还将依托中国—东盟博览会的永久举办地南宁，提升北部湾在国际国内的知名度和影响力。

作为中国沿海经济链条上的一环，广西北部湾经济区有丰富的海洋、矿产、旅游资源和发达的交通网络，同时与中国东南沿海地区及部分东盟国家存在较大的经济反差，未来发展存在很大的互补空间。目前北部湾的建设已经有了实质性的进展，包括七个“一千万”和两个“一千亿”项目。七个“一千万”项目为：中石油钦州 1 000 万吨炼油项目；武钢柳钢千万吨钢铁项目；1 000 万亩速生林支撑的芬兰斯道拉恩索、印尼金光集团两大林浆纸一体化项目；年榨大豆千万吨的粮油项目；年产水泥超千万吨海螺集团项目；总装机容量达 1 200 万千瓦的电力项目（沿海三大火电项目 + 防城港核电项目）；新增吞吐量 1 500 万吨的沿海三市 9 个深水公用码头建设项目。两个“一千亿”项目为：产值达一千亿元的电子产业项目（中国电子集团北海电子产业基地+富士康集团在广西投资项目）；投资一千亿元的铁路改造和扩建“一揽子”项目。此次重点项目涉及的行业有石化、林浆纸、能源、钢铁和铝加工、水泥、粮油食品加工、电子、海洋产业、高新技术产业以及物流产业。另外还会推动旅游、会展、金融等现代服务业等发展。可关注的重点股票包括：电力股中的桂冠电力、桂东电力；电力设备股中的银河科技；钢铁股中的柳钢股份；机械设备股中的柳工；港口股中的北海港；高速公路股中的五洲交通；旅游股中的桂林旅游；农业股中的：贵糖股份、南宁糖业、柳化股份、河池化工、南化股份；生物医药股中的莱茵生物；日用化学品股中的两面针，南宁百货等。

（三）关中—天水经济区：西部大开发战略高地

关中—天水经济区是《国家西部大开发“十一五”规划》中提出的三个重点发展经济区之一，主要依托西安、咸阳、宝鸡、铜川、渭南、天水等交通枢纽和中心城市，充分发挥资源富集、现有发展基础较好的优势，在城市建设、土地管理、人口及劳动力流动、重大基础设施建设和重要产业布局等方面，加强统筹规划和协调，打破地区封锁和市场分割，优化经济发展空间布局，重点发展高技术、装备制造工业、航空航天工业、现代农业和特色旅游产业，加快建立分工合理、协作配套、优势互补的重点经济区，加快培育和形成区域经济增长极，成为带动和支撑西部大开发的战略高地。

2009年1月15日，国家发展改革委在北京召开《关中—天水经济区发展规划》专家论证会，会议论证通过了《关中—天水经济区发展规划》，在产业定位上，加快装备制造、国防科技、资源加工、农副产品加工、旅游文化和现代服务等产业发展；在统筹城乡发展上，加快宝鸡等8个城乡统筹重点示范区建设；在构建区域创新体系中，设立西安“国家统筹科技资源综合配套改革实验区”；在改革开放上，把经济区打造成西部地区现代市场经济体制建设的先行区域，东西互动和对外开放的重点区域。同时，《规划》从装备制造业、旅游文化产业、现代农业、现代能源、基础设施、重点水利工程等六个方面提出了一批重大建设项目。《规划》还从财税、投资和土地等六个方面，提出了20多条政策支持措施。规划一旦获得国务院通过，该地区将有望成为西北地区的“经济发动机”，对相关的上市公司的机遇是不言而喻的。

关中—天水属于我国西北发展潜力较大的区域，该地区有望带动西北地区经济的高速发展。受益行业包括装备制造业、旅游、农业、能源、基建、钢铁、建材等。可关注以下上市公司：兴化股份、开元控股、秦川发展，标准股份、航天动力、西部材料、华天科技、彩虹股份、西安旅游、西安饮食、西安民生、宝商集团、祁连山、冀东水泥、赛马实业、祁连山、工大首创以及陕国投 A 等。

五、产业结构调整中的其他经济区及其投资机会

（一）海峡西岸经济区：地缘优势助经济腾飞

海峡西岸经济区是“闽东南地区”概念的延伸，指以福建为主体的台湾海峡西岸地域经济综合体，该经济区已写入政府工作报告和“十一五”规划纲要。2009 年产业发展投资以建设海峡西岸先进制造业基地为重点，加快临港重化工业发展。

为全力打造海西先进制造业基地，福建将争取完成工业投资超过 2 100 亿元人民币；近三年由省财政每年安排 5 000 万元资金，建立转型升级重点项目贷款贴息风险保证金制度；每年安排 2 000 万元专项资金，实施产业集群提升专项工作。“金厦大桥”项目工作正在推进，与金门共同打造金厦生活圈。

在两岸三通顺利实施后，两岸局势发生了积极变化，两岸关系发展面临着难得的历史机遇，作为对台交流前沿的福建，与台湾地缘相近、血缘相亲、文缘相承、商缘相连、法缘相循，在对台工作中具有不可替代的独特优势和重要作用，福建省积极依托“五缘”优势，着力推行各项先行先试举措，在对台经贸发展上取得了新突破。海峡西岸经济区的建设，将起到衔接长三角、珠三角的作用，吸引台资把高科技产业转移过来，打造海峡经济圈或中华经济圈，从中央的总体战略来看，这是促进两岸和平统一的一项重要战略决策和部署。“海西区”战略计划以“福州、厦门、泉州三大中心城市带动作用，发展壮大闽东北、闽西南两翼，推进海峡西岸经济区与长三角、珠三角紧密对接、联动发展；加强两岸三地联系，逐步形成外资密集、内外结合、带动力强的经济区域；依托大型港湾和基础设施，发展新型港口工业城市和区域中心城市，培育重要经济增长极，促进海峡两岸城市群加快崛起。海峡西岸经济区的发展可重点可关注以下上市公司：基础设施和建材行业的福建水泥、建发股份、中国武夷、三钢闵光、漳州发展；交通运输行业的厦门港务、厦门空港；自然资源及传统优势行业的永安林业、片仔癀；高科技产业的国脉科技、龙净环保；商贸及金融业的建发股份、东百集团、兴业银行。

（二）海南经济特区：旅游国际岛迎来新契机

海南发生的巨变是我国改革开放 30 年的一个缩影。1988 年 4 月，第七

届全国人民代表大会第一次会议通过了关于设立海南省的决定和关于建立海南经济特区的决议。从此，海南岛成为我国最年轻的省份和最大的经济特区，日益受到关注。2007 年，海南省生产总值增长高于全国平均水平 4%，但固定资产投资低于全国平均水平 7%，环境质量保持全国最高水平，实现了经济增长和环境保护双赢。20 年来，海南省收获的不仅是生产总值的增长，更是“绿色、开放、文明、和谐”之岛全面发展的结果。

2009 年，海南省将加快发展海洋经济作为工作的重点，定下了“力争到 2012 年全省海洋产业增加值在 2007 年的基础上翻一番，达到 900 亿元，实现海南海洋经济的跨越式发展”的目标，并出台了一系列重要举措。一是把发展海洋经济作为优化经济结构的重点。积极支持中央大型石油企业在海南省建设南海油气资源勘探开发基地。整合港航资源，开辟新航线，发展中转贸易；扶持发展船舶制造业；扩大外海深海捕捞，提高深海网箱养殖和罗非鱼养殖加工产业化水平，不断培育壮大海洋产业。二是把推进国际滨海旅游岛建设作为创新体制的突破口。三是把加快洋浦港开放作为自由贸易区的先行。以建设面向东南亚的航运枢纽、物流中心和出口加工基地为目标，加大洋浦的开发开放力度。从发展规划来看，对于相关的旅游酒店、高速公路、航运等都是受益的板块，值得积极关注。重点可关注以下上市公司：罗顿发展，正和股份，中海海盛。

2008 年海南全省旅游总收入 185 亿元，同比增长 8%，占全省 GDP 1 466 亿元的 12.6%。政协十一届二次会议上张维庆委员作出《加快改革开放步伐推进海南国际旅游岛建设》的发言，建议加快把海南建设成国际旅游岛的步伐，这不仅有利于提高海南旅游业的国际化程度，推动海南旅游业的升级，建立以旅游为龙头的现代服务业，同时也将促进海南区域经济的快速发展。在海南国际旅游岛建设中获益的个股也将受到投资者的追捧。交通运输、农业等是主要的受益行业，相关上市公司有海南航空、海南高速、罗牛山等。海南航空在以海口为主基地的基础上不断发展，航线网络遍布中国，覆盖亚洲，辐射欧洲、美洲、非洲，开通了国内外航线近 500 条，将是海南国际旅游岛在航空行业的最大受益者之一。海南高速主要承担国家基础设施重点项目海南环岛东线高速公路的建设和管理，同时进行旅游、运输、沿途服务业的综合开发。罗牛山在海南省 17 个市县建有 40 余个现代化畜牧基地，拥有海南省最大的“菜篮子”工程基地、种苗生产基地和以畜牧业为主的农业科技示范基地，产业规模及产品品质在海南畜牧业中保持着绝对的领先地位，未来将较大程度地受益于海南旅游业的快速发展。

（三）老东北工业基地：加快发展步伐

东北老工业基地“不老”。在全球经济不景气和国家加大投资的背景下，东北老工业基地的发展，除了得到大量的政策性支持外，还依靠那些发展良好的上市公司。如装备制造业有鞍钢股份、沈阳机床、一汽四环、东北电气、哈飞股份、一汽轿车、东安动力、大冷股份、曙光股份；农业龙头有北大荒；能源有国电电力、大连热电；基础建设有龙建股份；港口及交通有营口港、锦州港、铁龙物流；医药行业有通化东宝、三精制药、东北制药；电子有华微电子、亿阳信通等。这些公司都是老工业经济发展的强大动力。

继2003年中央提出振兴东北老工业基地之后，2007年8月，国务院正式批复了国家发改委、振兴东北办报送的《关于报送东北地区振兴规划的请示》。规划范围包括辽宁省、吉林省、黑龙江省和内蒙古自治区呼伦贝尔市、兴安盟、通辽市、赤峰市和锡林郭勒盟（蒙东地区）。国务院表示要把东北地区建设成为综合经济发展水平较高的重要经济增长区域，具有国际竞争力的装备制造业基地，国家新型原材料和能源保障基地，国家重要的商品粮和农牧业生产基地，国家重要的技术研发与创新基地，国家生态安全的重要保障区，"四基地一区"，实现东北地区经济又好又快发展。总体目标是努力将东北地区建设成为综合经济发展水平较高的重要经济增长区域。该区域有两大看点：一是东北地区农业、装备制造业及资源等几类上市公司值得关注；二是内蒙古东部地区纳入东北经济区。其中，农业是东北地区的传统优势，北大荒将获得持续政策支持。装备制造业类上市公司涉及电气设备、汽车及汽车配件、机床、航空航天军工及其他专用机械等众多子行业，在政策支持下，其竞争力将获得显著提升，其中可重点关注机床行业的沈阳机床，航天军工行业的哈飞股份，电气设备行业的荣信股份、哈空调，汽车行业的一汽轿车。区域协作的加强为东北高速、锦州港、营口港等物流企业提供机遇，原材料和能源的投资可关注吉电股份、国电电力、金山股份等。

附录：政策导向选股50强

资本市场中，择股就是要看上市公司的盈利能力，特别是企业在短期内的爆发力。中国的经济运行模式不是纯粹的市场经济模式，而是政府引导型经济。从某种意义上来说，选择一个好的投资目标，需要考察该企业处于何种行业，该行业是否受政府产业政策扶持。政府产业政策引导包括两种情况：一是政府投资主导下的行业增长以及由此产业链延伸出来的行业。例如：水泥、钢铁等在2002年下半年至2004年初的行业景气。二是产业政策导向引导出的行业拓展空间的潜力。例如：近来国家能源政策向水电、核电等方向倾斜，尤其是核电目前的产业政策导向一改前期的“适度发展”而到“积极发展”。这也就意味着在2020年之前，我国核电设备的市场空间将扩展至1 695亿元的市场份额，这也是市场对核电产业上市公司予以重点关注的主要原因。由此可以得出结论，寻找空间不断拓展的行业，然后再从此行业中寻找具有核心竞争优势的企业，是挖掘潜力个股的一种非常重要的投资技巧（见表14－1）。

表14－1　　　　资本运作选股50强

代码	名称	代码	名称
002146	荣盛发展	600276	恒瑞医药
600340	华夏幸福	601607	上海医药
002305	南国置业	600812	华北制药
600585	海螺水泥	600162	天坛生物
000877	天山股份	002007	华兰生物
601992	金隅股份	002022	科华生物
002385	大北农	002030	达安基因
000876	新希望	600305	恒顺醋业
000998	隆平高科	300003	乐普医疗
601766	中国南车	600195	中牧股份
601299	中国北车	600498	烽火通信
600893	航空动力	600201	金宇集团
000002	万科A	600664	哈药疫苗
000024	招商地产	002100	天康生物
600048	保利地产	600498	烽火通信
600875	东方电气	600487	亨通光电
002438	江苏神通	002089	新海宜
601268	二重重装	002292	奥飞动漫
601106	中国一重	300027	华谊兄弟
601989	中国重工	600707	彩虹股份
000039	中集集团	000990	诚志股份
600320	振华重工	002326	永太科技
600502	安徽水利	002106	莱宝高科
000651	格力电器	000045	深纺织
600535	天士力	600522	中天科技

上述50只股票的选出，同样遵循了类似资本运作的选股逻辑。首先，上市公司经营的主业要符合我国产业结构调整的方向。我国未来十几年社会发展的几个关键词是城市化、网络化、老龄化等，围绕这些概念的几个重点产业包括可再生能源、生物、医药、房地产、高端装备、高铁等众多行业会迎来较大的发展机会。其次，上市公司要在自身所处领域中具备较强的竞争优势。满足这两个条件之后才能考虑上市公司资本运作的能力。表14A－1给出了依据上述原则选出的50只股票。

产业导向运作选股50强中的上市公司除具备广阔的发展前景、较强的行业竞争力外，均在不同程度上受到国家政策的扶持或者引导性支持。如卫星领域，国家正在通过各项政策扶持北斗卫星导航系统。一方面在应用示范方面规划了被称之为“条条块块”的行业和区域示范应用项目。“条条”指行业，如交通、气象、电力、林业、渔业等领域有北斗应用推广示范项目；“块块”指区域，如说珠三角、长三角的北斗应用推广示范项目。目前交通部在九个省市试点推广，要求2013年1月1号以后新上牌的“两客一危”重载普货等车辆必须加装北斗双模定位终端，即北斗GPS双模定位终端；同时，通过一些优惠措施鼓励农村客运班线加装北斗的终端。国家发改委目前也在牵头制定中长期的卫星导航的产业发展规划，各行业和各级政府也将出台针对北斗产业发展和应用推广方面的一系列措施。同时，全国北斗卫星导航标准化技术委员会在筹建中，用于未来北斗导航领域相关一些测试认证及产品标准化工作；对外宣传和海外推广亦在积极展开。A股中的中国卫星将受益增长，该公司是国内专业从事小卫星及微小卫星研制、卫星地面应用系统及设备制造和卫星运营服务等业务的行业领先企业，已形成卫星研制和卫星应用两大主业协同发展的格局，卫星研制业务目前的利润占比较高，而卫星应用业务的增速相对较快。

结语

好公司与好股票

一、好公司不一定是好股票

（一）什么是好公司、好股票

投资者经常会遇到这样的困惑：投资了一家业绩比较稳定的公司，但买进的往往并不是一只比较好的股票。我们所说的好股票是指该股常常抓住投资者的“眼球”，股性活跃，股价经常有较大幅度的波动，投资者可以通过波段操作反复获取价差收益的股票。但从这些年的情况来看，这类股票往往业绩并不怎么样，有的甚至已经沦落到亏损的地步，不能或者不完全对应一家好公司。而好公司是在行业里有较高的知名度与市场份额，规模一般较大，业绩较为稳定，其股票常常被称为“蓝筹股”。

好公司往往必须同时具备以下三个条件才可以称得上好股票：

（1）公司发展前景良好。比如新产品投放市场、产品销售价格提高、市场需求增加等；

（2）业绩大幅度提高；

（3）动态 PE 具有估值优势。

具备第（1）条特征的这类好公司往往容易被市场发现，但第（2）条和第（3）条由于涉及公司的预期业绩和公司未来股价的定位，这并不是一个投资者光靠时间、精力和财力就能够解决的，它还需要能力，其中很多数据像 PE、原材料价格、产品价格等研判都需要大智慧，而一般投资者通常只看到第（1）条便认为好公司是好股票，结果造成投资失误和低效率。

好公司尽管在市场中有“稳定军心”的作用，但由于缺乏题材、庞大的流通盘难以操作、缺乏超预期的发展前景等原因，股价走势往往也呈现四平八稳的特性，难有上佳表现，因而在市场人士眼里，恐怕也就算不上好股票了。从某种意义上来说，炒股票就是炒未来预期。投资者舍得在并非“好孩子”的股票上花钱，其主要原因大约还是看好其未来的发展前景。市场中甚至还有这样一种思维模式：好公司的基本面已经很好了，还能够再好到哪儿去？而“好股票”就不一样了，也许其基本面不尽如人意，但也预示着未来会有较大的机会。事实上也是如此，我国股市中通过资产注入等资本运作模式实现“乌鸡变凤凰”的确实不在少数，而一些以往的绩优股则有不少业绩呈现负增长，股价自然得进行相应的结构调整了。由此看来，这其中似乎也隐含着一种辩证关系。

（二）基本分析、技术分析及其局限

普通投资者入市之前都应该问问自己，到股市中来究竟是参与投资、以获取分红收益为主呢，还是打算以博取股价波动的价差为主？如果是前者，那么你必须选择年平均现金分红高于银行一年期存款利率的股票买进，但实事求是地说，这样的股票目前在中国股市中还为数不多，并且即使抱着此投资目的的入市者，眼见着每日股价的起伏波动，也难心如止水。一些上市公司即使每年的收益情况良好，单纯用“市盈率”指标来衡量还不错，但现金分红率却很低甚至从不派现，其投资价值究竟如何仍值得怀疑。倘若是后者，所需要做到的主要是控制好投资风险。

股市中好股票与好公司的“名”、“实”分离是一件十分令人头疼的事，最起码在现阶段还不能很好地统一起来。而通过何种分析手段来辨析投资价值，也是不容易的事情。

如果说技术分析只是小散户的心灵安慰剂，那基本分析会不会是赚钱利器呢？很遗憾，按照经典的有效市场理论，任何人都不可能通过基本分析获得超额收益。自然会有人反驳说，巴菲特似乎就是通过基本分析来研判公司价值，并坚持长线投资而获得了远远超出一般人的利润。这是大家理解的差异，不算狡辩的解释是：他获得的超出常人的那部分收益，源于他付出的超出常人的努力。基本分析未必能让你赚大钱，但你最起码可以获得与别人相近的收益，而要做到这一点，其实很不容易了：全世界只有极少数基金经理能跑赢指数，绝大多数基金的利润水平是跟不上指数的上涨步伐的。投资者确实可以与指数同步的，但这并不值得基本分析派乐观，因为大猩猩掷飞镖选出的股票，也恰恰可以跟得上指数的变化。

例如，1998 年下半年，有一位投资者通过基本分析，得出结论：买市盈率低的股票，可以获得远超大盘涨幅的收益率。于是，他转而每年按照新公布的公司业绩，专选业绩最好而股价便宜的公司买进。但到 2001 年，他非但没赚什么钱，反而大大落后于指数的涨幅，眼看着垃圾股鸡飞狗跳，他只好放弃自己的投资策略。问题出在哪里呢？是研究的视野不够开阔。1996 ~ 1997 年，两年时间，绩优股涨幅远超大盘。但 1998 ~ 2001 年，恰恰是高市盈率的股票跑赢市场。

另外一个极端的例子出现在 2002 年，当时国内一家知名券商的金融工

程部门得出成果：小盘股会跑赢大盘。他们所依赖的数据是 1998 ~ 2001 年的，那段时间确实有这样的规律。如果再比较一下国外市场，规律也很明显。于是，自营部门拿出上亿元资金建立了一个小盘股组合。不幸的是，一年之内，亏损竟然超过 50%。结果呢？不用多说。金融工程本来是新兴的证券投资分析领域，但在中国，它的兴起还刚刚开始。

（三）行为分析的作用

问题出在哪里呢？还在于基本分析派缺少了与人的行为相衔接的部分。

基本分析涉及世界和国内的政经大事及策略方向研究，涉及行业分析，涉及公司分析。券商研究机构的研究员们为各家公司做出预测，测定其未来两三年的每股收益是多少。对普通投资者来说，这些研究报告并不难获得，但你无法根据这种业绩预测来做投资，因为好公司并不等于好股票。

为什么公司好，股票却不涨呢？基本分析派回答不了这个问题，技术分析派更加不知所以然。而行为分析，却可以给出准确的解释：因为基金不买，大户不买，散户再看好，股价也涨不起来。然后，行为分析派还可以告诉你，为什么基金和大户都不买：因为他们想买的已经买了，不想买的不会再买了。你还可以问：为什么还有基金和大户不想买这么好的股票呢？因为他们判定这家公司未来的成长性不好，每股收益增长不大。看看，这就涉及一点基本分析的东西了。

例如，2006 年底到 2010 年 4 月间，在基金和大户们不断买进的过程中，浙江医药的股价上涨了 10 倍，从 4 元涨到了 40 元。其中，2007 年前两个季度，其每股收益只有 0. 008 元，而且预期下一个季度业绩继续下降 50% 以上，但 2007 年上半年，这只股票的价格翻番，从 4 元多涨到 9 元多。没有机构大户的买进，又怎么会有如此亮丽的股价表现呢？基本分析和技术分析都没法回答当时股价为什么涨那么多，而行为分析可以。

所以，不管是技术分析还是基本分析，它们的最终落脚点都应该回到行为分析。因为，对投资者来说，做功课的目的不是为了得出一个什么指标和数据，而是为了得到一个明确的结论：股票会涨吗？能回答这个问题的，只有行为分析。

二、"坏"公司、好股票

（一）投资实践中的"坏"公司好股票

在参与资本市场时，我们总是习惯于将上市公司归为"好"与"坏"两类。诸如银行、保险等蓝筹板块的通常属于好公司；而连续亏损三年的ST股则属于典型的坏公司。只是投资界的赚钱法则是，好公司可能是坏股票，"坏"公司可能是好股票。

无论一个公司的前景多么光明，一个高过其合理定价的买价都不足以给投资者带来收益；同样，无论一个公司的前景是多么黯淡，只要买价低于合理定价，同样值得投资。所以很多时候，普通定义下的"坏"公司也可能没有想象中的糟糕。

公募界的明星基金经理王亚伟就曾热衷投资"坏"公司，其对ST个股的垂青直到他离开公募界都没有改变，对披星戴帽股他更是情有独钟，鲜有失手。其掌管的华夏大盘基金一度持有ST昌河400万股、*ST山焦1100万股、*ST张股450万股、ST松辽182万股，并且都获得了不错的收益。

事实上，WIND资讯显示，2011年涨幅最大的前十大公司中，有五只ST股。国内评级机构朝阳永续评选中的2011年度冠军分析师东方证券的罗果就从这些"坏"公司中收获颇丰。在他看来，不管是牛市还是熊市，总能从ST股中选出有爆发力的个股。

有资深的ST股炒家曾经分享过投资这类"坏"公司的经验，参与ST股，首先看这家公司有没有政府背景，参与重组的公司实力是不是很强。如果决定要参与，最好等上市公司所有坏消息出尽、股价连续大跌之后再考虑。至于卖出，则要把握几个原则：上市公司改名换姓，表明重组成功，即将曲终人散；上市公司配股增发，圈钱开始；股价持续大涨，易出现顶部，也可考虑落袋为安。

同样的，一个突然的不利消息也会让公司突然笼罩在"坏"的阴影之下，于是股价暴跌。这个时候，对于已持有该股的投资者而言，实属遇上了倒霉事；但对于价值投资者而言，却可称为"小惊喜"。在他们看来，暴跌能让一只股票出现足够的安全边际，也就是说股票价格有可能低到其价值以下，只要有足够的耐心，便总能获利。在国外，因为有杠杆、掉期合约等金融衍生与做空工具，所以索罗斯、保尔森等还都投资过实实在在的坏公司。“空头大师”查诺斯就曾因做空财务造假的安然公司赚得盆满钵满。

芝加哥大学的两位学者肯尼斯·弗伦奇和尤金·法玛，将股票分为“成长型”和“价值型”。“成长型”主要指那些吸引人的、快速成长的所谓“好公司”，比如沃尔玛、思科、星巴克；“价值型”主要指那些落后的、成长乏力的所谓“坏公司”。让很多投资者惊异和困惑的是，在长期业绩跟踪下，那些老态龙钟、成长缓慢的价值型股票的表现却优于那些活力四射、飞速成长的成长型股票。他们得到一个启示：无论一个公司的前景多么光明，一个高过其合理定价的买价都不足以给投资者带来足够的收益。同样，无论一个公司的前景是多么黯淡，只要买价低于合理定价，同样是值得投资的。

这让我们发现了“坏公司”的一种魅力，甚至是一种标杆——很多情况下，我们以为的“坏公司”可能并没有想象中那么糟糕，如果你深入辨识，会有意想不到的回报。

（二）“坏”公司好股票的五种情况

很多“坏公司”是彻首彻尾地坏，让股神巴菲特扼腕，让明星基金经理米勒光环不再。坏公司的真假辨别，是玩转“坏公司”最有意味的部分。熟悉其间的规律，不仅能让你远离财务灾难，还能让你在合适的时候果断买入那些正处在价值失真的“坏”公司。我们找出了形形色色的坏公司，发现它们都可以纳入以下五个方面：低迷行业、急速暴跌、财务造假、垃圾股及其他中国式“坏”公司。

1. 低迷行业。一些公司在某一段周期里看上去毫无生机：绩效不理想，或者它们所处行业的生产方式已经落伍、竞争过度……它们的价格也足够低，因为投资者认为，这些公司已经过气了——这些低迷公司全都是坏公司吗？未必。它们中的一些公司，其低迷是因为所处行业的周期性很强。在经济弱周期时，公司的经营状况很差，投资者对它们也失去了信心。但一旦景气来临，它们的恢复速度会非常惊人，股票价格也会迅速上涨，其中隐藏了不少牛股。

对于周期性低迷公司的股票，最成功的案例莫过于彼得·林奇对汽车股的投资。1980 年，美国的三大汽车公司同时面临行业滑坡：销量和市场份额锐减、用户满意度下降。1982 年，美国轿车和卡车的销量由 1977 年的 1 540 万辆骤降了 30%，一度成为美国第二大汽车公司的克莱斯勒濒临破产。就在这年年初，当媒体争相用比“被绊倒的巨人”更恶劣的词来形容克莱斯勒时，彼得·林奇动用了麦哲伦基金5%的资产大规模购入克莱斯勒的股票。它最后上涨了近50倍，为麦哲伦带来了超过1亿美元的收益。

按照彼得·林奇的说法，周期性公司有一种让人又爱又恨的特点：当股市不景气时，如果稳定增长型公司市值损失50%，周期性公司就会损失80%；一旦走出经济衰退，进入繁荣时期，那么它的股价上涨要比稳定增长型公司快得多。周期股的这种特点使择时成了投资关键——你必须在行业低谷时建仓，在行业繁荣期退出。

道理听起来简单，但是要如何寻找到行业的周期？彼得·林奇的答案是：需求。你得先确定的是：这家公司是否真的能在经济复苏后好转？在确信汽车是周期行业后，彼得·林奇谨慎地分析了需求。“只要还没人发明可靠的家用‘气垫式交通工具’，汽车肯定还会继续成为美国最受钟爱的个人资产。”在1992年的嘉信投资者论坛上，他透露自己还通过观察新增的考出驾照的人数来估计汽车未来的销量。克莱斯勒公司后来曾出版过一本名叫《企业经济学家》的小册子。这本小册子提供的美国汽车的实际销量和理论需求的数据证明彼得·林奇当时对汽车需求的判断相当准确。1980年到1983年这四年中，由于经济发展迟缓，汽车销量的确非常差，这才出现了开头提到的整个汽车行业同时大萧条的场景。实际上，人们的需求并没有减少。根据小册子中的数据，本来有700万人应该购买卡车或轿车，但是因为手头的钱不够，人们的需求被抑制了，他们没有打算停止购车，只是在延后。1982年年底，利率下降，新的经济复苏和大牛市开始。美国人被抑制的需求一下子释放出来，克莱斯勒很快扭亏为盈。

通过被抑制需求分析汽车行业周期的方法成为了彼得·林奇后来从汽车股几进几出的关键。1990年，彼得·林奇观察到被抑制需求再次累积，他认为这一轮被抑制需求至少能促成汽车业在1994年到1996年的繁荣，于是又立刻买入了通用的股票，同样获得了成功。

巴菲特和彼得林奇的投资经历都显示：

（1）只有能够复苏的低迷公司才能赚钱。如果你选择的公司处在一个没有复苏机会的行业，如美国纺织业，那么你不但没可能撞到大牛股，说不定还会赔得精光。

（2）彼得·林奇投资汽车股的案例涵盖了投资周期股的所有要点：关注长期需求、选择正确的时机、不要投资一家会破产的公司。

（3）为了发现那些会破产的公司，你应该仔细检查公司的资产负债表，计算其净现金头寸有多少，是否足以覆盖短期债务。如果一家公司现金紧张或者偿还短期债务有压力，那它很可能在产业恢复景气前就死了。

2. 急速暴跌。意外的坏消息会导致股价的暴跌，例如用皮鞋做胶囊的丑闻，或者旗下的基金已经亏损到不得不关闭的地步。对于已持有这类股票的投资者来说，这不是个好消息，但对于价值投资者，它是可遇不可求的机会。暴跌能让一只股票出现足够的安全边际，也就是说股票价格有可能低到其价值以下，按照股价围绕价值波动的理论，股价总是会向价值恢复的，那么只要有足够的耐心，便总能获利。这是个了不起的投资逻辑，但是实际操作起来却并不容易。

巴菲特投资生涯中最耀眼的时刻之一，就是在20世纪60年代投资美国运通公司，这个机会还是当时商品市场的一位投机商安东尼·德·安吉里斯所赐。这位商人谋划了一起多家金融机构都为之或赔钱或倒闭的“沙拉油大骗局”。一开始他只是试图囤积沙拉油，仓库交由美国运通公司下属的一家子公司管理，这家公司负责签发仓库收据，以此证实仓库里还有多少油。接着安吉里斯出售这些收据，或者以它们为抵押物，从银行借更多的钱来玩囤积的游戏。美国运通公司因为签发收据，便成了这个游戏的担保人，同时也靠出售一部分收据获利。但接下来安吉里斯悄悄用海水替代了大部分的油，以卖出更多的收据，还在期货市场上豪赌了一把，买进了12亿磅的大豆油。直到大豆油价格崩溃，他一下子失去了1.2亿美元，骗局才得以揭穿。借款人转向收据的发行人——美国运通公司的子公司，要求后者赔偿他们1.5亿至1.75亿美元的损失，这时运通才后知后觉地发现，油罐里是毫无价值的海水。这个故事一时成为报纸上的猛料。尽管这家子公司在美国运通公司巨大的帝国里非常渺小，但却让运通公司因之蒙羞，股价因此暴跌。

在丑闻曝光前，美国运通公司被认为是美国最有声望的金融机构，它发行了价值5亿美元的旅行支票，取代了当时手续繁琐的旅行者信用证。另外，它是最早发行信用卡的公司之一，在20世纪60年代便是信用卡的重要品牌。作为一家以出售“信用”为主要业务的公司，做出毫无信用的事情，无疑是毁灭性的打击。

擅长从特殊事件中发现投资机会的巴菲特没有放过这条新闻。为了了解人们对这家公司的看法，33岁的他与助手走访了接受美国运通公司信用卡和旅行支票的地方，在那里，客户们仍然很高兴和运通公司的名字联系在一起，华尔街的动荡暂时没有对这家公司的经营造成实际影响，公司的其他业务仍深受信赖。没过多久，1963年11月22日，由于美国总统肯尼迪遇刺身亡，华尔街立刻陷入了深重的恐慌之中，市场整体下滑，运通公司股价跌到35美元，而之前的高点为65美元。巴菲特正是以这个价格买入了运通公司，他把他全部的注意力都倾注到了交易上，在不推动股价的情况下，尽可能多地买进股票。1964 年，他总共花了 1 300 万美元购买了美国运通公司 5% 的股份。除了投资外，他还说服运通公司赔偿银行 6 000 万美元，让运通的破损信誉得以修复。在 5 年时间里，美国运通股价上涨至每股 189 美元。在接下来的几十年时间里，他不断追加对运通的投资，直到 2011 年，他仍占有美国运通公司 13% 的股份。

这些投资经历都显示，想要确定暴跌是否真的是投资机会：

（1）你有必要更了解你的投资对象。光看数据和财经报道是远远不够的，还应像巴菲特一样实地走访、研究，看看用户是否还会继续使用公司的产品，或者说公司还能不能提供人们想要的服务，有这个前提，股价才有反弹的可能。

（2）在持续下跌的过程中不断买入，是逆向投资的一种常规操作，但过早买入只会带来更多亏损，因此等到安全边际足够大时再买也不迟，或者用更为俗气的判断，触底反弹后再入手。

（3）即便一家公司过去有过从暴跌中复苏的先例，也并不意味着它第二次还能有这样的运气，因为这不光与公司本身的状况有关，还取决于经济环境等多种复杂因素。当市场过度悲观时，保持过度的乐观并不明智。

3. 财务造假。用“财务造假”来形容“报表上的数字与实际状况不符”，其实在某些时候是过于严重了。随着财务机制的完善，完全伪造财务数据的欺诈事件已经不多见了。公司在遵守会计准则的基础上，可以通过控制或调整对外报告的会计收益信息，实现自身利益最大化，这被称为“盈余管理”，平滑利润便是其中常见的手法。不过，无论是何种情况，除了反手做空外，能从中盈利的可能性很小。

上市公司的年度报告从 19 世纪 90 年代就已经出现了，但是那个年代还未成立美国证券交易委员会，外界对公司的内部资料了解甚少，公司对年度报告的掌控力度比现在大得多。

“作为华尔街上一名别具特色的操作员，我的事业是从 1915 年真正开始的。”格雷厄姆，这位创立了证券分析理论的投资大师在自己的回忆录中这么说。1914 年，20 岁的格雷厄姆初入华尔街，在工作之余，他沉溺于研究那些跟股票有关的数据，如上市公司的年度报告，数学一直是他的强项。这在当时是非常特立独行的行为，因为报表完全不可信。格雷厄姆的数据搜集工作做得全面得多，他从多种渠道挖掘到有用的信息，如公司内部或州际商务委员会等政府常设机构发布的内容，然后加以分析，目的是发现公司的隐藏资产——当时的公司经理为了能在破产时少还债，总是努力地瞒东瞒西。

1915年，他得知古根海姆勘探公司即将解散的消息：公司会卖掉全部资产，并把钱返还给股东。当时它的股票价格是68.88美元。格雷厄姆不仅注意到这些，还发现了一个不为其他人所知的事实。“这家公司在几个重要铜矿拥有大量的股权，在纽约证券交易所都交投活跃”，他在回忆录中自述，“当古根海姆公司提出分解计划，并将其持有的股权按比例分给股东的时候，我计算出当时该公司所持股票的市场总值要高于公司本身的股票价格。因此，这就存在一个实际上很保险的套利获利机会。”

他的计算非常简单，任何人都能一目了然——这些数字表明，古根海姆价值每股76.23美元的资产正以每股68.88美元的价格出售，当公司分配其资产时，股东将得到每股7.35美元的套利收入，收益超过10%。当然，他也清楚其中会有很多风险，但风险与可能的利润比较起来似乎要小得多。他要做的只是在买进古根海姆公司股票的同时，卖出另一些公司的股票。他建议公司采取行动，并把这个建议告诉给了同事和客户，只收取他们利润的20%作为回报。后来分解计划在没有任何麻烦的情况下完成了，实现的利润正如他的计算。1917年1月，古根海姆公司宣布解散时，格雷厄姆的一位客户从这笔买卖中赚取了数十万美元的利润，投资回报率高达18.53%。从此格雷厄姆开始形成自己独到的投资方法，他以对股票的准确判断在华尔街崭露头角。

从上市公司的财务数据中可以发现一些对投资有价值的信息：

（1）财务造假的目的不是单一的，让报表看上去更好或者更“坏”，都是造假者的意图所在。

（2）你要学会双向思维。如果一家公司的首席财务官离开，或者公司更换审计师，这可能是其财务出现问题的信号之一。

（3）无论出于何种目的，财务报表上的造假都具有极强的隐蔽性，很难被普通投资者发现。因此你要看的不仅仅是公司报表，还得学会从其他渠道了解更多信息，才能对其真实财务状况作出判断。

4. 垃圾股。在美国，长期交易价格在1美元以下的股票被称为Penny Stock，而在国内也存在这种非常低价的股票，这些股票的公司业绩很差，几乎不具备投资价值，与垃圾股无异。投资垃圾股的风险很高，但非常偶尔地，你能从中找到一些业绩有望改善的、逆境反转型的公司，当它们的股价大幅反弹时，你能获得一笔高收益。

2012年年初，国内评级机构朝阳永续评选出了2011年度分析师。东方证券分析师罗果在1 029名证券研究员中，以57.16%的年度收益问鼎王冠，其策略正是投资垃圾股。在谈起为何在2011年选择垃圾股策略时，他提到，从经济角度来看，2011 年是政策紧缩、控制通胀、调控房地产的一年，在这种政策环境下，实体经济必定会受到影响，大盘难有大的上涨机会，周期股更难有好的行情。在经历了 2010 年的医药、白酒等消费股的大幅度上涨后，消费股也难有大的行情。单从收益角度看，不管是熊市和牛市，都能从 ST 股中选出有爆发力的个股。他的策略获得了成功，在 2011 年涨幅最大的前十家公司中，有五只 ST 股，其中最令人瞩目的，莫过于 2011 年 11 月从 ST 国祥转型而来的华夏幸福。这家公司从一个亏损的电子器具制造公司转型成了一家资质不错的地产公司。华夏幸福在当年成了涨幅第二的股票——205.36%，而这一年，大盘下跌了 21.7%。

ST 股是连续亏损三年的公司，可以说是典型的坏公司。从坏公司赚钱，在中国一向不是什么新鲜事。中国的坏公司投资，最多的还是利用 ST 股潜在的并购重组机会赚钱。因为中国的退市制度不完善，那些 ST 股成了最理想的借壳上市目标。尤其在 IPO 暂停时期，上市路径更加狭隘，ST 股的“壳资源”就更加稀罕。更有一些有实力的机构投资者，往往对上市公司并购过程了如指掌，甚至有些既是并购的参与者，同时也是二级市场的股票买入者。

5. 其他中国式“坏”公司。还有一类投资者热衷的中国坏公司叫“仙股”。这个说法来自香港的“cent”。这些股票往往业绩极差，股价跌着跌着，就跌到了零头。但因为股价极低，盘子又小，只要得到一点好消息，股价就可以迅速升个 50% ~60%。仙股因此成了投机客热衷的对象——2005 年、2007 年，市场上为数不多的“仙股”多次出现全线涨停。毕竟从炒作上，让一只 0.7 元的股票涨到 3 元，比让一只 30 元的涨到 100 元，要容易得多。

一般来说，“仙股”爆发大多数是因为消息带动而非公司经营变化产生波动。

2010 年 10 月 14 日，香港“仙股”蒙古矿业遭遇过一轮市场的疯狂炒作，盘中曾飙升逾一倍。截至收市，报收 0.075 元，升 87.50%，涨幅位于主板首位。原来在开盘前，蒙古矿业透露消息，公司一位董事现正就收购位于蒙古的若干稀土矿的可能与一位独立第三方做初步洽谈。虽然洽谈仍处于前期阶段，尚未就有关收购达成任何具体协议，但蒙古矿业股价已经被提前大肆炒作，颇有先“赌”为快的意味。但这毕竟还是一场投机，这只“仙股”的股价很快跌了回来——一来，合同不了了之，二来投资者也想明白了，就算合同谈成，毕竟中国稀土产品的价格长期受到国外商家控制，国内有超过一百家企业对外销售，导致了恶性竞争。稀土虽然是一种战略资源，但它直接带来的经济效益远不如其他矿产资源。

投资坏公司风险很大，但超常规的机会与回报总相随。因此总让投机客不知疲惫地参与其中。做空安然的知名“空头大师”查诺斯对真正坏公司的总结倒也适合国内A股：那些看起来仍然生机勃勃但即将危机重重的行业；新技术的牺牲者；以及那些风靡一时的时尚类产品公司。A股可能还要增加一条——那些空放重组消息的ST股。

不过有些可惜的是，在当前A股市场，即使你发现了真正的坏公司，恐怕也因缺少杠杆、掉期合约等金融衍生与做空工具，无法像投机大师索罗斯、保尔森那样看准了就能暴富。

投机永远不是主流，赚钱还应源自发掘那些价值失真的“坏公司”，那些真正重组的坏公司也属于此。何况在未来，你还有强大的工具去搏击收益。

三、选公司与选股票的差异

关于市场，唯一能确定的就是不确定性。对于大部分投资者而言，宏观经济的波动是难以把握的，公司经营亦如此。面对捉摸不透的市场，投资者与其为短期的得失或悲或喜，不如认真思考一下自己的投资理念和投资过程，这也是投资者真正能够掌控的。长期投资成功与否，很大程度上取决于投资过程的把握。要成功做到这一点就需要弄清选择好公司和选择好股票的不同之处在哪里。

好公司的选择既要看公司所处的行业，更要看该公司在行业中所处的生产链、价格链的地位及其行业竞争力。首先要判断公司所处行业的成长性。理想的行业是，随着时间的推移该行业在经济总量中的份额能够持续上升，这也意味着行业的长期增长速度会快于 GDP 的增长速度。其次要分析行业在整个产业链中的地位。一个行业如果在产业链中处于强势地位，往往能够将整个产业链的大部分收益据为已有。再次要考虑行业内部的竞争格局。高成长行业有时候并不能诞生优秀公司，原因在于过低的行业壁垒导致行业内的竞争过于激烈。最后要考察公司在行业内的竞争优势。对于股票投资而言，尤其要关注有创新商业模式的公司，这类公司往往能够建立起有别于竞争对手的优势，从而带来意料之外的高成长。从好公司这个角度出发，选择好公司在财务报表上要注重研究损益表、资本转投资的条件和公司产生现金的能力。

（一）把重心放在股东权益报酬率，而不是每股盈余

大多数的投资人借着每股盈余来判断公司年度的绩效，看看它们是否创下纪录或较上一年度有显著的进步。但是既然公司借着保留上年度盈余的一部分，来不断增加公司的资本，盈余的增长（自动增和的每股盈余）就显得毫无意义。当公司高声宣布“每股盈余破纪录”的时候，投资人就被误导而相信经营者一年比一年表现更好。衡量每年度绩效的一个比较真实的方法是：股东权益报酬率——营运收益与股东权益比，因为它已考虑了公司逐渐增加的资本额。

（二）计算“股东盈余”

企业产生现金的能力决定了它的价值。巴菲特找出那些产生超过营运所需现金的公司，而将不断消耗现金的公司排除在外。但是在决定一家企业的价值时，很重要的一点是要了解到，并不是所有的盈余都在平等的基础下所创造出来的。有高固定资产的公司，相对于固定资产较低的公司，将需要更多的保留盈余，因为盈余的一部分必须被划拨出来，以维持和提升那些资产的价值，因此，会计盈余需要被调整以反映一些产生现金的能力。

巴菲特提供一份较为正确的计算方式，他称之为“股东盈余”。决定股东盈余的方法是将折旧、耗损和分期摊销的费用加上净利，然后减去那些公司用以维持其经济状况和销售量的资本支出。

（三）寻找高毛利率的公司

高毛利率反映出的不只是一家壮大的企业，同时也反映出经营者控制成本紧抓不放的精神。巴菲特欣赏注意成本观念的经营者，而厌恶放任成本不断扩大的经营者。股东也间接获得那些企业的利润。被不智花费的每一块钱，都将剥夺股东的利润。多年来，巴菲特已经观察到有高营运成本的公司，通常会寻求维持或补贴这些成本的办法。而低于平均成本的公司，则多半自傲于它们自己能够找到削减支出的办法。

（四）对于保留的每一块钱盈余，可以确定公司至少已经创造了一块钱的市场价值

这是一个便捷迅速的财务检测，它不只会告诉你企业的优势，同时也让你知道经营者如何理性分配公司的资源。用公司的净收入减去所有支付给股东的股利，所剩余的就是公司的保留盈余。现在，再加上十年来这家公司的保留盈余。下一步，找出公司目前的市价和它十年前市价的差价。如果你的企业在这十年之间的保留盈余转投资毫无生产力，市场最后将会把这个企业定出低价的价格。如果市场价值的改变小于保留盈余的总和，这家公司便走上衰退的道路了。但是如果你的企业已经能够赚得较平均水准为高的保留盈余报酬率，企业市场价值的上涨利润应该会超过公司保留盈余的总和，如此每一块钱都创造出超过一块钱的市场价值。

选择好公司就应该规避下列特征的公司：（1）有信用污点的公司不选，污点包括：大股东掏空上市公司、虚假陈述、隐瞒应当披露的信息、内幕交易、提供虚假会计信息等。（2）结合宏观形势，整体不景气行业的公司慎

选。一般来说，行业有寿命周期、景气状况、政府扶持的产业政策三大要素。通常，寿命周期中处于形成期、成长期的行业景气度较高，而景气度越高的行业，越能得到政府产业政策的扶持。而如果行业整体不景气，上市公司的经营就会受影响，机构投资者们不会给他们充当股市发言人的。（3）母公司经营不善的公司不选。上市公司的母公司常被称为集团公司。在中国，集团公司和上市公司有着说不清道不明的关系。如果集团公司经营不善，那么上市公司的经营能力往往也好不到哪里去，而且掏空上市公司的危险性也会上升。（4）主业不突出，搞多元化经营的公司不选。良好的上市公司都有自己的经营品牌，有自己的战略优势；而那些连主业都干不好，也不致力于发展主业，而是盲目搞多元化经营的公司，往往不具备行业竞争力，投资者最好能避则避。（5）企业规模过小的公司不选。规模过小的上市公司没有形成规模效应，经营成本高、抗风险能力弱、投资风险高。（6）3 年内业绩大幅波动的公司不选。这一条排除了许多上市时间短的公司。公司业绩大幅波动说明公司经营不稳定，风险较高。要考察公司的稳定性，3 年的时间是必需的。（7）无稳定现金分配的公司不选。稳定的现金分配表明了公司经营的稳定性和业绩的真实性。造假的公司只能造出账面利润而不能造出现金，只能进行送转股分配而不能进行现金分配。（8）ST 公司原则上不应该选，能不选尽量不选，风险太大，机遇太少。（9）绩差绩平的公司不选。

选择好股票与选好公司的思路则有一定的差异，好公司的选择标准侧重于公司长期经营发展和长期价值投资，而好股票的选择标准在于寻找支撑股票大幅上涨的理由，而这个理由不一定单单是由于公司的经营业绩良好带来的。通常来说，好股票应该具备市盈率低、盈利能力增长良好、稳定的现金分红、资产注入和重组、送股情况等条件，其中的资产注入和重组是好股票“坏”公司的典型特征。

随着市场的发展，投资者也在逐步成熟。市场的投资理念逐步走向价值投资和题材投资。由于题材的基础也是价值的发现，因此主流投资方法已经转化为以价值发现为主的投资方法。但需要注意的是，任何事情都不是绝对的，金融危机为市场带来了更多的企业并购和资产注入等资本运作的可能，资本市场制度的规范也让遭遇黑天鹅事件的公司频繁出现，这些事件导致的“坏”公司反而给投资者带来良好的投资机遇，与基本面形成的价值投资收益相得益彰。

参考文献

Reference

[1]（美）菲利普·A·费舍著，冯治平译：《怎样选择成长股》，地震出版社2009年版。

[2]（美）蒂默西·韦克著，刘磊等译：《巴菲特怎样选择成长股》，中国财政经济出版社2002年版。

[3]（美）路易斯·纳维里尔著，刘寅龙译：《怎样选择成长股》，广东经济出版社2009年版。

[4] 袁克成著：《明明白白看年报》（第三版），机械工业出版社2012年版。

[5] 安冬尼·波顿、乔纳森·戴维斯著：《安冬尼·波顿教你选股》，中信出版社2008年版。

[6] 约翰、特雷西著、郑凌宵、周如美译：《挖出财报中的秘密》，人民大学出版社2010年版。

[7] 何诚颖等著：《中国股市轮回中的涅槃》，中国财政经济出版社2009年版。

[8] 傅子恒著：《证券分析师眼中的财务指标》，经济管理出版社2006年版。

[9] 王耀辉、杨顶编著：《新会计准则下的上市公司财务报表分析》，吉林人民出版社2009年版。

[10] 国家统计局综合司课题组："关于房地产对国民经济影响的初步分析"，《管理世界》，2005（11）。

[11] 杨婷、南灵："我国房地产投资对国民经济增长的影响研究"，《安财经学院学报》，2010（3）。

[12] 何诚颖："货币扩张周期并不遥远　新一轮牛市随之而来"，《上

海证券报》，2011 年 10 月 19 日。

[13] 何诚颖："高通胀背景下市场难有良好表现"，《上海证券报》，2011 年 7 月 6 日。

[14] 何诚颖："寻找拐点：中国股市的投资逻辑"，《中国改革报》，2010 年 5 月 5 日。

[15] 王晓国、何诚颖、卢宗辉、张龙彬："如何认识融资融券的市场影响与趋势"，《上海证券报》，2010 年 1 月 18 日。

[16] 樊纲、李红光、何诚颖："经济复苏前景已然确立 资本市场将在调结构中继续前行"，《上海证券报》，2009 年 11 月 4 日。

[17] 何诚颖："从中国资本市场转型看 A 股发展驱动力及走向"，《上海证券报》，2009 年 8 月 12 日。

[18] 何诚颖、卢宗辉："流动性过剩对证券市场的冲击效应分析——基于海外经验与中国实践的实证研究"，《数量经济技术经济研究》2009 年第 7 期。

[19] 何诚颖、卢宗辉："沪深股市限售股制度安排及流通效应分析"，《管理世界》，2009 年 4 月 15 日。

[20] 何诚颖、卢宗辉、何兴强、柴俊："中国股票市场逆向选择成本研究"，《经济研究》，2009 年 2 月 20 日。

[21] 谢江：《数量化选股系列研究——精选 50 只成长股》，联合证券研究报告，2007 年。

[22] 陈思郁、章秀奇、王成：《寻找细分行业成长股》，国泰君安研究报告，2008 年。

[23] 赵建兴：《寻找中国的"tenbagger"》，招商证券研究报告，2006 年。

[24] 陶鹂春：《银行股：估值基准及其非理性繁荣》，国信证券研究报告，2006 年。

[25] 张静：《具有收购价值的东北商业龙头》，安信证券研究报告，2013 年。

[26] 陈晓燕、沈思玮科："成长性企业财务特征研究"，《科学技术与工程》，2008 年 12 期。

后记

Afterword

本书即将付梓之际，A 股市场正经历一场大跌并创下 4 年来的新低。这场因为流动性的骤然紧缩而导致的“股市决堤”，浇灭了千万投资者心中刚被点燃的梦想。其实，投资者大可不必心灰意冷。市场上表现最好的日子，往往和表现最差的日子紧密相连，涨涨跌跌才是市场的本性。巴菲特极力推崇的投资家霍华德·马克斯曾说过，这种因流动性忽然抽紧而被迫斩仓出局的带血筹码，是极为罕见的，也是我们应该动手拾起的时候。选好你的鸡蛋，看住你的篮子，不要因为路途的颠簸而撞碎你的鸡蛋。这才是一个投资者真正要做的，该是时候读读我们这本书了！

近年来，大量西方投资者为中国的经济增长前景所吸引，纷纷转战中国市场，以为可以从中大捞一把，结果很多人却铩羽而归，全球著名的投资家安东尼·波顿就是这支大军中不幸的一员。波顿在西方世界工作了 30 多年，拥有无可比拟的成绩记录：他创下了英国 28 年间为投资者创造 147 倍回报率的纪录。中国的崛起令他目眩神迷，波顿称之为“我们这一代人最宏大的经济发展和投资故事”。为此，他得出结论，眼下的机会太好了，不容错失，他要在全球最大的新兴市场上测试他的技巧。但是，他的“中国特殊情况基金”（China Special Situations Fund）自 2010 年成立以来，资产净值已经损失了 17%，远落后于竞争对手。安东尼·波顿的失败是不难理解的：成长股在不同的行业有不同的标准，在不同的市场有不同的特性，在不同的阶段有不同的表现。在中国选择高成长股票不仅要破除对投资大师的迷信，还要破除对西方选股技术和方法的迷信。“在战争中学习战争”，在对中国市场的研究中实现“扬弃”，才是我们提倡的投资之道。

如何寻找中国的高成长股，不同背景和风险偏好的投资者必然会有风格迥异的路线、方法和手段。写作本书的目的不是希望读者按图索骥，而是为读者提供一个选择高成长股的思维框架，一个开启财富梦想的钥匙和线索。国内的商学院缺乏真正意义上贴近市场的教材，从国外引进的教材与 A 股市场脱节又太大，而专门从事投资的专家无暇将自己的经验著书立说，我强烈感觉到商学院的学生和广大投资者需要这样一本完全接轨 A 股市场的选股书籍。出于这样一种愿望，作者根据自己十多年的证券从业经验，结合中国高成长股选股实践，把我们的领悟和体会呈现给大家，真诚希望能够为读者提供有价值的启示。

何诚颖

2013 年 11 月于深圳